172°
174°
176°
178°
180°
178°
36°
38°
40°
42°
46°
Drei-Königs-Inseln
Kap Reinga
Kap Maria van Diemen
Great Exhibition Bay
Kaitaia
Kerikeri
Waitangi
Paihia
Bay of Islands
Russell
Kawakawa
Auckland-H.-I.
Kaikohe
Opononi
Whangarei
Dargaville
Kaiwaka
Wellsford
Warkworth
Waiwera
Orewa
NORDINSEL
Kawau-I.
Kl. Barriere-I.
Gr.-
1 Hauraki-Golf
2 Rangitoto-I.
3 Motutapu-I.
4 Rakino-I.
5 Waiheke-I.
6 Ponui-I.
Colville Channel
Kap Colville
Coromandel-H.-I.
Coromandel
Whitianga
Mercury-Bucht
AUCKLAND
Manukau-Bucht
Manukau
Papakura
Tapu
Tairua
Waihi
Bay of Plenty
Mount Maunganui
Tauranga
Te Puke
White-I.
Kap Runaway
Ost-Kap
Ngaruawahia
Hamilton
Lake Rotorua
Rotorua
Lake Tarawera
Tarawera Range
Raukumara Range
Raukumara-H.-I.
SMAN-SEE
Wairakei
Taupo
Lake Taupo
Huiarau Range
Lake Waikaremoana
Gisborne
New Plymouth
Kap Egmont
Nat.-Park Tongariro
Hawke Bay
Mahia-H.-I.
Napier
Kidnappers -Kap
Rangitikei
Ruahine Range
Kap Farewell
Cook
Tasman Bay
Queen Charlotte Sd.
Masterton
PAZIFISCHER
OZEAN
Lake Wairarapa
Nelson
Picton
Strait
WELLINGTON
Buller
Kap Campbell
Kap Palliser
EL
Arthur's-Paß
Pegasus Bay
Lake Coleridge
CHRISTCHURCH
Lyttelton
Banks H.-I.
Akaroa
Lake Ellesmere
Lake Tekapo
Rangitata
ke Pukaki
Canterbury Bight
CHATHAM-INSELN
(Wharekauri-In.)
Waitaki
Hampden
Moeraki Pt.
Otago-Bucht
Otago-H.-I.
Dunedin
Invercargill
168° W
Foveaux Strait
Bluff
Rugged-I.
Ruapuke-I.
Codfish-I.
Oban
Ulva-I.
Paterson Inlet
Mutton Bird-In.
0 30 km
Stewart-I.
Wharekauri
Kaingaroa
Te Wakaru-I.
Whanga Lagoon
Petre Bay
Hanson Bay
Waitangi
44°
Pitt Strait
Pitt-I.
(Rangiauria-I.)
0 30 km
Chatham-In.
176° W

W0321529

CB

Hans-Otto Meissner

Neuseeland

ist viele Reisen wert

C. Bertelsmann

1. Auflage

© 1988 C. Bertelsmann Verlag GmbH, München
Lektorat: Dr. Dieter Struss, Grafing bei München
Schutzumschlag: Kaselow Design, München
Schutzumschlagillustration: IFA-Bilderteam
Karten: Adolf Böhm, Aschheim
Satz: Uhl + Massopust, Aalen
Gesamtherstellung: Mohndruck Graphische Betriebe GmbH, Gütersloh
Printed in Germany · ISBN 3-570-03421-6

Inhaltsverzeichnis

ANHANG

Im Anflug auf Auckland . . .

»Wir sind im Anflug auf Auckland«, tönt die Stimme des Captains, »damit haben wir Neuseeland erreicht. Bitte, Ladies and Gentlemen, stellen Sie Ihre Uhren um 100 Jahre zurück!«

Das war nicht in diesen Tagen, sondern soll so im Spätherbst 1963 gewesen sein, als Marianne, meine mir soeben angetraute junge Frau, und ich zwei Monate Neuseeland vor uns hatten. Heute kann die Warnung vor dem hundertjährigen Rückstand nicht mehr gelten. Neuseeland hat mehr als die Hälfte aufgeholt, sogar das britische Mutterland in vieler Hinsicht um mehrere Nasenlängen überholt. Desto interessanter für meine Reise 1986, der Wandel würde gewiß aufregend sein.

Marianne war diesmal in München geblieben, leider. Besonders gut konnte sie Autofahren, auf unserer gemeinsamen Reise durch Neuseeland, vor gut einem Vierteljahrhundert. Dort nämlich fahren die Leute auf der linken Seite, nach der alten, aber gar nicht guten englischen Art. Wer sich nicht schon in der ersten Stunde felsenfest dazu entschließt, links zu fahren, landet im Straßengraben, am Baum oder fährt anderen Wagen in die Quere.

So war es mir damals passiert, schon gleich zu Anfang, und ausgerechnet rammte ich den Wagen eines Hochzeitspaares, das sich auf dem Weg in die Kirche befand. Zum Glück wurden die jungen Leute nicht verletzt, als sich der Wagen überschlug und die Fenster in Splitter zerfielen. Dennoch brach die Braut in bittere Tränen aus, und dem jungen Mann gelang es kaum, das ganz in Weiß gekleidete Mädchen zu beruhigen. Für ihren Kummer hatte sie in doppelter Hinsicht begreifliche Gründe. Erstens hatte sie den neuen Wagen ihres im fernen Europa weilenden Vaters benützt, was man ihr dringend untersagt hatte, zweitens war sie im Begriff, jenen Mann zu heiraten, mit dem ihr die Eltern aufs strengste jeden Umgang verboten hatten.

Aber die Neuseeländer zeigten sich auch in diesem Fall von der besten Seite. Als erstes sagten die zuständigen Polizeibeamten, wir sollten uns nicht aufregen, denn selbstverständlich zahle die Versicherung alle Schäden am Wagen und gegebenenfalls an den Personen. Verwechslung von rechts und links, dafür könnten Ausländer nichts, das würden alle Beteiligten sofort vergessen. Kaum hatte sich das Ehepaar wieder gefaßt, hielten sie uns für Glücksbringer, nahmen uns mit in die Kirche, und anschließend wurden wir noch zum Fest eingeladen.

Wie dem auch sei, auf der falschen Seite wollte ich nicht mehr fahren. Ein Unfall geht nicht immer so glimpflich ab wie jener im Oktober 1963. So war denn mein guter Freund Lothar, sehr viel jünger als ich und beruflich häufig in Neuseeland, bereit, einen Mietwagen zu steuern, jedenfalls während der ersten drei Wochen der auf gut zwei Monate berechneten Reise.

Nichts leichter als einen Wagen zu mieten. Binnen zehn Minuten waren alle Formalitäten erledigt. Gleich ging es los ins Gewisse wie ins Ungewisse. Abseits der großen Durchgangsstraßen, »off the beaten track«, fühle ich mich am wohlsten, und der gleichen Meinung war auch Lothar.

»In welcher Richtung rollen wir zuerst?« war meine erste Frage an Lothar und seine erste Frage an mich. »Steuern wir zum oberen Ende«, kamen wir überein, »hinauf in den hohen Norden bis zum Kap Reinga, wo ja, mit unseren europäischen Augen gesehen, das so vielfältige, unvergleichliche Neuseeland beginnt.«

Wenn man sagt, daß Aotearoa, die Lange Weiße Wolke, 1000 Gesichter hat, so kann ich dieser Ansicht nicht zustimmen. Nach den von mir befahrenen Kilometern – beide Reisen zusammengerechnet entsprechen etwa dem halben Erdumfang – bin ich der Meinung, daß Neuseeland viel mehr Gesichter hat als nur 1000. Auf eine bestimmte Zahl, sei es auch nur auf eine grobe Schätzung, möchte ich mich nicht festlegen.

Die Lange Weiße Wolke, Heimat der Maori, enthält jedes europäische Landschaftsbild, das sich nur denken läßt. Schimmernde, mehrere Meilen lange Gletscher wie in unseren Hochalpen, subtropische Palmenwälder wie nur noch an wenigen Stellen Spaniens. Tief ins Land eingeschnittene, von hohen Felswänden umgebene Fjorde bestaunt man und denkt dabei an Norwegen. Endlos lange weiße oder hellrosa Sandstrände gibt es wie entlang den friesischen Inseln bei uns. In Neuseeland rollt man stunden-, sogar tagelang durch tiefgrüne Wälder und über hellgrüne Hügel, wo allenthalben die Schafe weiden. Friedliche Hügelketten steigen auf zu Mittelgebirgen, erinnern an die Rhön, an den Thüringer Wald und das Siebengebirge. Dann wieder taucht man ein in tiefdunkle, von Menschenhand noch nicht berührte Urwälder. Außerdem erlebt man und sieht mit Staunen viele Meilen weit die kunstvoll aus Tannen, Fichten, Kiefern, Eukalyptus, Birken usw. angelegten Kulturwälder.

Steil abfallende, bis über 100 Meter tiefe Felswände, gegen die eine gewaltige Brandung rauscht, bestaunen wir hier ebenso wie an den wildesten Küsten von Wales und Schottland. Damit noch lange nicht genug strömen schillernde Flüsse, rauschen Wildbäche durchs Gelände. Wasserfälle, herrlich anzusehen, rollen mit Donnergepolter durch gründunkle Schluchten, die meisten breiter und gewaltiger als im Schwarzwald, in der Schweiz oder der Steiermark. Es gibt Ewigen Schnee in den weiten Gebirgen Neuseelands. Sogar Skilifte sind vorhanden und nicht wenige Helikopter, die den kühnen Abfahrtsläufer bis auf Kämme in 3000 Meter Höhe befördern. An diese wilde Romantik reichen Davos, St. Moritz und Kitzbühel nicht mehr heran.

Dicht bewachsene oder auch lichtgrüne Halbinseln umarmen liebliche Buchten. Niemand kennt all die bildschönen Inseln und Eilande, die vor der Küste liegen oder weit draußen nur in Konturen zu erblicken sind. Die rauchenden Vulkane Europas haben unglaublich viele Verwandte auf den neuseeländischen Inseln. Dort gibt es so viele Feuerberge, daß man ein ganzes Jahr brauchen würde, sie alle zu besuchen. Bei Nacht strahlen sie feuerrot die Unterseite der Wolken an. Man sieht glühende Lava in den Fumarolen und hört das Gepolter aus dem Erdinnern. Da schießen Geysire bis 20 Meter hoch in die Luft, da brodeln graue Blasen, es dampfen glühend heiße Bäche über abgeschliffenen Fels, und aus Erdlöchern zischen kochendheiße Schwefeldämpfe. Es gibt tiefblaue und hellgrüne Seen, in deren Grund sich heiße Quellen verbergen.

Wer die notwendige Vorsicht walten läßt, kann am Rand in kühles Wasser steigen, sodann in lauwarme Zonen schwimmen, weiter durch warmes Wasser bis dorthin, wo es wirklich heiß wird. Alsdann folgt gurgelnd kochendes Wasser. Nichts dergleichen gibt es in Europa.

Neuseeland ist eine Reise wert, liest man in zahlreichen Prospekten und Werbeschriften. Glauben Sie das nicht, verehrter Leser. Eine Reise weckt nur die Sehnsucht nach der nächsten. Aotearoa, das Land der Langen Weißen Wolke, ist viele Reisen wert.

24 Stunden in der Luft

Das ist gar nicht lange, wenn man diesen einen Tag über den Wolken mit früheren Zuständen vergleicht. Als die Australienfahrer unter Segel reisten, bis in die Mitte des vorigen Jahrhunderts, war man vom alten Europa bis nach Auckland oder Wellington drei bis vier Monate unterwegs. Wer imstande war, sich eine der drei bis vier Kabinen im breiten Heck des Viermasters zu leisten, konnte es aushalten. Für alle übrigen Passagiere jedoch müssen die 90 bis 120 Tage in der drangvollen Enge des Zwischendecks bei miserabler Verpflegung eine grausame Prüfung gewesen sein.

Als Marianne und ich im Jahr 1963 nach Australien und Neuseeland reisten, waren wir an Bord eines heute nicht mehr verfügbaren Frachters der Hapag von ca. 10 000 Tonnen. Die Zahl der mitreisenden Passagiere war auf acht bis zwölf beschränkt, groß und schön waren die Kabinen. Von der Verpflegung konnte man nur sagen, daß sie das Körpergewicht verderblich erhöhte. Von Hamburg bis nach Perth, dem ersten australischen Hafen, dampfte unsere »Dortmund« etwa 31 Tage über die verschiedenen Weltmeere. Nach längerem Aufenthalt im Fünften Kontinent hatte uns die schon hochbetagte »Wanganella«, ein heruntergekommener Luxusliner, binnen fünf Tagen von Sydney nach Auckland befördert.

Nie werde ich vergessen, daß wir beim Ausladen und Abtransport des umfangreichen Gepäckes ausgerechnet unseren Koffer mit den Kameras und sämtlichen in Australien bereits belichteten Filmen am Rande der Hafenstraße stehen ließen, wo zu jeder Tageszeit ein paar Dutzend »schräge« Typen herumlungerten. Als wir den Verlust bemerkten – erst beim Sortieren der Koffer droben im Hotel –, meinten wir beide niedergeschlagen, da sei wohl nichts mehr zu machen!

Natürlich fuhren wir trotzdem hinunter zum Hafen, und – wir glaubten nicht recht zu sehen – dort stand das kostbare Stück noch auf dem gleichen Fleck, wo wir es verlassen hatten. Die uns so »schräg« dünkenden Gestalten lächelten freundlich und sagten, daß sie gerade überlegt hätten, ob man den vergessenen Koffer ins Fundbüro bringen sollte. Das war 1963, heute ist größere Vorsicht geraten.

Vor der Abfertigung im Flughafen von Auckland hatte man mich gewarnt. Stundenlang könne das dauern, und peinliche Kontrollen würden den Reisenden zugemutet. Mit der Wartezeit, das stimmte, aber sonst ging alles glatt. Als der Beamte fragte, wie lange ich bleiben wollte, und ich rund acht Wochen nannte, war er nicht einverstanden. Drei Monate mindestens wären die richtige Zeit für meinen Besuch in Neuseeland, und dementsprechend stempelte er meinen Paß.

Schon in der weitläufigen Halle des Airports hat sich die Wahrheit der Behauptung erwiesen, daß Auckland die größte Stadt Polynesiens sei. Heutigentags leben dort auf begrenztem Raum mehr Insulaner des Pazifischen Ozeans, auch mehr Ureinwohner Neuseelands als sonst irgendwo auf der Welt. Wohin man schaut, überwiegend pazifische Gesichter. Die Skala der Hautfarben reicht vom sanften Hellbraun über echtes Braun bis zum tiefdunklen Braun, ja selbst zu glänzendem Kohlrabenschwarz. Es gehören auch Inder, Malayen, Anamiten, Chinesen und Mischlinge aller Rassen zum Kaleidoskop. Menschen unserer Hautfarbe, die ich gar nicht immer als weiß bezeichnen möchte, sind in der Minderheit.

Man fühlt fast körperlich, daß die Farbigen hier in Auckland zu Hause sind. Sie liegen und lagern in den Sofas, Sesseln und auf dem weichen Bodenbelag, lassen sich von den Sonnenstrahlen wärmen, die durch die breiten Fenster fallen. Frauen mit ihren Kindern und Männern, alte Leute mit viel Proviant – alle geben sich entspannt, lesen Zeitungen, spielen Karten oder reden miteinander. Sie haben Zeit, offenbar sehr viel Zeit und lassen sie in aller Ruhe verstreichen. Sicher warten einige auf die Ankunft ihrer Freunde oder auf ihren Abflug. Doch für die meisten bietet der Flughafen einen angenehmen Aufenthalt. Man sieht und wird gesehen, trifft Freunde und Bekannte, es ist recht gemütlich hier.

Will man den Statistiken glauben, die allerdings weit voneinander abweichen, so gehören zu den Bewohnern von Auckland 53 000, nach anderer Quelle sogar 80 000 Maori, sowie 27 000, nach anderer Quelle 44 000 Menschen von verschiedenen Inseln der Südsee. Es gehören dazu Polynesier, Melanesier und Mikronesier. Viele Samoaner sind darunter, ein paar Tausend Tonganer, auch Leute von den Karolinen, von Guam, Saipan und Ponapé, nicht zu vergessen die Tahiter, Mangarevaner, Fidjianer sowie Nauraner, Papuas aus Neu-Guinea fehlen nicht. Viele jener Inseln sind übervölkert, die Lebensgrundlage reicht nicht mehr aus. »Schuld« daran sind die ehemaligen Kolonialherren und deren Nachfolger. Westliche Medizin und Hygiene, vor allem die Massenimpfung neugeborener Kinder, haben die Lebensdauer erhöht. Außerdem haben die weißen Gouverneure Strafexpeditionen gegen kriegerische Stämme unternommen, haben Kopfjäger und Kannibalen mit strengen Strafen bedroht. Es wurden alle möglichen Kulturpflanzen sowie Haustiere eingeführt und damit die Ernährung wesentlich verbessert. Eine rasche Vermehrung der Einheimischen war die natürliche Folge.

Hatten wir noch während unserer Schulzeit gelernt, daß die armen Insulaner aussterben würden, infolge der von Weißen eingeschleppten Krankheiten und der Ausbeutung und brutalen Behandlung seitens der Kolonialherren, so hat sich stattdessen während der folgenden Jahrzehnte genau das Gegenteil ergeben. Zu viele Menschen auf zu engem Raum – das hat viele junge Leute zur Auswanderung gezwungen. Erfreulicherweise war und ist das schöne, fruchtbare, nur dünn besiedelte Neuseeland nicht mehr gegen Emigranten so abgeschottet wie früher. Man läßt die Südsee-Insulaner und auch andere Farbige hinein, und in der Mehrheit geht es ihnen gut.

Wir verladen unser Gepäck in ein Taxi, wobei der Fahrer freundlich hilft. Auch er ein Mann mit hellbrauner Haut, dunklem Haar und ebenso dunklen Augen. Die Mutter aus Samoa, wie er sagt, der Vater ein Maori.

Ich nenne ihm das gleiche Hotel, wo Marianne und ich vor knapp 25 Jahren gewohnt haben. Gerne denke ich daran zurück. Es lag an einer relativ ruhigen Straße im Herzen der Stadt. Ein gediegenes, gepflegtes Publikum verkehrte dort, und die Atmosphäre war angenehm gewesen. In der Halle sah es ungefähr so aus wie zu Zeiten der Königin Victoria, Palmkübel gab es und tiefe Klubsessel. Unser Fahrer wiederholt den Namen, als habe er nicht recht verstanden. Dann aber begreift er und schüttelt ein wenig den Kopf.

Weit ist der Weg vom Flughafen ins Zentrum der City, fast 40 Minuten sind wir unterwegs, teilweise wegen des regen Verkehrs. Etwa 60 Kilometer breit ist Auckland in nordsüdlicher Richtung und 20 Kilometer von Ost nach West. Was die Einwohnerzahl betrifft, kommt es sehr darauf an, wen man danach fragt. An solche Unsicherheiten muß sich jeder gewöhnen, der durch Neuseeland reist. So werden für Auckland minimal 450 000 und maximal 1 300 000 Einwohner genannt. Wobei es eine wesentliche Rolle spielt, ob damit das gesamte Stadtgebiet, die bebaute Fläche bis hinauf zu den Vororten und Trabantenstädten, gemeint ist oder nur die eigentliche City. Nur wenige Wolkenkratzer mit mehr als zwölf Stockwerken sind vorhanden, alle im Zentrum. Weit hinaus reichen die Vororte mit den Villen und Bungalows. Die weitaus größte Stadt Neuseelands wird beiderseits von Meeresbuchten begrenzt, vom Hauraki-Golf im Osten und der Manukau-Bucht im Westen. Über gut 80 Kilometer meist flacher Küste können die Auckländer verfügen.

Auf rund 1000 Quadratkilometer wird die bebaute Fläche geschätzt. Wenn es auch in der Stadt keine Stelle gibt, die höher als 73 Meter liegt, erhebt sich doch hinter der Stadt sanft ansteigendes Bergland. Erst wer auch Wellington kennt, die offizielle Hauptstadt, dazu noch Christchurch und Dunedin, hält eine noch schönere Lage für möglich.

Wir rollen durch das Grün der Manukau-Halbinsel, durch die hübschen, zum größten Teil aus Gärten bestehenden Trabantenstädte Papatoetoe, Manurewa und Papakura, dem Kern dieser zauberhaft gelegenen Millionenstadt entgegen.

Der Fahrer erklärt alles, was sich unseren Augen bietet. Von ihm hören Lothar und ich, daß es im Hafen und den Buchten 100 000 schwimmende Fahrzeuge gibt, vielleicht noch mehr, vom Schlauchboot und Fischerkahn über Segeljacht und Motorboot bis zum hochseetüchtigen Kabinenkreuzer. Das Wetter erlaubt während fast des ganzen Jahres zu segeln, zu surfen und auch zu schwimmen (wenn man die relativ kühlen Wassertemperaturen gut verträgt). Drei »B's«, so berichtet der hellbraune Steuermann, bestimmen die Freizeit der Neuseeländer, nämlich Beaches, Boats und Barbecues – Strände, Boote und Grillparties. Das größte sportliche Ereignis der Welt, wie man es nennt, bewegt alle Jahre wieder rund 80 000 Teilnehmer. Es ist der »Rund-um-die-Bucht-Lauf« mit einer Länge von 10,5 Kilometern. Sogar das Guiness-Buch der Rekorde hat das Ereignis aufgenommen.

Die Queenstreet, Hauptgeschäftsstraße der Millionenstadt, war ursprünglich ein Fußweg entlang des Strandes. Dann hat man Baugelände aufgeschüttet, um die Stadt zu erweitern. Heute merkt man nichts mehr vom Strandweg, auch wenn die Queenstreet in nördliche Richtung am Meer, am Haupthafen von Auckland, zu Ende ist.

Ich erkläre dem Fahrer, daß ich schon hier gewesen bin, mit meiner Frau und nicht gar so lange nach unserer Hochzeit. Daher das Hotel. »Ach so, deshalb . . .« sagt der Mann und schüttelt wieder den Kopf. Gleich sind wir dort. Äußerlich hat sich nichts geändert. Nur ein paar Damen mit auffallend bunten Taschen gehen dort auf und ab und klimpern mit den

Wimpern. In der Halle, so sehen wir vom Wagen aus, herrscht lebhaftes Gedränge.

»Ich mein's gut mit Ihnen, Sir«, sagt der Fahrer, »früher war's vielleicht anders, aber wenn Sie mir ein offenes Wort gestatten, Leute wie Sie passen nicht hierher... Man vermietet die Räume auch stundenweise, Striptease gibt's, Massage wird geboten, na ja, Sie verstehen schon, was ich meine.«

Der Fahrer weiß etwas besseres, wenn auch weiter draußen, nahe einem sich zur Meeresbucht hinabsenkenden Park. Quality-Hotel heißt die Behausung, ein Gebäude mit drei spitzen Giebeln, vielen Balkonen, großem Parkplatz und einem Foyer, wo wir aufs freundlichste empfangen werden. Weil der Fahrer sehr hilfsbereit ist und alle Sehenswürdigkeiten Aucklands offenbar aufs beste kennt, bestellen wir ihn für eine große Rundfahrt am nächsten Morgen.

Das Hotel hat seine Empfehlung verdient. Unmittelbar davor befindet sich ein Rosengarten, der sobald kein Ende nimmt. Auf gepflegten Wegen laufen wir hindurch, eine Farbenpracht und eine Vielfalt, ein bezaubernder Duft und ein Überblick, wie ihn Rosenfreunde nur selten erleben.

Ein Bach plätschert über rotgrün bemoostes Geröll. Entlang der Promenade unten am Meer zählen Lothar und ich viele Ruhebänke. Auf jeder sitzen zwei junge Leute, die sich liebevoll umarmt halten – ein sympathischer Anblick inmitten Rosenduft und schöner Natur. Außergewöhnlicher als die Pärchen ist drunten, bis etwa zu den Knien im Wasser stehend, ein noch junger Mann mit Rauschebart und langem Haar. Er hält beide Hände ausgebreitet in Richtung der glühend rot versinkenden Sonne, ungefähr wie vor einigen 1000 Jahren die alten Griechen zu den Göttern auf dem Olymp gebetet haben. Neben ihm ein großer Wolfshund, der sich vollkommen ruhig verhält und gleichfalls in den Sonnenuntergang blickt. So bleiben die beiden stehen, der Mann und sein Hund, bis wir uns zum Heimweg ins Hotel entschließen.

Die meisten neuseeländischen Hotels sind anders als bei uns. Zu den beiden schlichten Schlafzimmern gehören ein sonnenheller Vorraum, wo sich eine Herdplatte befindet, daneben ein weißlackierter Schrank. Er enthält unter anderem: eine elektrisch heizbare Kanne für Tee und Kaffee, mehrere Beutel mit Nescafé und Tee, eine Schale mit Keksen und Geschirr sowie Besteck für zwei bis drei Personen. In einem Kühlfach gibt es Milch, Mineralwasser und Zahnstocher. So kann sich der Gast sein Frühstück selber bereiten und muß nicht drunten in der Cafeteria rund zehn neuseeländische Dollar dafür bezahlen, was derzeit rund zehn DM entspricht. Wer das weiß, wer sein Knäckebrot und Zwieback, Butter und Aufschnitt, vielleicht sogar Eier mitbringt, kann es bis zum Mittagessen aushalten. Das allerdings wird zum Problem. Natürlich ist auch ein Bad vorhanden, getrennt vom Waschraum und WC. Dazu noch der Hinweis, daß bei unserer Reise in Neuseeland die Preise für Hotels, für Lebensmittel, für Taxis, auch für den Mietwagen um etwa ein Drittel niedriger liegen als zur gleichen Zeit bei uns daheim.

Wie schon gesagt, Neuseeland ist mehr als nur eine Reise wert.

Streifzüge durch Auckland

Pünktlich auf die Minute erscheint unser hellbrauner Fahrer mit seinem Taxi. Das mochte an seiner samoanischen Mutter liegen, denn waschechte Neuseeländer achten nicht so genau auf die Zeit. Herzliche Begrüßung, und gleich rollen wir los, entlang der Bahnlinie ins Zentrum der City. Wir überlassen es unserem Fahrer zu entscheiden, was er für sehenswürdig hält. Er spart nicht mit Erklärungen, und die sind vermutlich besser als sie uns ein professioneller Fremdenführer geboten hätte.

Wenn man bedenkt, was die ersten Pakeha (Weiße) für das wertvolle Land hier am Hauraki-Golf bis hinüber zum Manukau-Hafen bezahlt haben, so war das ein verdammt gutes Geschäft. Wirklich, das kann man sagen! Diese Handvoll Engländer trennte sich zugunsten der Maori vom Stamme der Ngati-Vhatua am 20. Oktober 1840 von 50 Wolldecken, 20 Hosen, 20 Hemden, zehn Westen, zehn Mützen, vier Fässern Tabak, einer Schachtel Pfeifen, 100 Metern Stoff, zehn Eisentöpfen sowie einer Tüte Zucker. Schließlich opferten sie noch einen Sack Mehl, 20 Beile und 50 Pfund Sterling, die aber erst im folgenden Jahr bezahlt wurden. Dafür bekamen sie von den Maori gut und gerne 1200 Hektar Land, mit anderen Worten zwölf Millionen Quadratmeter. Während der vergangenen 150 Jahre ist der Wert dieser Grundstücke, wie uns der Fahrer versicherte, auf den ungefähr zehntausendfachen Wert gestiegen. Wenn man die Entstehungsgeschichte der Stadt New York kennt, die zunächst holländischen Siedlern gehörte und den Namen Neu-Amsterdam führte, haben die sonst überaus geschäftstüchtigen Niederländer für die Halbinsel Manhattan weit mehr bezahlt! Aber so genau sind heutigentags die Werte für Tauschwaren nicht mehr in barem Geld auszudrücken.

Draußen in der Bucht die heute unter Naturschutz stehende Insel Rangitoto. Sie existiert erst seit 750 Jahren, ein Vulkanbeben hat sie vom Meeresgrund bis über die Oberfläche gehoben. Als es im Jahre 1770 zu einer neuen, im weiten Umkreis verheerenden Eruption kam, wurden alle auf Rangitoto und auf der Nachbarinsel Motutapu lebenden Maori von der glühenden Lava verschlungen. Ungefähr 60 Vulkane im Umkreis von Auckland schlafen.

Als nur die Maori hier lebten, nannten sie diese relativ dicht bewohnte Gegend Tanaka. Das bedeutet Schlachtfeld, und wirklich lieferten sich hier verschiedene Stämme lange und erbitterte Kämpfe, allerdings nur mit Holzschwertern, mit glatt geschliffenen Speeren aus demselben Material, sowie mit Handkeulen aus Nephrit. Infolgedessen hatten am Ende nicht allzu viele Krieger ihr Leben verloren, die meisten kamen mit relativ geringen Wunden davon.

Wer die ersten Pakeha waren, die sich im heutigen Auckland niederließen, in der Absicht zu bleiben, weiß man nicht genau. Einige Walfänger und Robbenschläger waren schon bald nach der Entdeckung Neuseelands durch James Cook erschienen. Nicht wenige entschlossen sich, als sie das Land kennengelernt hatten, zu bleiben, zumal sie von den zunächst recht freundlichen Maori ohne weiteres eine Frau und damit auch Kinder bekamen. Wüst ging es zu unter den Pakeha, denen geschäftstüchtige Segelkapitäne scharfprozentigen Alkohol lieferten. Alsdann erschienen Missionare, und einer der ersten war Samuel Marsden. Dem lag die Bekehrung der heidnischen Maori ebenso am Herzen, wie er andererseits lohnenden Geschäften nicht abgeneigt war. Auch deftige Prügel gehörten zu seinen Erziehungsmethoden. Auf jeden Fall wurde er einerseits gefürchtet, andererseits von nicht wenigen Maori verehrt.

Unser Fahrer verteilt relativ gerecht die guten und schlechten Taten auf alle an der Entwicklung Aucklands beteiligten Gruppen. Schon gleich zu Beginn der Rundfahrt fährt er uns hinauf zu dem 196 Meter hohen Mount Eden, die mit Abstand höchste Erhebung in der Umgebung dieser Stadt, mit einem unwahrscheinlich schönen Panorama. Im sogenannten Eden-

Park, ganz in der Nähe befinden sich 500 verschiedene Arten von Azaleen, Kamelien und Rhododendron.

In südlicher Richtung ein anderer Vulkankegel, schlicht One-Tree-Hill genannt, also der »Hügel mit einem Baum«. Der befindet sich noch dort seit undenklicher Zeit. Nicht weit davon das Grab eines unerhört verdienstvollen Mannes, dessen Lebenslauf und Lebensleistung zum Vorbild dienen sollten. Er hieß John Loughan Campell und eröffnete am 21. Dezember 1840 das erste Ladengeschäft in Auckland, als die Siedlung nur aus Zelten und Bretterbuden bestand. Als er sich im Jahr 1912 zum Sterben niederlegte, hatte der überaus fleißige Mann nicht nur ein gewaltiges Vermögen, sondern auch 135 Hektar fruchtbares Land erworben, hatte seinen Freunden, den Maori, einen prächtigen Gedenkstein errichtet und war von Königin Victoria in den Adelsstand erhoben worden. Wie gut dieser Mann war, ergab sich erst nach seinem Tod, aus seinem Testament. Alles, was er besaß, vermachte er wohltätigen Gesellschaften, und aus seinen 135 Hektar des besten Weidelandes sollte ein Park für die Bevölkerung entstehen. So geschah es auch, und noch heute sind ihm dafür unzählige Spaziergänger dankbar. Sir John Loughan Campell hat die Entwicklung der Stadt von nur wenigen Einwohnern bis zu 120 000 Auckländern miterlebt.

Eine besondere Sehenswürdigkeit, den meisten Touristen völlig unbekannt, dürften wir auf keinen Fall versäumen, meint unser Mann am Steuer. Wir rollen vor das Museum für Transport und Technik. Von unserem Fahrer geführt stehen wir bald vor einem Flugzeug der allerprimitivsten Art. Wer versucht hat, sich damit in die Luft zu erheben, gehört gewiß zu den legendären »Helden in den fliegenden Kisten«. Der Erbauer des windigen Gebildes war Richard Pearce. Er hat sich, wie viele Zeugen amtlich bestätigen, bereits im März 1903 vom sicheren Boden in die haltlose, durchsichtige Luft erhoben. Den Brüdern Wright gelang der erste motorisierte Flug erst am 17. Dezember 1903. Wenn das stimmt, und die Neuseeländer schwören darauf heilige Eide, hat einer der ihren die fliegenden Maschinen erfunden, nicht die Amerikaner!

Nicht nur Glanzlichter von Auckland wollte der Chauffeur uns zeigen, sondern auch die Armenviertel, die sogenannten Wopswops. Sie gäbe es in keiner anderen neuseeländischen Stadt, nur in Auckland, der größten von allen. Aber es waren keine Slums, keine Elendsviertel. Es waren Armenviertel – wo keiner von uns wohnen möchte, sicher! –, aber schauerliches

Elend, ausgemergelte Gestalten wie in den Favelas von Rio, von Buenos Aires und Sao Paulo gab es nicht. Meist handelte es sich um neue Einwanderer von den pazifischen Inseln. Es wird jedem Bürger Neuseelands eine Sozialrente, auch eine Altersrente gewährt. Etwas zu essen, ein Dach über dem Kopf und ein paar Kleider für den Leib kann sich der Empfänger leisten, viel mehr allerdings nicht.

An der Queen Street befindet sich das Visitor Center, eine sehr nützliche Einrichtung für Besucher, wo Deutsch, Französisch, Spanisch und Japanisch gesprochen wird. Alle möglichen Prospekte gibt es dort, auch die Karten für Touristenbusse und Listen der Hotels mit Preisangaben usw. Man sorgt nicht nur in Auckland, sondern in allen größeren Ortschaften Neuseelands vorbildlich für die Fremden. Ich kenne kein anderes Land, wo die staatliche Touristenbetreuung so gut funktioniert wie in Aotearoa.

Die untere Queen Street wird etwas übertrieben die Goldene Meile genannt. Auch dort gibt es viele Touristen. Alle mögliche, zum Teil auch unmöglichen Artikel der Maori, echte, nach alter Überlieferung hergestellte Gegenstände, werden günstig angeboten. Natürlich auch typische Landesprodukte, die überwiegend aus Wolle bestehen. Nicht weit davon entfernt ein paar Dutzend Kinos nebeneinander. Manche der überaus farbenfrohen Plakate versprechen außer Krimis und Pornos auch männermordendes Schlachtgetümmel aus dem Zweiten Weltkrieg oder, von Japanern hergestellt, Blutschinken aus der Geschichte des Landes der Aufgehenden Sonne.

Während wir in die Art Gallery streben, will unser Mann schon weiter. Aber wir haben von John Webber und von William Hodgen gehört, den beiden Malern, die den großartigen Captain Cook auf einer seiner Südseereisen begleitet haben. Die Originale sind hier, und es sind wohl die ersten, von Künstlerhand geschaffenen Darstellungen der Menschen, der Landschaften, der Verhältnisse auf Neuseeland. Sie enttäuschen uns nicht, wir lernen viel dazu.

Vor dem obersten Gerichtshof ein großer Springbrunnen, garniert von Raubtieren mit aufgerissenem Rachen. Der Schöpfer dieser Kunstwerke ist ein Landsmann von uns, Anton Teutenberg mit Namen. Auch wenn wir nie etwas von ihm gehört haben, den Brunnen müssen wir sehen und fotografieren. Mehr Interesse zeigt unser Begleiter für das Old Custom House, einem im Neorenaissancestil erbauten Tintenpalast, worin der

Zoll seines Amtes gewaltet hat. Im Jahre 1889 ist der Kasten erbaut worden, zum Preis von 30 000 Neuseeländischen Pfund. Das seien noch billige Zeiten gewesen, meint der Fahrer unseres Wagens. Als man unlängst den verschnörkelten Kasten von Grund auf erneuern wollte, mußten die Ausklander zu ihrem Mißvergnügen drei Millionen Dollar aufbringen.

Langsam rollen wir durch die Karangahape-Straße, von den Auckländern K-Straße genannt, einem Zentrum des polynesischen Lebens. Ein Laden mit Souvenirs neben dem anderen, aber nichts, was aus dem Rahmen jener Mitbringsel fällt, die Südseereisende daheim auf die Kommode stellen. Gereizt hätten mich die zahlreichen Eßlokale, wo echt polynesische Genüsse zubereitet und geboten wurden. Leider herrscht dort ein gewaltiger Lärm aus Lautsprechern. Nichts für die Nerven eines halbwegs zivilisierten Mitteleuropäers.

Weil wir nach Ruhe und Weitblick verlangen, werden wir hinaus gefahren zu den weichen und weißen Stränden am Hauraki-Golf. Da viele Neuseeländer ihre Tagesarbeit nicht gar so lange ausdehnen, erscheint dort nach und nach eine Menge meist großräumiger Wagen. Ihnen entsteigen Vater, Mutter, Kinder, vielleicht auch die Großeltern und gute Freunde. Sie schleppen Kühltaschen mit Biervorräten an den Strand, ebenso alle möglichen Utensilien fürs Grillen von Fisch und Fleisch. Den Leuten geht es gut, denn fast das ganze Jahr hindurch können sie auf solche Weise ihre Nachmittage und erst recht die Wochenenden verbringen. Jede zweite Familie besitzt zumindest *einen* fahrbaren Untersatz, und jede vierte nennt ein Wasserfahrzeug ihr Eigentum. Das kann eine zwei Meter lange Jolle sein, eine zehn Meter lange Barkasse oder ein ausgewachsenes Motorboot mit mehreren Kabinen. Der Überfluß an Fischen und Krustentieren ist kaum vorstellbar. Wer gut zu tauchen versteht, holt bei jedem Besuch auf dem Meeresboden ein paar Langusten an die Oberfläche.

Dieses Paradies – die ergiebigen Fischgründe und all das fruchtbare Land – haben die Maori, wie gesagt, spottbillig an landhungrige Pakeha verkauft, was sie heute aus tiefstem Herzen bedauern. Sie haben sogar Prozesse angestrengt, um dies oder jenes Grundstück wiederzubekommen. Allerdings waren die Maori nicht die Ureinwohner von Aotearoa, der Langen Weißen Wolke, was sie auch selber gar nicht behaupten. Sie dürften erst vor ungefähr 600 Jahren am Hauraki-Golf eingetroffen sein, wo sie nicht lange danach begonnen haben, sich gegenseitig zu bekämpfen. Aber das ist eine andere Geschichte.

Eine Sehenswürdigkeit, die man allein schon ihrer Größe, Weite und Breite wegen nicht übersehen kann, ist die Auckland Harbour Bridge. Sie führt in weitem Bogen über die schmalste Stelle des Hafens und konnte bei ihrer Eröffnung als technisches Wunderwerk gelten. Aber schon zehn Jahre später hat sie dem gewaltigen Verkehr nicht mehr genügt und wurde von japanischen Ingenieuren auf jeder Seite um zwei Fahrspuren erweitert. Schon im Jahre 1859 war der Plan für eine große Hafenbrücke diskutiert worden. Man schätzte, daß täglich 20 Pferde, zehn Wagen, zehn Kühe, etwa 100 Menschen, dazu noch zwölf Schafe und fünf Schweine auf die andere Seite wollten. Doch bescheiden wie damals die Neuseeländer waren, haben sie nur eine Pontonbrücke beschlossen und gebaut.

Nun aber hinaus zu den Badeorten Orewa und Waiwera. Es sind breitangelegte Gartenstädte mit allem, was zur Versorgung einer vieltausendköpfigen Bevölkerung gehört, die während der Ferienzeit fast nur aus Urlaubern besteht. Die Wassertemperatur ist im Schnitt kaum höher als 17 bis 18 Grad, aber das hält die sportlichen Neuseeländer nicht von kühlen Badefreuden ab. In der Nähe von Waiwera, was »heißes Wasser« bedeutet, kann sich jeder vorher oder nachher wieder aufwärmen. Das haben schon die Maori getan, sie gruben Löcher in den Sand und genossen heiße Mineralbäder, was ihrer Gesundheit nützlich war.

Gern denke ich zurück an meinen ersten Besuch mit Marianne, als sich hier noch eine Reihe von Löchern im mehr oder weniger natürlichem Zustand befanden. Man hatte sie nur mit Brettern ausgekleidet, damit der Sand nicht nachrutschte. Damals fand sich an jedem Bad eine Tafel mit der Angabe der jeweiligen Temperatur. Eine dieser Kuhlen hieß »Hummerbad«, denn wer aus dem heißen Wasser ausstieg, war rot geworden wie ein Hummer. Leider ist das alles modernisiert und technisiert. Man muß auf Zementstufen in die gekachelten Bäder steigen. Mit Romantik hat das nichts mehr zu tun.

Nicht weit von Orewa gibt es eine Kneipe, den sogenannten Puhoi Pub, der nach Auskunft unseres Fahrers sehenswert sein sollte. Also hinein! Das Lokal war einer Kneipe der Pionierzeit nachgebildet, mit allen möglichen Gegenständen und Bildern aus den ersten Jahrzehnten von Auckland. Was davon echt ist oder nur nachempfunden, läßt sich im Tabakrauch nicht feststellen. Worauf man uns nicht vorbereitet hat, ist die

Art der Begrüßung. Der weißhaarige, rosahäutige Eigner – man sollte vielleicht besser sagen Empfangschef – des Puhoi Pubs begrüßte seine Gäste mit dem Hongi, dem Nasenkuß der Maori. An sich ist das keine landläufige Sitte bei den Pakeha, aber manche mögen's heiß!

»Hier sehen manche Männer so aus wie Mädchen, die so aussehen wie Jungens«, bemerkt Lothar.

Der Moa – ein ausgestorbener Riesenvogel

Kein noch so hoher Berg ermüdet so wie wenige Stunden in einem Museum. Aber wer die gegenwärtige Zeit verstehen will, kann nicht auf die Betrachtung der Vergangenheit verzichten. Zu diesem Zweck hat man Museen gebaut und eingerichtet, zu Lasten der Steuerzahler, wie allgemein üblich. Davon sollte man profitieren, zumal wenn der Eintritt relativ niedrig, vielleicht sogar umsonst ist.

Ich werde von Museen magisch angezogen, und oft fällt es mir schwer, unter vielen musealen Angeboten das richtige und wichtige zu treffen. Die größte, die beste und wohl auch teuerste Einrichtung dieser Art ist das auf einer leichten Anhöhe in einem herrlichen Park gelegene Museum von Auckland. Der Name läßt allerdings anderes vermuten, es heißt nämlich: War Memorial Museum. Der Grund für den abschreckenden Namen ist ein guter Gedanke, der von den Neuseeländern wie von den Australiern gepflegt wird. Nicht bombastische Denkmäler, die viel Geld kosten, aber keinen praktischen Zweck haben, sollen an die Kriegsopfer erinnern, sondern Dinge, die Lebende angenehm berühren, ihre Bildung heben oder ihren Schönheitsbegriffen entsprechen. In diesem Sinne hat man zu Ehren der Gefallenen weite Sportplätze gebaut, schöne Parks angelegt, kunstvolle Springbrunnen entstehen lassen und großartige Museen errichtet (die man früher oder später ohnehin gebaut hätte). In diesem Sinne ist auch das War Memorial Museum in Auckland zu verstehen, ein gewaltiger Bau für die Verhältnisse des Landes, einem antiken Tempel ähnlich, wenn auch sehr viel größer als die Akropolis. Davor auf einem Absatz der unerhört breiten Treppe zwei Kanonen aus dem Ende des vorigen Jahrhunderts, als feuerspeiende Symbole längst vergessener Kriege.

Im Kriegsmuseum von Neuseeland befindet sich auch dieses Schild eines Kaiserlich-Deutschen Postamtes. Als die Neuseeländer bei Beginn des Ersten Weltkrieges die unverteidigte deutsche Südseeinsel Samoa annektierten, haben sie das Schild als Souvenir mitgenommen.

Wir vertreten uns die Beine, wir marschieren zu Fuß von unserem Hotel aus durch die aromatischen Duftwolken des Rosenparks zum imposanten Museum. Es liegt inmitten der sogenannten Domäne, innerhalb jenes weiten, später zu einem schönen Park verbesserten Geländes, das man zu Anfang der Besiedlung für Ihre Majestät die Königin reserviert hat – für öffentliche Gebäude, eine Kaserne oder ähnliches. Er wurde aber im Lauf der Zeit weit besser zugunsten der Allgemeinheit verwendet. Ein schöner Wintergarten, ein hübscher Musikpavillon und eine Vielzahl herrlicher Palmen umgeben das Gebäude. Die Pflege ist vorbildlich, die Sauberkeit kann nicht übertroffen werden.

Wie es sich gehört, hat man zahlreiche Räume des Erdgeschosses den Künsten, der Entwicklung und Vergangenheit der eingeborenen Völker gewidmet. Da sehen wir ein Kanu namens Te-Teaki-a-Tapiri, geschaffen im Jahre 1836 aus einem einzigen, aber riesigen Totara-Baum. Wieviele kunstverständige Handwerker wieviel Zeit dafür gebraucht haben, war nicht zu erfahren. Aber 80 muskelstarke Krieger wurden gebraucht, um den 30 Meter langen, reich mit Schnitzwerk und bunten Farben geschmückten Kahn zu bewegen. Welche Seeschlachten Te-Teaki-a-Tapiri mitgemacht und siegreich bestanden hat, auf diese Frage erhalte ich vom Aufsichtsbeamten die Antwort: »Keine ... nur schön aussehen sollte das Boot.«

Man kann, höflicherweise aber erst nach dem Ablegen der Schuhe, einen Versammlungsbau der Maori betreten, eine Maere, die mit wunderbaren bedeutungsvollen Schnitzereien ausgestaltet ist. In diesen Maere haben sich die männlichen Maori weit öfter aufgehalten als in ihren kleinen, niedrigen Holzhütten. In dem Versammlungshaus hatte jeder seinen festen Platz, je nach Rang, den er in der komplizierten Rangfolge seiner Gemeinschaft einnehmen durfte. Wer das im einzelnen verstehen will, muß die Kultur der Maori gründlich studieren. Wenn viele der kunstvoll geschnitzten Köpfe den Besuchern die teilweise tätowierte Zungen entgegenstrecken, hat das nichts Böses zu bedeuten. Es ist gleichzeitig eine zeremonielle Drohgebärde wie eine freundliche Begrüßung.

Wichtiger noch für alle Tierfreunde, besonders für die Liebhaber ausgestorbener Arten, sind die Vitrinen mit dem Dinornis giganteus, besser bekannt unter dem kurzen Namen Moa. Wer ihn nicht mit eigenen Augen gesehen hat, wird seine Existenz kaum für möglich halten. Aber es ist nur eine Nachbildung, zusammengestellt aus Knochenresten und

Der Bug der Maori-Schiffe war außerordentlich kunstvoll geschnitzt.

Schon zu Beginn des vorigen Jahrhunderts ist der mit vier Metern Höhe größte Vogel der Welt, der Moa (Dinornis giganteus), ausgestorben.

bedeckt mit künstlich hergestellten Federn, die aber der echten Moa-Bekleidung entsprechen. Man hat zahlreiche Federn, Schnäbel, Laufzehen usw. an jenen Stellen gefunden, wo die Maori ihre Beutevögel zerteilt und zubereitet haben. Der originalgetreue Dinornis giganteus erreicht sage und schreibe eine Höhe von gut vier Metern! Sein Köperbau ähnelt dem Vogel Strauß, ihm entspricht auch die Haltung von Kopf und Hals. Beim Moa ist nicht nur der Körper mit Federn bekleidet, sondern auch Hals und Kopf. Dafür fehlen dem großen Moa die weißen Schwanzfedern, wie sie der Vogel Strauß, der australische Emu und der südamerikanische Nandu besitzen. Aber verglichen mit dem riesigen Dinornis sind die anderen Steppenvögel nur Zwerge, bestenfalls Halbstarke. Allen gemeinsam ist die Unfähigkeit zu fliegen. Dafür können, besser gesagt konnten die Moa wahrscheinlich überaus weit, schnell und ausdauernd laufen. Gewaltig zu nennen sind die Beine, erst recht die Füße mit den drei riesigen Laufkrallen und einer viel kleineren Kralle daneben.

In einer Vitrine befinden sich die Beweise für den Köperbau der Moa-Vögel, nämlich die vollständigen Skelette des vier Meter hohen Dinornis giganteus und seiner kleineren Verwandten, des Eurypterix geranoides und des Pachyornis elephantopus, der sein Adjektiv der rundlichen Körperfülle verdankt, die er nach Meinung der Moa-Forscher besessen hat. Es sind noch andere Vogelarten auf Neuseeland verschwunden, aber keiner hat so lange ausgehalten und konnte eine so wichtige Rolle für die Inselbewohner spielen wie gerade der Moa und in erster Linie die Unterart giganteus. Kaum daß die erste Welle der Maori im Land der Langen Weißen Wolke eingetroffen war, erkannten sie schon die große Bedeutung der Moa-Vögel für die menschliche Ernährung. Weil die mehreren Zentner schweren Tiere bis dahin keine natürlichen Feinde zu fürchten gehabt hatten, waren sie weder scheu noch in der Lage, sich zu verteidigen.

Wie manche Gelehrte meinen, existierten sie schon seit rund 150 Millionen Jahren, als noch Australien, Neuseeland, Afrika und Asien im sogenannten Gondwana-Land zusammenhingen. In den folgenden, sehr langen Epochen, als die genannten Kontinente auseinanderklafften, sind in Afrika die Strauße, in Südamerika die Nandu, in Australien die Emu, in Neuseeland die Moa und die ebenso flugunfähigen Kiwi übrig geblieben, dazu auf der Insel Mauritius die heute ausgestorbenen Elephant-Vögel.

Nichts und niemand hat in Neuseeland die Moa gestört, erst die Ankunft der Menschen. Verglichen mit den nur etwa 800 bis 1000 Jahren menschlicher Aktivität in Neuseeland ist die ungestörte Zeit der Moa lang gewesen. Infolgedessen war es für die Maori nicht viel mehr als ein Kinderspiel, die Moa zu jagen, besser gesagt, sie abzuschlachten. Weil sie sich nur langsam vermehrten, ein bis höchstens zwei Küken pro Jahr, war schon bald die Erhaltung ihrer Art gefährdet. Die noch vorhandenen Laufvögel in Afrika, Australien und Südamerika legen stattdessen im Durchschnitt 20 Eier pro Jahr, von denen allerdings nicht alle überleben. Sie werden seit Anbeginn verfolgt und müssen daher um zahlreichen Nachwuchs besorgt sein.

Nicht so die Moa. Sie mußten sich entfernen aus allen Gegenden, wo Menschen eingedrungen waren. Damit nicht genug sammelten die Maori auch eifrig die riesengroßen, wohlschmeckenden Eier, nahmen keine Rücksicht auf brütende Hennen und erlegten womöglich mehr als sie zur Ernährung gebraucht haben. Die Moa verschwanden in sogenannten Rückzugsgebieten. Die Frage, wann sie restlos ausgestorben sind, hat noch niemand überzeugend beantworten können. Knochenreste und dergleichen hat man gefunden, ihr Alter danach festgestellt. Bei den meisten Proben, die aus der Nordinsel und aus dem östlichen Teil der Südinsel stammen, geht hervor, daß die Moa bereits um das Jahr 1500, sicherer noch um das Jahr 1600 selten geworden waren. Aber es gab auch Knochenfunde im südlichen, besonders im südwestlichen Teil der Südinsel, im sogenannten Fjordland. Aus diesen seltenen Knochenfunden ergibt sich, daß noch bis etwa zum Jahre 1800 einige wenige Moa in den waldreichen Schluchten jener Region gelebt haben. Nur vereinzelt sind Menschen, Maori-Jäger, dorthin vorgedrungen, und noch in unseren Tagen ist das riesige, heute als Nationalpark geschützte Fjordland so gut wie unbewohnt. Wenn das Ergebnis der Datierung stimmt, nämlich das Jahr 1800 (plus oder minus 20 Jahre), so hat es den Riesenvogel noch gegeben, als sich die ersten weißen Männer in Neuseeland niederließen. Aber bis in jene fernen Fjorde und hinein in die waldreichen, ewig feuchten Täler ist damals wohl kein Europäer gelangt. Jedenfalls wird nirgendwo in den frühen Berichten der fabelhafte Vogel erwähnt.

Nicht die Jagd allein hat ihn ausgerottet, sondern auch die Angewohnheit der Maori, während der trockenen Jahreszeit alle Wälder in der Nachbarschaft ihrer Siedlungen abzubrennen. Sie wollten freies Land haben für bessere Sicht und raschere Fortbewegung bei der Jagd, auch zur Anpflanzung der Bäume, von deren Früchten sie unter anderem lebten. Diese absichtlich gelegten Feuer haben sich sehr wahrscheinlich ungewollt weiter ausgebreitet und einen Großteil der ursprünglichen Wälder vernichtet. Aber die Moa, die vegetarisch lebten, brauchten das Unterholz in den Wäldern, brauchten feuchtes Klima und schattige Landschaften. Bedenkt man noch, daß die Maori auch Hunde mitbrachten sowie eßbare Ratten, die sich gerne an den Eiern der Laufvögel erfreuten, so ist das Verschwinden der Moa zu begreifen.

Die Maori haben aus ihren Knochen, Krallen, Schnäbeln usw. nicht allein nützliche Sachen für den Hausgebrauch hergestellt, sondern auch

Schmuckstücke. Davon sind viele Beispiele erhalten und in den Museen des Landes ausgestellt. Eine Besonderheit gehört noch dazu: die Magensteine der Riesenvögel. Um ihre pflanzliche Nahrung besser verdauen zu können, haben die Moa massenweise Steine verschluckt, bis zur Größe eines menschlichen Daumens. So wurden die relativ harten Körner zermahlen, die der Riesenvogel zu sich nahm.

Schade um die Moa und daß sie restlos verschwunden sind! Sie haben leider den Maori zu gut geschmeckt, und weil es keine anderen Säugetiere in Neuseeland gab, bevor sie von weißen Siedlern mit oder ohne Absicht eingeführt wurden, mußten wohl oder übel die Maori bei ihren Festessen, besonders bei den Siegesfesten, auf Menschenfleisch ausweichen. Noch andere Vogelarten sind in Neuseeland verschwunden, aber keine, die sich mit den riesigen Moa vergleichen lassen.

Neuseeland – eine verkehrte Welt?

Nicht alles, aber doch sehr viel, ist mit unseren europäischen Augen betrachtet, umgekehrt. Wenn wir den Tannenbaum schmücken, können es Wachskerzen sein. In Neuseeland aber steht zu befüchten, daß sie zu weich werden und kippen. Dort herrscht Hochsommer an Weihnachten, in den Monaten Dezember und Januar erreicht das Thermometer den höchsten Stand. Stattdessen packt man seine Skier, die warmen Stiefel und wollene Kleidung während des Juli und August in den Wagen. Dann sind die Hänge der hohen Berge mit schimmerndem Schnee bedeckt, und die Skilifte, aber auch die Hubschrauber, bringen Wintersportler nach oben. Die schönsten Herbsttage fallen in den April und Mai und der blumenreiche Frühling in den späten Sommer, auch noch in den Oktober und frühen November. Frühling im Oktober!

Wenn wir soweit wie möglich in den Süden unseres Kontinents eilen, um dem frostigen Winterwetter zu entgehen, halten es die Neuseeländer anders herum. Sie finden ihre schönsten Badestrände hoch droben im Norden, im weiten Umkreis von Kap Reinga, wo die Nordinsel zu Ende ist. Zur gleichen Zeit können die Neuseeländer drunten am Ende der Südinsel, zumal auf der wildromantischen, menschenleeren Stewart-Insel, einige Grade unter Null und sogar Schneefall erleben. Insoweit stimmt es schon, Neuseeland ist eine verkehrte Welt.

Der Naturfreund, der aus unseren Revieren in Jagdgründe auf der entgegengesetzten Seite des Globus fliegt, muß wissen, daß die Hirschbrunft Ende März bis Anfang April stattfindet, auch die Paarungszeit der anderen Tiere ist um ein halbes Jahr verschoben. Genauso die Feldbestellung, Gartenpflege und noch vieles andere.

Allerdings, auch das muß man wissen, sind die Temperaturen nicht so kraß verschieden wie bei uns. Wenn wir in München während eines strengen Winters bis maximal 30 Grad Frost erleben, dagegen im Hochsommer mehr als 30 Grad Hitze, bleibt es in Neuseeland milder. Dort fällt die winterliche Temperatur schlimmstenfalls auf minus 5 Grad (am Taupo-See und in Queenstown). Andererseits erreichen die Temperaturen selten mehr als 29 Grad Wärme. Nur in der Stadt Queenstown, im Westen der Südinsel gelegen, erlebt man hin und wieder bis zu 50 frostige Tage im Jahr. Dageben haben zumindest drei Regionen von Aotearoa bisher noch nie die Frostgrenze erreicht.

Neuseeland ist relativ reich an Regen. Das bedeutet viel Glück fürs ganze Land, besonders für die Schafzüchter. Queenstown und Napier haben am wenigsten davon, nur an 93 Tagen im Jahr rieselt Wasser vom Himmel. Dagegen regnet es am Milford Sound, dem wohl schönsten Fjord der Südinsel, an durchschnittlich 130 Tagen, ebenso auch in Invercargill, dem südlichsten Ort der Südinsel. Das Klima ist sehr verschieden im ganzen Land. Alles hängt davon ab, wo man sich zu welcher Jahreszeit befindet. Neuseeland, beide Inseln mit der Stewart-Insel zusammen, dehnt sich in der nordsüdlichen Richtung über nahezu 1600 Kilometer aus. Das ist länger als Italien von den Alpen bis Sizilien. Bedenkt man die kraß verschiedenen Klimazonen vom Norden Italiens bis in die subtropischen Gefilde Siziliens, so begreift auch der Mitteleuropäer, was in klimatischer Hinsicht Neuseelands Länge bedeutet. Tatsächlich liegen Kap Reinga und Oban auf der Stewart-Insel ungefähr so weit auseinander wie München und Madrid.

Aber auch das sagt noch längst nicht alles. Während sich 61,8 Millionen Bundesbürger auf 250 000 Quadratkilometer zusammendrängen, können sich die 3,2 Millionen Neuseeländer über 270 000 Quadratkilometer ausbreiten. Damit steht der bundesdeutschen Bevölkerungsdichte von 247

Personen pro Quadratkilometer im glücklichen Neuseeland eine »Bevölkerungsweite« von nur gut zwölf Menschen gegenüber. Wer diese Zahlen gut im Kopf behält, wer bei Reisen durch Aotearoa immer wieder daran denkt, hat keine Mühe, die Besonderheiten des beneidenswerten Landes zu begreifen.

Wie so vieles auf den neuseeländischen Inseln ist auch die Verteilung der Landesbewohner sehr unterschiedlich. Zwei Drittel aller Menschen leben in Auckland und im Radius von 300 Kilometern um Auckland herum! Die 114000 Quadratkilometer große Nordinsel umfaßt insgesamt Dreiviertel aller Neuseeländer. So bleiben für die größere, die 150000 Quadratkilometer große Südinsel nur ein Viertel der Gesamtbevölkerung übrig. Hinzu kommen die knapp 800 Bewohner der Stewart-Insel, etwas über 900 Menschen auf den Chatham-Islands, außerdem gehören zu Neuseeland bzw. werden von Neuseeland verwaltet die Tokelau-Inseln (früher weit besser bekannt als die Gilbert und Alice Islands), sowie die Niué- und die Cook-Inseln. Allesamt zählen nicht mehr als rund 50000 Bewohner. Damit nicht genug beansprucht die ohne jeden Grund landhungrige Regierung Neuseelands noch die exklusive Herrschaft über die Ross Dependency auf dem Sechsten Kontinent, das heißt einen verblüffend großen Sektor im Südlichen Eismeer. Von nur wenigen Stellen abgesehen ist jene Landmasse stets von Ewigem Eis bedeckt. Die Ausdehnung aber ist gewaltig, sie erreicht mit 415 000 Quadratkilometern fast die doppelte Größe des neuseeländischen Mutterlandes. Was bis auf wenige Wissenschaftler der Ross Dependency völlig fehlt, sind Neuseeländer.

Jeder kann in den amtlichen New Zealand Statistics schwarz auf weiß lesen, daß neben den 3,2 Millionen neuseeländischen Staatsbürgern in dem großenteils fruchtbaren Land noch 60 Millionen Schafe leben, was einem Verhältnis von 20 Schafen auf einen Menschen entspricht. Doch fällt es mir schwer daran zu glauben, weil man beim Fahren, Überfliegen oder Duchwandern des Landes von jeder Stelle aus unzählige Wollträger sieht, aber nur wenige und oft gar keine Menschen. So müssen meines Erachtens die Schafe 20-, 40-, 50- oder 100mal zahlreicher sein als Menschen!

Bei der ersten Volkszählung im Jahre 1858, soweit sie angesichts der enormen Entfernungen und schwierigen Wege überhaupt durchführbar war, lebten knapp 115 000 Menschen in Neuseeland, etwa die Hälfte davon waren eingeborene Maori. Dann hat sich die Bevölkerung in jeweils fünf

Jahren um wenigstens 75 000 bis 170 000 vermehrt, sie erreichte die erste Million im Jahre 1911.

Mit zehn Prozent Zunahme von einer Zählung zur anderen ging es weiter, bis man im Jahre 1965 bei der dritten Million angekommen war. Dann jedoch ging es langsamer, und die Zahl, wie es scheint, bleibt bis auf weiteres konstant. Das liegt einerseits an den Geburtenraten, die seit 1960 um mehr als die Hälfte gesunken sind, andererseits ist die Stagnation eine Folge der seitens der Regierung drastisch beschränkten Einwanderung.

Wie in allen zivilisierten Ländern üblich erweisen sich auch in Aotearoa die Frauen als das starke Geschlecht. Ihre Lebenserwartung liegt im Durchschnitt um sieben Jahre über der Zeitspanne der Männer. Noch etwas besser haben es damit die neuseeländischen Frauen als ihre bundesdeutschen Schwestern. Wobei zu bedenken ist, daß man im Land der Langen Weißen Wolke recht ruhig, sehr gut, ja ohne große Probleme zu leben gewohnt ist.

60 Prozent aller Erwachsenen sind verheiratet, wobei die Scheidungsrate runde sechs Prozent beträgt. 24 Prozent der Frauen heiraten nie, nicht weniger als 31 Prozent der Männer verzichten auf dieses Wagnis. Im letzten Zensus, aus dem Jahr 1984, werden 52 000 lebende Geburten gemeldet, wobei – man höre und staune – die Mutter eines jeden vierten Kindes offiziell unverheiratet war. Bemerkenswert sind auch in Neuseeland die Todesursachen: Am häufigsten scheiden die Menschen wegen eines Herzinfarkts aus dem Leben. Die Zahl ist seit gut zwölf Jahren etwa die gleiche geblieben, 270 Todesfälle auf 10 000 Einwohner. Zugenommen hat der Abschied von dieser Welt durch Krebs, die Zahlen stiegen während der letzten zwölf Jahre von 160 bis 180 pro 10 000 Menschen. Allemal ist die Lebenserwartung gestiegen, drei Prozent der Männer und vier Prozent der neuseeländischen Frauen haben ihren 90. Geburtstag gefeiert.

Immer noch acht Prozent aller heutigen Neuseeländer wurden in Großbritannien und Irland geboren, fast zwei Prozent stammen von einer der polynesischen Inseln, nur anderthalb Prozent haben in Australien das Licht der Welt erblickt. Alle übrigen Nationen auf der weiten Welt sind mit nur drei Prozent an der gegenwärtigen Bevölkerung des Landes beteiligt.

Weite Gebiete der Südinsel wurden bis heute nicht erschlossen. Steile, wilde und großenteils von Gletschern bedeckte Gebirge bilden den breiten Rücken des nur von wenigen Straßen durchzogenen Landes. Über 20 meist

Diese Küstenformation am Westufer der Südinsel, pancakes genannt, Pfannkuchen auf deutsch, ist eines der vielen Naturwunder im Land der Langen Weißen Wolke.

mit Schnee bedeckte Gipfel steigen über 3000 Meter hinauf. Zahlreiche Seen, manche von ihnen größer als bei uns der Bodensee, dehnen sich im Westen und Südwesten der Südinsel aus. Das sogenannte Fjordland ist bis in unsere Tage noch nicht ganz erforscht, sicher haben manche der tiefen Schluchten und kahlen Bergrücken noch nie den Fuß eines Menschen gespürt. Wenn dennoch die Landkarten recht genau sind, so wurden sie aus der Luft vermessen. Die Gegend ist ein Labyrinth der Fjorde und Buchten, der grauen Felsen, tiefdunklen Täler, der kahlen Höhen des Ewigen Schnees und der rauschenden Wasserfälle. Kein Mensch ist dort zuhause, nur Fischer dringen in die Fjorde ein. Erfreulicherweise hat die Regierung Neuseelands bereits vor einigen Jahren diese herrliche Wildnis zum Naturschutzgebiet erklärt... 140000 Hektar!

Wie schon gesagt: Neuseeland ist mehr als eine Reise wert. Es gibt noch viel zu sehen, also packen wir's an!

Die Insel Kawau

Wenn behauptet wird, daß Japan den Zweiten Weltkrieg verloren hat und daß für dieses Ergebnis auch Soldaten aus Neuseeland auf die Schlachtfelder gezogen sind, ist das kaum zu glauben. 90 Prozent aller motorisierten Fahrzeuge stammen aus Japan, auch sonst sind japanische Produkte in Läden und Privathäusern stark vertreten. So war kaum zu vermeiden, daß wir uns für einen Nissan als Mietwagen entschieden, einen zweitürigen Wagen mit vier Plätzen. Was ich bisher nicht wußte: daß man Handeln kann mit den großen Verleihfirmen. Weil die meisten ihrer Büros nebeneinander liegen, ist es relativ einfach, sich von einer Vertretung in eine andere zu begeben. Lothar handelte einen Rabatt von etwa 20 Prozent heraus. Der Wagen befand sich in gutem Zustand, bot genügend Platz für unser Gepäck, und wir haben nur gute Erfahrungen mit ihm gemacht.

Am Ende der Queen Street stechen an jedem Tag Motorboote zur Rundfahrt durch den Hauraki-Golf in See. Sie besuchen die hübschen und romantischen Inseln Rangitoto, Motuihe, Motutapu und Rakino. Leider aber war eben das Boot hinausgetuckert. So blieb nichts anderes übrig, als daß jeder von uns mit seinem starken Fernglas die Inseln von der Hafenpier aus zu betrachten versuchte. Waren auf so weite Entfernung auch nur die Konturen zu erkennen, sahen wir doch die bewaldeten Hügel, die sandigen Buchten und die vorgelagerten Felsen der fünf Eilande. So angenehm es sein dürfte, sie zu betreten, ich glaube doch, daß sie einander sehr ähnlich sind und wir nicht allzu viel verloren haben.

Zeit müßte man haben, sehr viel Zeit, um an Bord des »Golf Explorer« weit hinaus zur Great Barrier-Insel zu fahren, die ungefähr so groß ist wie die bebaute Fläche von Auckland, wo es ein paar Fahrwege gibt und man sich ein Taxi mieten kann. Westlich davon liegt die Little Barrier-Insel, ein streng behütetes Vogelschutzgebiet. Es soll sich auf dieser Insel nichts befinden, was von weißen Siedlern stammt. Der »Golf Explorer« ist ein relativ großes Schiff und hat Kabinen für 80 Passagiere. Es verläßt jeden Freitagabend die Marsden Warf und kommt erst Sonntagabend wieder zurück. Aber sieben bis acht Wochen sind nicht genug für Neuseeland, wir können uns den Ausflug nicht leisten. Drei Monate Zeit wäre besser für Aotearoa, noch besser ein halbes Jahr . . . mindestens.

Immerhin haben wir noch eine andere Möglichkeit, eine besondere Insel

Oben: *Die achtspurige Hafenbrücke in Auckland, der größen Stadt Neuseelands.*
Unten: *Manche Einkaufsstraßen in den kleinen und mittleren Städten sind stark amerikanisiert.*

Oben: *Der Hafen von Wellington, der Hauptstadt von Neuseeland.*
Unten: *Blick von meinem Hotelfenster auf die Hafenbucht von Wellington auf der Südinsel.*

Auf den Landstraßen Neuseelands haben Schafe Vorfahrt. Oft bleibt man inmitten der Wollträger lange stecken.

60 Millionen Schafe brauchen viel Platz, aber davon gibt es genug auf den nur dünn besiedelten Inseln Neuseelands.

Oben: *Auch für die Rinderzucht eignen sich viele Weiden gut. Hier grasen weiße Schafe gemeinsam mit schwarzen Rindern.*
Unten: *Weil die Schafschur einen überaus anstrengenden Saisonbetrieb bedeutet, können sich die Scherer ein halbes Jahr erholen. Manche verbringen die Zeit auf freier Wanderschaft durch ihre abwechslungsreiche Heimat.*

zu sehen, nämlich Kawau. Zu diesem Zweck rollen wir ein paar Kilometer weiter zu der kleinen, an einer Badebucht gelegenen Ortschaft Sandspit. Ein gemütliches Motorboot bringt uns binnen einer Stunde dorthin. An Bord werden Kaffee und Kekse serviert, aber noch viel besser ist ein Maori-Mädchen, das uns mit bezauberndem Lächeln bedient. Während unserer ganzen Reise durch Neuseeland haben wir kein weiteres weibliches Wesen des Maori-Volkes erblickt, das so auffallend hübsch, so schlank und von so hinreißendem Charme gewesen ist wie dieses. Die sehr leichte, fast durchsichtige Kleidung erlaubte es, ihren vollendeten Körper zu bewundern. Deswegen betone ich das besonders, weil im allgemeinen die weiblichen Maori (ich bitte sie alle um Entschuldigung) nicht gerade schön sind.

Zahlreiche Inseln auf allen Seiten, wie das an der neuseeländischen Küste fast selbstverständlich ist. Kawau steht unter Naturschutz und besitzt dazu historische Relikte. Schon sehr früh, gleich als die Besiedlung am Hauraki-Golf begann, hat man Kupfer und Magnesium entdeckt, und so günstig waren die Prognosen, daß nicht nur von Australien, sondern ebenso auch von England rund 200 Bergleute nach Kawau strömten. Allein im Jahre 1850 wurden 3000 Tonnen der kostbaren Materialien gefördert, und es gab auf der paradiesischen Insel eine regelrechte Industrie mit Dampfmaschinen, Schmelzöfen sowie Unterkünften. Als aber dann in Kalifornien Gold in scheinbar unerschöpflicher Menge entdeckt wurde, zogen die Bergleute ab. Ihre Anlagen verfielen, und relativ billig war Kawau zu haben.

Sir George Grey, der britische Gouverneur in Neuseeland, erwarb 1862 die gesamte Insel und machte daraus, dank seines erheblichen Privatvermögens, ein echtes Südseeparadies. Exotische Pflanzen wurden eingeführt, auch viele exotische Tiere, denen Klima und Vegetation zusagten. Davon sind bis heute die Großfußkänguruhs (Parma vallaby) geblieben, von denen man uns sagt, sie seien in ihrer australischen Heimat ausgestorben. Der ebenso vermögende wie kultivierte Sir George Grey erweiterte das vorhandene, längst verlassene Verwalterhaus zu einem echten Herrensitz, in dieser Art der einzige aus dem vorigen Jahrhundert. Die Räume sind eingerichtet oder wurden während der letzten Jahrzehnte wieder so hergestellt, wie sie zur Zeit von Sir George gewesen sind. Man fühlt sich beim Duchwandern der Räume in die Landhäuser der britischen oder französischen Oberschicht versetzt und bestaunt die für die damalige Zeit riesengroße Bibliothek von 15 000 Bänden. Grey war offenbar ein großzügiger Gastgeber, jeder Besucher war auf seiner Insel willkommen, die meisten hat er auch zu Tisch geladen und sich in tiefe Gespräche mit ihnen eingelassen. Erst im Jahre 1895 kehrte er nach England zurück.

Jetzt gehört das Haus dem neuseeländischen Volk, vertreten durch dessen Regierung. Gut zwei Stunden bleiben uns für die geruhsame Wanderung durch die Anlagen, zur Bewunderung der reichen Blumenpracht und zur Besichtigung der seit über 100 Jahren verlassenen, aber bis heute nicht ganz zerfallenen Anlagen des Kupferbergbaus und der Schmelzöfen. Danach wieder eine Stunde zurück durch die Meeresbucht. Aufs neue umgeben uns 47 bildhübsche Inseln, und die bildhübsche Maori-Dame offeriert Tee mit zartem Gebäck. Inseln mit Sandstrand und mit steilen Küsten, gefährliche und scharfkantige Riffe, die nur knapp aus dem Wasser schauen. Dann wieder furchteinflößende Felstürme, an denen Vogelnester kleben, die weißgesprenkelt sind vom gefiederten Volk.

Wir werden es noch schaffen bis nach Whangarei, bevor es dunkel wird, vielleicht sogar bis zur Bay of Islands. Das ist jene vielgerühmte Inselbucht, wo die Verwandlung von Aotearoa ins moderne Neuseeland begonnen hat. Unsere Straße ist der Highway Nr. 1, der großenteils der Ostküste folgt. Seinerzeit, im Jahr 1963, sind Marianne und ich über diese Straße gerollt, aber während der vergangenen Jahrzehnte hat man aus der ehemaligen Schotterstraße eine wunderbar bequeme Asphaltchaussee gemacht. Rasch kommen wir voran, weil es nur wenige Höhen zu überwinden gibt. Der Verkehr ist relativ gering. Noch ein Vorteil ist, daß keine größeren Städte zu durchqueren sind. Ein Durchschnitt von 80 Stundenkilometern ist ohne weiteres einzuhalten, gewohnheitsmäßige Schnellfahrer rechnen mit 100 bis 120 Kilometern pro Stunde.

Hunger macht sich bemerkbar, wir wollen gerne essen, und beide schätzen wir gutes Essen. Aber das ist nicht so einfach in Neuseeland. Weil ich bisher mit Liebe und ungetrübter Bewunderung über die Verhältnisse gesprochen habe, sei mir gestattet, hin und wieder bescheidene Kritik zu üben. Sie betrifft in erster Linie das Essen, besonders das Mittagessen. Fremde, gerade der Autofahrer, werden so gut wie nirgendwo ein Restaurant antreffen, das warmes Mittagessen serviert. Es ist nicht üblich, daran sind die Neuseeländer nicht gewöhnt. Sie frühstücken gut, betrachten aber die Mittagsmahlzeit als Nebensache, greifen dafür abends umso herzhafter zu. Wenn wir in einer Gastwirtschaft die hoffnungsvolle Frage stellten, ob ein warmer Lunch zu haben sei, mußte die Angestellte erst in die Küche eilen und meinte dann, man könnte ja dies oder das für uns zubereiten. In den meisten Fällen jedoch waren die Restaurants und sonstigen Gaststätten mittags geschlossen. Stattdessen gibt es die sogenannten Takeaways. Man betritt sie nicht, um dort zu essen, sondern um – wie schon der Name sagt – etwas mitzunehmen. Es gibt alles mögliche und in relativ reicher Auswahl, darunter auch Wurst, Schinken, Süßigkeiten und Rohstoffe für die flüchtige Mahlzeit. Wenn etwas Warmes geboten wird, handelt es sich um fleischgefüllte Pasteten. Sie lagern hinter Glas in einem Wärmefach, und oft lagern sie dort wochenlang. Das Zeug ist dann mulmig, meines Erachtens ebenso schlecht für den Gaumen wie für den Magen.

Woraus wir bald die Lehre zogen, einen schlichten Korb aus Weidengeflecht mitzuführen, Holzbretter oder Papierteller, dazu das notwendige Besteck, zwei Tassen und Becher reichten vollkommen aus, um mittags gut zu speisen auf einem von den Tischen an zahlreichen Picknickplätzen. Sie werden aufgestellt und unterhalten, sind mit Bänken und Papierkörben versehen, dank der wohlmeinenden Regierung und ihrer untergeordneten Stellen. Sie befinden sich meist an landschaftlich sehr schönen Plätzen, stehen im Schatten breiter Bäume, an den Ufern von Fluß, See oder Wildbach. Was man dabei zum Verzehr braucht, das bieten die Takeaways in reicher, wenn auch kühler Auswahl. Eine Thermosflasche mit heißem Tee oder Kaffee, am frühen Morgen im Motel gefüllt, vielleicht auch eine Flasche der guten neuseeländischen Weine kann das Picknick in ein Festmahl verwandeln. Aber wenn es regnet, und wie schon gesagt, es regnet oft und mitunter lange in Neuseeland, kann der Reisende das Problem nur lösen, wenn er im Wagen bleibt und sich dort so gut wie möglich behilft.

Es versteht sich von selbst, daß in einem so fruchtbaren Land, dessen Obstgärten allenthalben reiche Ernte bieten, an wohlschmeckenden Früchten kein Mangel herrscht. Sie werden entlang der Hauptstraße, bei den Tankstellen, angeboten, oft lädt auch ein Schild zum Betreten eines Obstgartens ein. Wer nichts dagegen hat, sich tief und oft zu bücken, wer außerdem nur wenig bezahlen möchte, der kann sich an vielen Stellen seine Erdbeeren, seine Weintrauben, seine Kiwi, Apfelsinen und anderes mehr selber pflücken.

Weiter rollen wir und noch weiter in den Norden hinauf, an vielen 1000 sicher mehr als 10 000 Schafen vorbei, durch eine nur dünn besiedelte

Typisch sind diese Einfamilienhäuser für die Klein- und Vorstädte in Neuseeland. Ihr Baustil entspricht dem viktorianischen Zeitalter, aber sie werden aus Fertigteilen zusammengesetzt.

Region. Dies vor allem fällt Europäern auf, erst nach einer Weile empfinden wir so richtig die Menschenleere in Neuseeland. Hier und dort ein Farmhaus mit Nebengebäuden, dann eine Weile nichts, dann eine Ortschaft, die vor allem der Post, der Schule, den beiden oder sogar drei Kirchen und einem oder mehreren Supermärkten ihre Existenz verdankt. Weiter droben im Norden Neuseelands erblicken wir häufig wohlgenährte Rinder auf den grünen Weiden, Rinder der verschiedensten Rassen, die offenbar gut auf dem üppigen Gras gedeihen. Es wird für unsere Begriffe immer südlicher, je weiter wir nach Norden hinauffahren. Das Vieh und auch die Pferde brauchen keine Stallungen während des Winters, wenn sie auch gelegentlich Zufutter erhalten. Die Pferde tragen fast alle eine Decke, wegen der oft kühlen und mitunter schneidenden Winde in der Nacht.

Wir fahren durch die Ortschaften Warkworth, Wellsford, Whangarei, ohne daß wir besondere Eindrücke gewinnen. Im Gegensatz zu meiner ersten Reise sind die Ortschaften in mancher Hinsicht stark amerikanisiert. Nicht nur die grellen großflächigen Reklametafeln verschandeln das

Straße alten Stils in neuseeländischer Kleinstadt.

Bild, mehr noch die Ortseingänge beherrschenden Supermärkte. Aber dafür gibt es genügend Parkplätze und sonstige Bequemlichkeiten, um den Hausfrauen zu helfen. Weil jede Familie über Kühltruhen, sogar über Kühlkammern verfügt, begibt sich die Hausfrau nur einmal in der Woche zum Supermarkt, greift aber dann kräftig zu. Weil die Leute überaus ehrlich sind, wird an der Kasse nicht sonderlich kontrolliert. Die Rollwagen kann jeder bis an sein Auto schieben und dort einfach stehen lassen. Junge Angestellte rollen sie zurück in den Supermarkt.

Besonders angenehm ist meines Erachtens die Auswahl an Weinen und süffigen Getränken. Davon hat es während meines ersten Aufenthalts noch kaum eine Spur gegeben. Damals wußte der größte Teil der Bewohner nicht, daß neuseeländische Weine überhaupt existieren. So selten wurden sie verlangt, so selten getrunken. Wenn überhaupt, machte man nur einen Unterschied zwischen weißem und rotem Wein. Indessen hat sich der Weinbau gewaltig entwickelt und auf höchst angenehme Weise verbessert. Viele Trauben stammen aus deutschen Landen, besonders die Weißweine. Wer aus gesundheitlichen Gründen Zucker vermeiden muß wie ich, kann unter verschiedenen »trockenen« Angeboten wählen. Für Leute, die gleich trinken wollen, stehen die Weißweine auch in besonderen, stets gekühlten Abteilungen. Für unsere Begriffe sind die Preise bescheiden, sie liegen, wie fast alles andere, um etwa ein Drittel tiefer als bei uns. Aber, bitte, achten Sie darauf, den eingekauften Wein nur verpackt zu transportieren. Wenn nicht in einer Kiste oder einem Pappkarton muß sich die Flasche in einer undurchsichtigen Tüte befinden. So will es das Gesetz, wer dagegen verstößt, wird zur Kasse gebeten.

Durch lichte Wälder über sanfte Höhen hinweg, auch oft einen Wildbach überquerend, streben wir weiter der Bay of Islands entgegen. Wir durchqueren Hikurangi und danach Kawakawa. Gleich muß die Bay of Islands vor uns liegen. Aber auch dort, wo man schönste Blicke genießen kann, sind die Drahtzieher am Werk gewesen. Damit meine ich jene leidenschaftlichen Naturverschandler, die allenthalben, wo es ihnen passend erscheint, Pfähle und Masten in den Boden rammen, um sie durch elektrisch geladene oder Telefondrähte miteinander zu verbinden. Auch wenn man es auf der anderen Straßenseite tun könnte, wo es nicht so darauf ankommt – wer ein richtiger Drahtzieher ist, macht sich auf der Schauseite an sein übles Handwerk. Wie oft haben Lothar und ich auf die Drähte geflucht, die sich mitten durch die schöne Aussicht zogen. Wie oft sind wir höher den Hang hinauf geklettert oder tiefer hinabgestiegen, um ein Bild ohne Drähte zu erhalten.

Wenn Sie jemals eine schönere Landschaft erblickt haben als die Bay of Islands, bitte sagen Sie es mir. Ich kenne die weite Welt wie kaum ein zweiter. Aber keine Gegend der runden Erde läßt sich meines Wissens mit der neuseeländischen Inselbucht, der Bay of Islands, vergleichen.

Nicht gerade groß ist die Bay, aber eben deshalb gut zu übersehen. An die 100 Inseln, die kleineren mitgerechnet, schwimmen im klaren, bis tief hinab durchsichtigen Salzwasser. Ein Labyrinth, des Sonnenkönigs würdig, ein Irrgarten aus Land und Meer, aus weißem Sand und dunklem Fels. Aus grüner Weide, die von zahlreichen Schafen hell gefleckt wird. Darüber dichter Wald an den Bergrücken. Am Hang hinab zur Bucht und drunten am Strand verstreut sehr viele Villen. Wohlgepflegte Gärten blühen, duften und gedeihen. Öffentliche Gärten und grüne Uferpromenaden erfreuen das Auge. Die Gewässer belebt von Segelbooten, von den bescheidensten bis zu den elegantesten. Private Schwimmbäder gehören zu fast jedem Haus. Zahlreiche Tennisplätze, Spielplätze und Golfplätze gibt es auch, nicht zu vergessen die historischen Erinnerungen in einem Land, dessen aufgezeichnete Geschichte, verglichen mit der unseren, noch sehr jung ist. Allerdings, die nur mündlich überlieferte Vergangenheit der Maori reicht zumindest 1000 Jahre weit zurück.

Jeder Maori stammt aus einem der sieben Kanus

Hier in der Inselbucht hat alles angefangen. Nicht nur einmal, sondern mit großem Abstand sogar zweimal. Zuerst kamen die Maori, und lange danach erschienen die Pakeha, die weißen Seefahrer. Sie verhielten sich zunächst friedlich, erkundeten die Küsten und das Land, reparierten sorgfältig ihre beiden Schiffe und fühlten sich wohl im Land der Langen Weißen Wolke. Sie beschenkten die dunkelhäutigen Bewohner mit bisher unbekannten Köstlichkeiten. Dazu gehörte Saatgut aus Großbritannien und den britischen Kolonien. Sie führten Kulturpflanzen ein und Haustiere. Sie zeigten den freundlichen Menschen, wie man all die Gaben behandeln mußte, um daraus den größtmöglichen Nutzen zu ziehen. Die ersten Pakeha, die 1769 in der Bay of Islands erschienen, haben bei den Maori den besten Eindruck hinterlassen. Kein Wunder, denn ihr Captain war Cook.

Aber fangen wir an mit dem Anfang, mit den ersten Maori in Aotearoa. Kupe nannte sich der Anführer, und Tainui hieß sein Kanu. Das war sehr wahrscheinlich ein Katamaran, ein seetüchtiges Boot mit zwei Schiffskörpern, verbunden durch eine Plattform. Nicht nur grimmige Krieger befanden sich an Bord, um die Ruder zu bedienen, sondern mindestens ebensoviele Frauen und Kinder, begleitet von ihren Hunden, den sogenannten Kuri, und begleitet von eßbaren Ratten, den sogenannten Kiore. Die Gefährten Kupes hatten außerdem Nahrung für mehrere Monate an Bord. Darunter Kuramawurzeln, ähnlich unseren Kartoffeln. Dazu noch Yamswurzeln, Taro, Kokosnüsse, Brotfrüchte und vieles andere mehr. Natürlich fehlten auch alle möglichen Waffen und Werkzeuge nicht, die man für die Landwirtschaft, Zubereitung der Mahlzeiten und so weiter brauchte.

So konnten die Seefahrer sich niederlassen, wo das Klima, der Boden und die sonstigen Verhältnisse einigermaßen günstig waren. Sie gehörten zum Volk der Waikatu und kamen, so besagt die Überlieferung der Maori, aus Havaikiki. Der Grund für ihre Auswanderung kann einerseits die ständig zunehmende Bevölkerung gewesen sein, so daß die Ernten nicht mehr für alle reichten, oder die auf polynesischen Inseln üblichen Stammeskriege. Kupe und seine Sippe hatten vermutlich ein entscheidendes Gefecht verloren, und wie es bei den Insulanern des Pazifischen Ozeans üblich war, hatte man die Besiegten zur Auswanderung gezwungen, aber ihnen doch gestattet, sich so auszurüsten und zu versorgen, daß sie imstande waren, in einer neuen Heimat ihr Leben zu fristen. So war es ja auch im nordischen Europa gewesen, bei den Wikingern, wo man dem niedergeworfenen Gegner erlaubt, besser gesagt, ihn gezwungen hat, sich in unbekannte Ferne zu begeben.

Auch wenn es auf Grund des Wortlautes naheliegt, das sagenhafte Havaikiki, die Urheimat der Maori, auf den Hawaii-Inseln zu vermuten, es ist nicht so und kann nicht so sein. Jene Inselgruppe, die wir Hawaii nennen, war zur Zeit des Häuptlings Kupe noch völlig menschenleer. Eher ist zu vermuten, daran läßt auch die Sprache und die Lebensart der frühen Maori denken, daß sie aus dem östlichen Teil der Südsee, von den fruchtbaren Marquesas-Inseln oder aus Tahiti und Umgebung kamen. Auf dem schönen Raiatea, nur wenige Schiffsstunden von Papetee, der Hauptstadt Tahitis, entfernt, zeigt man dem Besucher eine tiefgrüne Bucht in Tropendschungel und behauptet, von dort aus seien das Kanu des Häuptlings Kupe und später die große Flotte der Maori nach Aotearoa gestartet.

Die Überlieferung der neuseeländischen Eingeborenen berichtet, daß es dem umsichtigen Kupe mit seinen tüchtigen Gefährten gelungen ist, sich nahe der Inselbucht, der Bay of Islands, niederzulassen und sich dort den Verhältnissen anzupassen. Alles, was die Emigranten vorfanden, war recht verschieden von ihren gewohnten Umständen. Keine Säugetiere gab es in dem neuen Land (abgesehen von zwei Arten winziger Fledermäuse, die erst von den Pakeha entdeckt und beschrieben wurden). Aber einige der mitgebrachten Kulturpflanzen konnten gedeihen, und es fiel den Kriegern relativ leicht, die Riesenvögel, die wohlschmeckenden Moa, zu erbeuten. Im übrigen waren und sind heute noch die Gewässer der Bay of Islands und aller benachbarten Gebiete unglaublich reich an Fischen, an Muscheln, an Langusten und auch an Säugetieren, die letzten aber nur am Strand.

Gemeint sind damit die Seehunde, Pelzrobben und Meereselefanten.

Nachdem längere Zeit verstrichen war, kamen Kupe und vermutlich auch die Mehrheit seiner Begleiter auf den Gedanken, wieder nach Havaikiki heimzukehren. So machte man sich denn an die Arbeit, ein neues, vielleicht noch größeres Kanu zu bauen. Riesenbäume, wie sie in solcher Größe noch niemand auf Havaikiki gesehen hatte, waren in Aotearoa vorhanden und ließen sich gut bearbeiten. Bevor man jedoch die große Reise in die Ferne unternahm, schleppten Kupes Männer und Frauen ihr altes, vielgeliebtes Tainui-Kanu über eine Anhöhe bis nahe zur Westküste der Nordinsel. Dort auf einem Sandhügel namens Auauterangi Marae bei Kawhia wurde das Boot vergraben, und sie errichteten Steinmarkierungen über Bug und Heck. Daraus geht hervor, daß das Tainui-Kanu etwa 22 Meter lang gewesen ist.

Man hat es nicht ausgegraben, weil den heute lebenden Maori dieser Hügel heilig ist und sie keineswegs dulden, daß man dort die Erde umdreht. Eine moderne Gedenksäule wurde später errichtet, zur Erinnerung an die heidnischen Gottesdienste, um für die glückliche Ankunft im Land der Langen Weißen Wolke zu danken und später dem Kupe und seinen Menschen die Heimkehr nach Havaikiki zu ermöglichen. Sie gelang auch, und offenbar war alle frühere Feindschaft vergessen und vergeben. Kupe und seine Begleiter blieben auf Havaikiki und hatten viel von ihrer Reise zu erzählen.

Diese Erzählungen wurden weitergereicht von einer Generation zur anderen, die Schönheiten Neuseelands gepriesen und die Möglichkeiten, dort friedlich zu leben, immer wieder betont.

So kam es, daß sich ungefähr im Jahre 1250 unserer Zeitrechnung neuerdings eine Expedition nach Aotearoa aufmachte. Es waren diesmal sieben hochseetüchtige Fahrzeuge, es wird auch von neun und sogar elf großen Kanus gesprochen, aber Gewißheit besteht darüber nicht. Wenn man weiß, daß die überaus seetüchtigen Kanus der polynesischen Seefahrer unter Aufsicht der Priester gebaut wurden, daß schon bei der Auswahl der Bäume und bei jeder Etappe des Baus religiöse Feste stattfanden, ist zu begreifen, daß Jahre bis zur Fertigstellung vergingen. Europäische Seefahrer wie James Cook, die noch solche Fahrzeuge auf hoher See erblickt haben, beschrieben sie als Wunderwerke damaliger Technik. Das beste und relativ größte, bis heute noch erhaltene Kanu der Südseefahrer befindet sich im Völkerkundemuseum Berlin-Dahlem. Die Halle wurde eigens für dieses Boot errichtet, und man kann nur staunen, wie fabelhaft gut, schön und kunstvoll das Riesenkanu gebaut wurde. Dennoch ist es längst nicht so groß wie die einstigen Fahrzeuge der Maori. Sie konnten über sehr weite Strecken etwa 100 Personen mit all ihren Vorräten, Haustieren und so weiter befördern. So ist anzunehmen, daß auf der sogenannten Großen Flotte aus Havaikiki ungefähr 1000 Menschen nach Neuseeland kamen. Die Namen der sieben Kanus sind mündlich überliefert: Ruakaramea, Waipapa, Kurahaupo, Matatua, Ngatokimatawhaorua, Ngatikaha, Mamaru.

Jeder neuseeländische Maori kann seinen Stammbaum auf zumindest einen Passagier in den sieben historischen Kanus zurückführen. Er weiß den Namen »seines Bootes«, in nicht wenigen Fällen kennt er auch die gesamte Folge seiner Vorfahren vom Jahre der Landung an bis zum heutigen Tag. Weil damals die Lebenserwartung viel geringer war als heute und Kinder schon zur Welt kamen, als sich die Eltern noch in jugendlichem Alter befanden, schätzt man für die Dauer einer Generation anstelle der bei uns üblichen 30 Jahre nur ungefähr 25. So dürften nach dem Eintreffen der Großen Flotte bis in unsere Zeit annähernd 30 Generationen vergangen sein. Wer so viele Stammväter der Reihe nach aufzählen kann, muß schon über ein gutes Gedächtnis verfügen. Einer der Maori-Führer, mit dem ich in Wellington eingehende Gespräche geführt habe, konnte noch weiter in die Vergangenheit zurückblicken, auf die Generationsfolge in Havaikiki. Letzten Endes gelangte er dabei zum himmlischen Stammvater seines Geschlechtes mit Namen Ta'aroa, zum höchsten der heidnischen Götter. Ich weiß nicht, ob er selber daran glaubte oder nur Wert darauf legte, eine Tradition zu pflegen.

Im übrigen streiten die Gelehrten wie so häufig über die Frage, ob die Lange Weiße Wolke wirklich so menschenleer gewesen ist, wie die Sage behauptet, als dort die ersten Maori eintrafen. Man hat Relikte, roh bearbeitete Steinfiguren gefunden, die möglicherweise von einem anderen, einem prähistorischen Volk stammen. Davon ist auch in den alten, wenn auch in keiner Weise zuverlässigen Überlieferungen der Maori die Rede. Diese Vorzeitmenschen, falls es sie gegeben hat, wurden von den höher entwickelten und mit besseren Waffen ausgerüsteten Maori unterworfen, assimiliert oder schlichtweg ausgerottet.

Sicher dürfte sein, daß irgendwann eine Große Flotte angekommen ist. An welchem Platz die Landung erfolgte, wahrscheinlich am Westufer der

Nordinsel, wurde seinerzeit Marianne und mir des öfteren von Neuseeländern gezeigt. Auf Eisentafeln stand in englischer und auch in Maori-Sprache zu lesen, daß hier die Neubürger aus dem Lande Havaikiki gelandet waren. Einmal trafen wir zwei ältere Maori-Frauen, die offenbar von der Feldarbeit kamen, lächelnd grüßten und sodann die sagenhafte Landung so detailliert schilderten, als wären sie dabei gewesen. Eine schöne Legende, weitergereicht von einer Generation zur anderen, immer in der Annahme, es handle sich um Tatsachen.

Die großen Häuptlinge der Maori machen jedoch diesen gutgemeinten Schwindel nicht mit. Sowohl mit Professor John G. O. Metge, dem Leiter der Maori-Abteilung an der Universität Wellington, wie auch mit dem hochgebildeten, weltmännischen Chef Karapuritaki habe ich darüber gesprochen. Beide Herren – und es waren echte Herren – betrachten Kupes Landung, wie auch die Ankunft der Großen Flotte, als »traditionellen Volksglauben«, der aber sehr wahrscheinlich in seinem Kern historische Ereignisse enthält. Keiner von ihnen wollte Jahreszahlen nennen, auch keine Namen und nicht die Anzahl jener Kanus, die zur sagenhaften Großen Flotte gehört haben.

Sicher weiß man dagegen, daß sich die Maori in den folgenden fünf Jahrhunderten über beide Inseln verteilt haben, besonders auf den beiden Ostküsten. Weil in Aotearoa so vieles anders war als in der verlassenen Heimat, vor allem Klima und Landschaft mitsamt ihren Pflanzen und Tieren, haben die ebenso tüchtigen wie intelligenten Maori ein Wunder der Anpassung vollbracht. Sie entdeckten und lebten von den Moa-Vögeln, schwelgten im Überfluß der Fische, der Langusten und anderer Krebstiere, der Muscheln und eßbaren Algen des Meeres. Keinerlei Mühe hatten sie, Seehunde, Pelzrobben und auch Meereselefanten zu erschlagen, die ihnen Nahrung im Überfluß boten. Wobei zu bedenken ist, daß jedenfalls in den ersten Jahrzehnten keines der einheimischen Tiere von Menschen bedroht wurde, ja daß es für die neuseeländische Tierwelt der alten Zeit keine natürlichen Feinde gab.

Auch in anderer Hinsicht haben die neuen Menschen im Land der Langen Weißen Wolke viel geleistet, unter anderem ihre Kultur weiter entwickelt. Zunächst mußten sie wohl oder übel die aus Havaikiki mitgebrachten Waffen, Werkzeuge, Geräte, Geschirr, Töpfe und dergleichen immer wieder originalgetreu nachbilden. Sie haben aber dann die neuen Rohstoffe, wie zum Beispiel Flachs, Obsidian, Moa-Knochen und anderes Material für Werkzeuge, Bekleidung und Schmuck verwendet. Dabei ergaben sich, ähnlich wie bei den Naturvölkern im alten Europa, Stilveränderungen. Je mehr Zeit verging, desto feiner wurde die Verarbeitung. Hatten die Maori zunächst vorwiegend geometrische Muster aus der östlichen Südsee, aus den Gegenden von Tahiti, Tonga und den Marquesas verwendet, entwickelten sie nun kurvenreiche Dekors und glatte Oberflächen. Beispiele der verschiedenen Stile sind in den gutgeführten Museen des Landes zu bewundern. Zur Zeit erleben wir zudem eine erfreuliche polynesische Renaissance. Die alten Künste werden von jungen Maori aufs neue gepflegt, ebenso das Brauchtum ihrer Vorväter. Auch das gesellige und gesellschaftliche Leben der Maori ist neu erwacht und die Sitten, die man längst vergessen hatte, kehren zurück. Die meisten Maori sind wieder stolz, Maori zu sein, wobei sie oft die Grenze der Arroganz erreichen.

Bucht der 150 Inseln

Es können mehr sein oder auch weniger, je nachdem, was der Betrachter für eine ausgewachsene Insel hält oder nur für einen Felsrücken, über den bei windigem Wetter die Wellen spülen. Sicher ist, daß die größte Insel 22 Hektar umfaßt und daß zwei der schönsten Inseln Privatleuten gehören, die keinem Fremden die Landung gestatten. Andere gehören nach wie vor alteingesessenen Sippen der Maori. Nur wer dazugehört, darf sich dort niederlassen.

Ob man sich am Rand der Bay of Island aufhält oder Unterkunft auf einer Insel bezieht, das macht die Wahl zur Qual. Lothar und ich rollen in den wunderbar gelegenen Ort Paihia – alle Orte an der Inselbucht sind schön gelegen – und betrachten bei Schrittgeschwindigkeit all die hübschen Hotels entlang der Strandpromenade. Sie sind nicht höher als eine Etage über dem Erdgeschoß, weil die vernünftigen Baubehörden nicht mehr gestatten. Ein ziemlich großer, möglichst gut gepflegter Garten muß das Anwesen umgeben. Überall sind Zimmer und Apartments frei. Man stellt uns eine ganze Wohnung zur Verfügung, bestehend aus zwei Schlafzimmern, einem Wohnzimmer, einer Küche mit allem Zubehör, nicht zu vergessen das Bad mit separatem Klo. Ein weiterer Vorteil: Wir können den Wagen unmittelbar davor abstellen, was das Aus- und Einladen wesentlich vereinfacht.

Weil ich schon zuvor über die Probleme des guten Essens in Neuseeland gesprochen habe, möchte ich mich hier auf einen Rat beschränken. Bestellen Sie nach Möglichkeit immer Fisch! Gleichgültig, welche Fischsorte angepriesen wird, fast in jedem Fall steht auf jeder Speisekarte: »Fisch des Tages«. Der ist bestimmt absolut frisch, und weil man bei der Zubereitung von Fischen kaum Fehler begehen kann, schmeckt er meistens gut. Hier einige Namen von besonders schmackhaften Fischen, auch wenn sie der Leser nicht gar so leicht behalten wird: Kahawai, Tarakihi, Moki, Quinnat Salmon (Lachs), Red Gurnard, Snapper, Groper und verschiedene Arten der um 1860 aus Schottland eingeführten Forellen, die dank der günstigen Lebensverhältnisse in Neuseeland leicht ein Gewicht von über drei Kilo erreichen. Auch Salate sind immer zu empfehlen, natürlich auch frisches Obst und das stets vorhandene Eis. Was aber die Fleischgerichte betrifft, verstehen es die Neuseeländer nur selten, den Hammelrücken, die Steaks, das Wildbret, die Kalbsfilets, desgleichen Huhn, Truthahn, Ente, Gänse und sonstiges Geflügel schmackhaft zu bereiten. Viel zu hart ist das Fleisch, für die Benutzer dritter Zähne überhaupt nicht zu zerbeißen. Schlimmer noch der Mangel an Gewürzen. Schon während meiner Reise mit Marianne war uns aufgefallen, daß die sonst bewundernswerten Neuseeländer nur wenige oder überhaupt keine Gewürze kennen. Pfeffer, Salz und Ketchup, das ist alles. Als wir seinerzeit versuchten, Paprika zu kaufen, wußten die Leute nicht, um was es sich handeln sollte. Inzwischen hat sich gewiß so manches gebessert, aber auf kulinarischem Gebiet sind die Fortschritte gering.

Niemals hätte ich mir vorgestellt, wie fabelhaft sich die Hotellerie im Vergleich zu den sechziger Jahren entwickelt hat. Besser wäre es, von einer Motellerie zu sprechen. Was auf diesem Gebiet geboten wird, wünschen wir uns im eigenen Land vergebens. Nicht genug mit der Badewanne nebst Zubehör, ganz abgesehen vom Badestrand vor sehr vielen Hotels, gibt es in zahlreichen Motels noch die sogenannten Spas: Das ist ein mehr oder weniger großer Swimmingpool mit wirbelndem Wasser, der gemeinsam benützt wird. Badekleidung ist vorgeschrieben, zu jeder Tageszeit ist der Raum betretbar. Außerdem sind überall noch Waschautomaten vorhanden, die allen Gästen unentgeltlich zur Verfügung stehen.

Wir haben uns sehr wohlgefühlt in Paihia. Die zauberhafte, von Blumenduft durchzogene Ortschaft zählt während des Winterhalbjahres (Mai bis September) nur 4000 ständige Bewohner, aber während der Hochsaison, besonders von Mitte Dezember bis Mitte Januar, strömen rund 60 000 Feriengäste nach Paihia. Viele schleppen Boote hinter ihren Autos her. Selbstverständlich gibt es weite Parkplätze für Wohnanhänger und Wohnmobile, auch ein großes Areal für Zelte. Weithin ist das tiefblaue Wasser von schwimmenden Fahrzeugen bedeckt, die aber heute nicht mehr weiße Segel tragen, sondern zum Teil grelle Farben. Surfer können unbehindert ihren Freizeitfreuden nachgehen, desgleichen Schnorchler und Taucher und andere Wasserratten.

Im Jahre 1963 war der Angelsport auf Raubfische absolut »in«. Zu diesem Zweck läßt sich der Angler am Heck des Motorbootes in einem tiefen Sessel nieder und wird dort festgeschnallt. Das muß so sein, weil ihn sonst der an einer unzerreißbaren Angelschnur hängende Riesenfisch über Bord schleudern kann. Meistens geht es um »Marlins«. Als es mir seinerzeit nach kaum einstündiger Fahrt gelang, einen Schwertfisch zu erbeuten, der beim obligaten Abwiegen auf nahezu 200 Pfund kam, hielt ich das für einen Rekord. Aber es war nur Durchschnitt. Der Rekord liegt bei knapp 480 Pfund! Dennoch blieb das Schwert des Fisches, 1,20 Meter lang, bis heute erhalten und hängt vor der Tür zum Waschraum in unserem Berghof bei Unterwössen.

Lothar und ich denken an keine Angelfahrt, weil es in der Inselbucht so viel zu sehen gibt. Im flotten Fußmarsch kann ich von unserem Motel einen Segler aus dem Anfang des vorigen Jahrhunderts erreichen, der seinerzeit auf den Namen »Tui« gehört hat, aber schon vor langer Zeit auf den Strand gezogen wurde. Er war in einem schweren Sturm hier gestrandet und sein Kiel gebrochen. Man hat ihn so weit wie möglich restauriert, und nun dient er als »Museum der Schiffbrüche«. Der jetzige Eigner der »Tui« war lange Zeit Taucher von Beruf, er hat sich an den Küsten rings um Neuseeland redlich bemüht, wertvolle und interessante Gegenstände aus Wracks zu holen, von denen einige bis 200 Jahre lang auf dem Grund des relativ seichten Meeres geruht haben. So sieht man im Tui-Museum, wie früher die Seefahrer und ihre Passagiere gelebt haben. Äußerst bescheiden und primitiv, ihre Kleidungsstücke, ihre Schuhschnallen, ihre Pistolen, ihre Zinnteller, Kupferbecher und dergleichen sind ausgebreitet und aufgehängt.

Die Bay of Islands hat nicht nur die Ankunft der ersten Maori erlebt, sie war auch für die weißen Bewohner der erste Stützpunkt. In dieser Bucht hat Kapitän James Cook seine Anker ausgeworfen, ist längere Zeit zwecks Überholung seiner beiden Schiffe hier geblieben, hat die Umgebung erkundet und vieles aufgezeichnet, was für die Geschichte des Landes, für die Lebensart der ursprünglichen Bewohner wichtig ist. Im übrigen ist die Höhle zu besichtigen, wo im Jahre 1772 aus nicht bekannten Gründen eine Menge von zornigen Maori über den französischen Forscher Marion Dufresne und seine 25 Begleiter hergefallen sind. Alle wurden ermordet und beim anschließenden Festmahl verspeist.

Dennoch wurde die Bucht ihrer herrlichen Lage wegen, auch weil sie gute Möglichkeiten für den Handel mit den Eingeborenen bot, drüben im alten Europa berühmt. Schon vor dem Jahre 1800 trafen die ersten Walfänger ein, gleich nach ihnen die Robbenschläger. Wenn sie schon

Einer der kriegerischen Maori-Häuptlinge aus der Zeit, als noch die weißen Siedler jeden Tag um ihr Leben fürchten mußten.

nicht die besten Leute waren, es kamen noch schlechtere. Manchen der zu lebenslangen Verbannung ins ferne Australien verurteilten Sträflingen gelang die waghalsige Flucht in die Bay of Islands. Entlaufene Matrosen und Desparados kamen hinzu.

Bereits 1809 erschienen die ersten Kolonisten und natürlich auch der erste Missionar, namens Samuel Marsden. Am Rande der Halbinsel Russell ließen sich die meisten von ihnen nieder. Auf einem Küstenstreifen von kaum einem halben Kilometer Länge gab es 30 Kneipen, wo in der Hauptsache hochprozentiger Grog ausgeschenkt wurde. Mord und Totschlag, Falschspiel, Lug und Trug, das Saufen und Huren gehörten zum Alltag. Natürlich hatten die Maori nichts mehr zu sagen. Wo das Gesindel die Bucht unsicher machte, gab es keine Spur von Ordnung oder Gesetz. Liest man die Schilderung aus jenen frühen Jahren, so ist das Entsetzen der ersten Missionare und die Verzweiflung hoffnungsvoller Kolonisten gut zu begreifen.

Rasch verstanden es die Maori, aus derart gesetzlosen Zuständen für sich das Beste zu machen. Aus ihren eigenen Süßkartoffeln und den von Cook eingeführten Kartoffeln unserer Art entwickelten sie einen gewinnbringenden Feldbau. Bald konnten sie den Schiffskapitänen Kartoffeln wie auch andere Feldfrüchte tonnenweise anbieten und dafür nützliche wie verderbliche Produkte aus dem fernen Europa tauschen. Kostbarkeiten waren für sie, die bisher überhaupt kein Metall gekannt hatten, Äxte, Messer, Eisentöpfe, Bratpfannen und ähnliches mehr. Sehr übel aber wirkte sich für die Eingeborenen der Branntwein aus und die Kenntnis, aus wilden Früchten berauschende Getränke herzustellen. Weit schlimmer noch war die Einfuhr von Feuerwaffen. Hochintelligent wie die Maori stets gewesen sind, hatte auch Häuptling Hongi Heka schon vor Beginn des 19. Jahrhunderts begriffen, was er mit den Vorderladern und kiloschweren Pistolen gegen seine eigene Landsleute ausrichten konnte. Wenige Musketen genügten schon, ein paar Zentner Pulver reichten aus, um seine Nachbarn in Angst und Schrecken zu versetzen. Grausame Kriegzüge führte Hongi gegen die südlichen Stämme, die mit ihren primitiven Waffen nichts gegen die Angreifer ausrichten konnten. So war vorauszusehen, daß es früher oder später auch zu Kämpfen zwischen Weißen und Maori kommen mußte.

Aber zurück zur friedlichen Gegenwart. Sehr empfehle ich die Sahnetour, den sogenannten Cream-Trip, der tatsächlich mit Schlagsahne zu tun hat. Seinerzeit war das ein flotter Segelkutter, der alle Tage die Farmen rings um die Bucht und die Inselfarmer besuchte, um dort Sahnemilch zur weiteren Verwertung in Russell oder Paihia abzuholen. Die gleiche Strecke bedient heute das Vergnügungsboot der Firma Fuller. Davon abgesehen besorgt es die staatliche Post, erledigt private Aufträge und bereichert das Leben in der Bay of Islands.

So kommen auch wir nach Kerikeri, einer besonders hübschen Ortschaft an einer wundervoll geschwungenen Bucht. Der ideale Ort für Aussteiger, in Neuseeland Eskapisten genannt. Darunter sind künstlerisch begabte Menschen, die sich mit Leidenschaft der Wiederbelebung von altem Kunsthandwerk widmen und eine lebhafte Heimindustrie betreiben. Es gibt viele Töpfer, Handweber, Maler und fleißige Frauen, die aus selbstgesponnener Schafwolle schöne Pullover herstellen. Subtropisches Obst in Hülle und Fülle, darunter Kiwi-Früchte und besonders süße Apfelsinen. Kein Wunder, daß man im ganzen Land vom süßen Kerikeri spricht.

Wer sich für Geschichte und deren Überbleibsel interessiert, kommt in Kerikeri auf seine Kosten. Der ebenso fromme, wie strenge, eigenwillige und geschäftstüchtige Samuel Marsden hat hier 1819 seine zweite Missionsstation eingerichtet, nebenher auch Landwirtschaft nach englischem Muster eingeführt. Er soll, wie man sagt, den ersten Pflug in die neuseeländische Erde gestoßen haben. Aus jenen Zeiten blieb bis heute erhalten das im Jahre 1822 aus dem Holz von Kauri-Bäumen und der Taaroa errichtete Kemp-House. Es ist angeblich das erste, zwei Stockwerke hohe Wohnhaus europäischer Art auf den beiden großen Inseln Neuseelands. Die Familie Kemp wohnt heute noch in einem Neubau hinter diesem Altbau und sorgt für die Erhaltung ihres Stammsitzes. Nicht weit davon entfernt der Old Stone Store, das Lagerhaus der Missionare, das um 1830 erbaute erste Steinhaus. Es sollte die Vorräte der Missionare vor plündernden Maori schützen. Die Gottesmänner haben darin gewohnt, wenn Gefahr drohte. Heute ist es ein Museum und natürlich auch ein Ladengeschäft für Souvenirs.

Wer mit diesen beiden Gebäuden aus der alten Zeit noch nicht genug hat, kann in der Nähe von Kerikeri die Mission Waimate besuchen, die erste weiße Siedlung im Hinterland. Waimate war Missionsstation und Landwirtschaft zugleich, sie wurde großenteils von handwerklich schon fortgeschrittenen Maori unter Leitung der Missionare erbaut. Man kann dort sehen, wie relativ gemütlich die Pakeha schon zu Anfang des vorigen

Jahrhunderts in Neuseeland gewohnt haben. Importiert wurden nur gebrannte Steine für den Kamin und Fensterglas für die Wohnräume. Der erste Bischof von Neuseeland, George August Selvin, hat von 1832 bis 1842 dort gewohnt. Die gewaltigen Koniferen im Garten, Norfolk Pines, waren die ersten, die man von der Norfolk-Insel nach Neuseeland gebracht hat.

Neuseelands älteste, aus dem Jahr 1835 stammende Kirche wurde im Jahre 1845 von empörten und wohl auch raublustigen Maori gestürmt. Man sieht dort noch heute die Schußlöcher in den Wänden. Wilde Zeiten hat die Inselbucht, besonders auch die Ortschaft Russell erlebt. Weil sich der Maori-Führer Hone Heke durch den Vertrag von Waitangi betrogen fühlte, den er selber mit seinem Daumenabdruck gezeichnet hatte, ließ er 1845 den britischen Fahnenmast auf dem Maiti-Hill umlegen, das verhaßte Symbol der Fremdherrschaft. Ein anderer Häuptling namens Kawiti steckte ganz Russell in Brand und trieb die Pakeha in wilder Flucht davon. Erstaunlicherweise verschonte er die Missionare, ihre Häuser und Bethäuser. Im folgenden Jahre haben rasch herangeführte britische Marinetruppen die Festung des Häuptlings Ruapekapeka bei Kawakawa angegriffen, obwohl sie das an einem Sonntag nicht hätten tun sollen. Die Maori nahmen gebührende Rache, haben aber – man kann darüber nur staunen – die katholische Mission, das Pompallier House, vollkommen geschont. Es besteht noch heute, und kein fremder Besucher sollte es übersehen. Für Fotografen ein lohnendes Objekt.

Wir aber begeben uns an Bord des Rundfahrtschiffes zur Insel Urupukapuka, wo man als erstes die kleine Otehei-Bucht bestaunt. Hier hat der seinerzeit vielgelesene Verfasser von Krimis und Wildwestgeschichten, Zane Grey, von 1920 bis 1926 gelebt. Nicht etwa in einem Haus, sondern in einem gut und bequem eingerichteten Zeltlager. Er war leidenschaftlicher Angler und glaubte, nirgendwo besser seine Passion betreiben zu können als in der Bay of Islands. Von ihm stammt das vielen Anglern bekannte Buch: »Tales of an Anglers Eldorado«. Auf der relativ großen Insel besteht ein modernes, schön gebautes Hotel mit Restaurant. Diesen Leuten gehört heute die ganze Insel, und groß ist ihre Sorge für die Erhaltung der Umwelt. Allenthalben stören jedoch entsprechende Schilder die paradiesische Umgebung, auf denen große Buchstaben verkünden: »Rauchen verboten!«, »Aufheben von Muscheln verboten!«, »Wegwerfen von Papier und Abfällen verboten!« Auf der Veranda des Hotels laufen

Oft konnten die Missionare nur mit Mühe verhindern, daß die Maori nicht völlig ausgeraubt wurden. Karikatur von 1860.

zwischen den Tischen Hühner und Enten über den Fußboden. Sie werden von den Gästen gefüttert und bedanken sich mit ihrer Notdurft.

Darauf, was meines Erachtens am interessantesten ist, wird bei der Rundfahrt am wenigsten hingewiesen. Es liegt bei Kerikeri, schräg gegenüber dem ältesten Steinhaus und ist nur auf verschlungenen Wegen zu erreichen: ein wieder an seiner alten Stelle aufgebautes Pa. Dabei handelt es sich um ein befestigtes Dorf der Maori. Sein Zentrum befindet sich droben auf dem Hügel. Wer hinaufschreitet, kann beiderseits im Gebüsch auch noch die Reste von Terrassen und Gräben bemerken, die einst zusammen mit Holzpalisaden die Festung beschützt haben. Kaum zu glauben, daß selbst die edlen, von sagenhaften Göttern abstammenden Häuptlinge so bescheiden, ja so primitiv gewohnt haben: aus Stroh und Gestrüpp errichtete, relativ niedere Hütten von vier bis sechs Metern im Quadrat, das hat ihnen genügt. Nur gebückt kann man eintreten, nur in der Mitte aufrecht stehen. Noch bescheidener, ja geradezu armselig hausten die übrigen Familien. Die Unterkünfte haben keine Fenster, auf

Sehr bescheiden waren die Unterkünfte des Maori-Volkes. Sie bestanden nur aus Schilfrohrhütten. Aber wunderbare, kunstvoll geschnitzte Versammlungshäuser, die sogenannten Maraes, konnten die Maori herstellen.

allen Vieren mußte man hineinkriechen. Daneben auf Pfählen die Vorratsbehälter mit hübsch geschnitzten Kanten. Sie mußten auf Pfählen stehen, um die Lebensmittel vor Hunden und Ratten zu schützen. Beide aber, die Kuri wie die Kiore, waren als Braten geschätzt und demgemäß auch gut gefüttert.

Aus religiösen Gründen wurde keine Mahlzeit in den Hütten selber zubereitet. Dafür gab es, und so sieht man es auch hier in Kerikeri, einen Steinkranz fürs Feuer. Über einigen befindet sich, um den Regen abzuhalten, ein Schutzdach mit Öffnung in der Mitte. Betrachtet man diese überaus bescheidenen Vorrichtungen eines tüchtigen und intelligenten Volkes, so ist andererseits der Kontrast riesengroß zum früher geschilderten Marae, zum Versammlungshaus, das zu jeder Gemeinschaft der Maori gehört hat und heute noch gehört.

Die seinerzeit so schlimmen Zustände in der Bay of Islands führten zu so dringenden Klagen der Missionare wie auch der Siedler, daß schließlich die britische Regierung gar nicht anders konnte als ihre Bürger zu schützen. Wenn man weiß, wie ungeheuer weit zur Zeit der Königin Victoria das britische Weltreich gewesen ist, läßt sich kaum begreifen, weshalb die Briten nicht auch noch Neuseeland haben wollten. Einfach deshalb nicht, weil sie schon zu viel hatten, mehr als ihnen möglich war, zu beherrschen und mit Gewinn auszubeuten. Erst als sich die Franzosen in neuseeländischen Gewässern blicken ließen, ja bereits einige Inselgruppen der Südsee annektiert hatten und im Begriff waren, eine Niederlassung in Akaroa auf der Südinsel zu gründen, schickte London als Kaufleute getarnte Agenten ins Land. Sie sandten alarmierende Berichte an ihre Regierung. Daraufhin erhielt ein Regierungsvertreter, William Hobson, eine vorerst noch beschränkte Vollmacht, um Ordnung herzustellen. Nicht mehr als zwei Dutzend bewaffnete Begleiter wurden ihm bewilligt, um sich und seine Umgebung zu behaupten. So begann er mit den führenden Maori-Häuptlingen der weiteren Umgebung zu verhandeln. Weil sie selber Ordnung in Neuseeland brauchten, weil sie selber von bewaffneten Pakeha des öfteren überfallen wurden, nahmen sie »den Schutz der britischen Krone« an. Sie erklärten sich bereit, Untertanen der weit entfernten, ihnen unbekannten Königin Victoria zu werden.

So kam es im Jahre 1840 zum entscheidenden Vertrag von Waitangi. Diesen Platz, wo das heutige Neuseeland seinen Anfang genommen hat, sollte man unbedingt besuchen. Dort steht noch, besser gesagt, steht wieder in seinem alten Zustand, das Treaty House. Es hatte zunächst dem Engländer James Busby gehört, der es von 1830 bis 1840 bewohnte, und möglicherweise war er einer der »verdeckten« Beobachter in britischen Diensten gewesen. Manche Schriften behaupten, das Haus sei in zerlegtem Zustand von England nach Neuseeland gebracht worden, andere wiederum meinen, die zerlegbaren Teile wären von Sträflingen in Australien gefertigt und dann in Neuseeland zusammengesetzt worden. Wie dem auch sei, es befindet sich heute wieder in originalgetreuem Zustand und erstaunt durch die Weite seiner Räume, die gute Einrichtung und durch den Küchengarten, den die beiden Seitenflügel des Treaty House umgeben. Der Vertrag mußte, weil so viele Häuptlinge und deren Begleiter teilnahmen, im Freien vor dem Treaty House unterschrieben werden.

Die ganze Gegend ist heute Naturschutzpark, wird ausgezeichnet gepflegt und während der Ferienzeit von vielen 1000 Menschen besucht.

Stammeshäuptling des Maori-Volkes, gekleidet in einen Mantel aus Hundefell. Er trägt noch Reste der früher allgemein üblichen Tätowierung und ein Hai-Tiki um den Hals. Darstellung vom Ende des vorigen Jahrhundert.

Zwei einzigartige Sehenswürdigkeiten gehören dazu. Einmal das nun auch schon über 100 Jahre alte Versammlungshaus der Maori, das Marae von Waitangi, das man sich schöner und kunstvoller kaum vorstellen kann. Außerdem das größte Kriegskanu der Welt. Erst 1940, zur Hundertjahrfeier des Waitangi-Vertrags, wurde es fertiggestellt. Es befindet sich unter einem sehr weiten Dach. Wer das reichgeschmückte, schön geschnitzte, gut 50 Meter lange Kanu sieht, dazu die Bänke und die vielen Ruder, wird kaum für möglich halten, daß ein solches Gebilde noch die Wellen durchschneiden kann. Aber das tut es, ungefähr 80 muskulöse Ruderer sind dafür notwendig, und bis zu 50 Passagiere dazu kann das Fahrzeug noch aufnehmen. Einmal im Jahr, am Tage der Wiederkehr des Vertrages von Waitangi, wird es in die Bucht gerollt und setzt sich schnell in Bewegung.

Als Marianne und ich 1963 Waitangi besuchten, waren das Haus, das Marae, auch das riesige Kriegskanu bei weitem nicht so gut gepflegt wie heute. Aber infolge eines Zufalls erlebten wir den vorher nicht angekündigten Besuch der Königin Elizabeth II. und ihres Prinzgemahls Philipp. Sie wurden vor dem Marae von etwa einem Dutzend Häuptlingen des Maori-Volkes begrüßt. All die edlen Herren trugen bei dieser Gelegenheit ihre Mäntel aus Hundefell. Sie wußten, was sich in Gegenwart der Königin gehört.

Kauri, das kostbare Holz

Als sich James Cook während der ersten seiner drei Forschungsreisen fast fünf Monate lang den beiden neuseeländischen Inseln widmete, vom Oktober 1769 bis April 1771, konnte seinen Augen so gut wie nichts entgehen. So wurde er, gemeinsam mit seinen gelehrten Begleitern, dem Briten Joseph Banks und dem Schweden Daniel Solander, zum Entdecker der Kauri-Fichte. Diese Araukarie (Agathís australis) steigt bis zu 60 Metern kerzengerade in die Höhe. Bei den hohen Exemplaren, trennen sich die Äste erst zehn bis zwölf Meter über dem Boden vom Stamm. Das Holz des Baumes ist sehr hart. Damit nicht genug der guten Eigenschaften sind die Kauri-Fichten äußerst widerstandsfähig gegenüber auch sehr wilden Stürmen. Stämme und Äste brechen nicht, sondern biegen sich und geben nach, auch wenn sie noch so hart bedrängt werden.

Wie mir ein kenntnisreicher Dendrologe berichtet, gehört die Kauri, auch Kaupal, Kopal und noch andere Fichten, zu den ungefähr 20 Arten der Agathus australis. Die größten, schwersten und höchsten Kauri gedeihen allein in Neuseeland und auch dort nur in wenigen Regionen.

Viele sind es nicht mehr, der einst so reiche Bestand wurde bis auf geringe Reste von Menschenhand vernichtet. Cook soll schuld daran sein, zumindest mitschuldig. Hat er doch beim ersten Anblick der kerzengeraden, sich im Sturm biegenden Kauri ausgerufen: »Gerade das richtige, das allerbeste für die Masten und Rahen der Königlichen Marine!« Das hat er auch in sein Logbuch geschrieben und nach seiner Heimkehr der Admiralität berichtet. Weshalb sich schon vor dem Ende des Jahrhunderts, noch bevor die ersten Siedler eintrafen, mehrere Transportschiffe an Ort und Stelle begaben. Gleich machten sich starke Baumfäller an den Kopal-Fichten zu schaffen, die sich möglichst nahe der Küste befanden. Weil nun die Kauri keine zusammenhängenden Wälder bilden, sondern ähnlich wie die wertvollen Teakholzbäume einzeln für sich aus den Wäldern emporsteigen, mußte man bald tiefer und noch tiefer in die Urwälder eindringen, um die begehrten Masten und Rahen für die Schiffe Seiner Majestät zu erbeuten. Eine enorme Arbeit muß es gewesen sein, die geschlagenen Stämme aus dem dichten, dunklen Wald an einen passenden Platz am Meeresufer zu befördern.

So machen wir uns denn auf den Weg zum Waipoua-Nationalpark, einem Schutzgebiet von 2500 Hektar, wo sich unter anderem die größten, heute noch vorhandenen Kauri-Bäume befinden. Der Weg dorthin ist kurz und wunderschön. Hügeliges Gelände, zum größten Teil mit dichtem, ursprünglichen Wald bedeckt.

Anhand von Darstellungen, die sich ganz vorne im Road Atlas of New Zealand befinden, erkennen und bewundern wir mächtige, oft weitausladende Exemplare der Totara, der Rimu, der Manuka, der Pohutukawa und noch anderer Baumriesen, deren schwierige Namen kaum einer behalten kann.

Hin und wieder halten wir am Straßenrand, um einen murmelnden Wildbach zu bestaunen, dem es mit großer Beharrlichkeit gelungen ist, sich seinen Weg durch die unbegehbare Wildnis zu bahnen. So erreichen wir einen Parkplatz mit verschiedenen Wegweisern. Einer verspricht uns nach einer etwa halbstündigen Fußwanderung den größten, höchsten und wohl auch ältesten aller Kauri. Nicht wenige Besucher folgen dem Weg und werden ebenso enttäuscht wie schon Marianne und ich vor langer Zeit, da es am Ende unmöglich ist, den »Vater des Waldes« richtig zu sehen. Man hätte die Umgegend freischlagen sollen, um das Baumwunder deutlich zu machen. Te Matua Ngahere, wie die Maori den rund 2000 Jahre alten Oberhäuptling aller Kauri nennen, hat einen Umfang von 14 Metern. Der gewaltige Wipfel ragt weit über den Wald empor bis zur Höhe von 61 Metern. Obwohl man nur Teile des Stammes und nur wenig von der Baumkrone erblickt, ist Te Matua überwältigend.

Nun ist aber dieser Riese nicht der einzige Kauri-König im Waipoua-Park. Wieder zurück auf der Straße erreicht man bald andere Wege mit entsprechenden Hinweisen. Wenige Menschen begleiten uns zum Tanemahuta, ein Maori-Wort, das »Hoher Herr« bedeutet. Noch ein Jüngling im Vergleich zu Te Matua hat dieser Kauri-Baum erst ein Alter von ungefähr 1200 Jahren erreicht. Aber in seiner Nähe ist alles still und geheimnisvoll. Weshalb wir die Mühe nicht scheuen, noch zwei oder drei anderen Waldherren unseren Besuch zu machen. Da sinken wir tief in den feuchten Boden, rutschen ein paarmal aus und sehen aus wie Wildschweine, die sich mit Vergnügen gesuhlt haben. Aber die Erlebnisse sind es wert. Damit nicht genug rollen wir zu einem anderen, nur wenigen Touristen bekannten Kauri-Wald, dem sogenannten Trounson-Kauri-Park. Dort sehen wir eine bestimmte Kauri-Fichte, bei der aus der gemeinsamen Wurzel vier Stämme emporsteigen. Später berichten uns leidenschaftliche Waldwanderer, daß es noch einige andere geschützte Kauri-Bäume gibt, die aber nur in Begleitung kundiger Führer zu finden sind. Bei solchen Unternehmungen muß man wasserdichte Kleidung, hohe Gummistiefel, Zelt, Schlafsack und Kochgeschirr mitnehmen. Es handelt sich um wirkliche, anstrengende Abenteuer.

Das Laub der Kauri-Bäume, von unten nur schwer zu erkennen, besteht aus mistelähnlichen, lederfarbenen Blättern. Weit wichtiger sind weißliche Harztropfen, die beständig von der Rinde abgesondert werden. Sie haben die Eigenschaft, langsam, aber beständig am Stamm hinunterzukriechen bis auf den Boden und hinein in ihn. Dort wird die feuchte Masse zu Kaurikopal. Er ist unserem Bernstein ähnlich, ein wertvoller, von Spezialisten eifrig gesuchter Stoff. Auch wenn die Kauri längst gestorben, verfault und verfallen sind, der neuseeländische Bernstein bleibt im Boden erhalten. Wer sich ungefähr denken kann, wo er zu finden ist, stochert mit drei bis fünf Meter langen Stahlstiften im Boden. Wo er auf Widerstand trifft, wird eine Grube ausgehoben. Für alle möglichen Zwecke wurde Kaurikopal dringend gebraucht, unter anderem zur Herstellung von künstlichen Zähnen. Heute werden aus dem neuseeländischen Bernstein in der Hauptsache Schmuckstücke gefertigt. Der größte Kopal-Fund, der jemals gemacht wurde, gehört heute einem Museum. Er soll ein Gewicht von 46 Pfund erreichen. Andere sehr schöne Stücke von fünf bis zu zehn Pfund schwer sind in Spezialgeschäften zu erhalten, allerdings nicht unter mehreren 1000 Mark. Für meine Lieben daheim habe ich relativ preiswert einige daumengroße Stücke erworben, als Anhänger am Kettchen um den Hals zu tragen. Jeder Bewunderer von Bernstein hierzulande hält das Kaurikopal für echten Bernstein.

Nahezu 100 Jahre hat man dem Holz der Agathis australis nachgestellt. Erleichtert wurde die überaus schwere Arbeit durch die Einfuhr von Ochsen aus dem Fünften Kontinent, also aus Australien. Später standen genügend Rinderherden in Neuseeland auf den Weiden, um Zugochsen aus eigener Zucht vor die schweren Karren zu spannen. Es handelte sich um zweirädrige Karren mit massiven Scheibenrädern, die auf fußtief aufgeweichten Waldwegen verkehrten. Dutzende von starken Männern rollten über seitlich angelegte Bretter die schweren Stämme auf den Wagen, acht bis zwölf Ochsen mindestens waren notwendig, um diese Last zu den Verladeplätzen zu schaffen. Dabei waren 20 bis 30 Kilometer zu überwinden, was gewiß mehrere Tage in Anspruch nahm. Schließlich hat man Feldbahngleise verlegt und Kauri-Stämme über Schienen bewegt, auch mit Hilfe kleiner, gewaltig puffender Lokomotiven.

In der Ortschaft Dargaville empfehle ich den Besuch des Museums. Darin erfährt man viel über die Kauri-Bäume und die Geschichte des Kauri-Handels. Zahlreiche, herrlich schimmernde Kopal-Blöcke sind ausgestellt. Im übrigen ist das Museum selber ein Denkmal, denn es wurde aus chinesischen Tonziegeln erbaut. Dieser Baustoff kam als Ballast im Bauch von Segelschiffen aus China, die hier mit Kauri-Holz beladen wurden.

Erfüllt von tiefen Eindrücken machen wir einen kleinen Umweg zum Seebadeort Opononi. Berühmt und beliebt in ganz Neuseeland wurde der Ort während der Jahre 1955 bis 1957, als dort ein Delphin namens Opu viele Menschen, vor allem Kinder, entzückte. Aus welchem Grunde auch immer, fühlte sich der offenbar allein lebende Delphin von Kindern angezogen. Wer nicht die Fotos gesehen hat, mag kaum glauben, daß der gute Opu Kinder auf seinem Rücken durch die Wellen trug, daß er sich am Strand streicheln ließ und mit Menschenkindern spielte, als wären sie sein gewohnter Umgang. Eines Tages wurde Opu tot zwischen den Klippen am Strand gefunden. Vermutlich ist er einer Dynamitladung zum Opfer gefallen, wie sie manche Leute trotz strengen Verbots beim Fischfang verwenden. So hat man dem unvergessenen Opu nahe der Strandpromenade ein Monument errichtet. Das liebe Tier ist dort zu sehen, mit einem netten Jungen auf seinem Rücken.

Wen die Geschichte der Maori interessiert, vor allem ihr Aufstieg in die Verwaltung des Staates, lenke seine Schritte bei der Ortschaft Kaikohe zu einem Denkmal für den Maori-Häuptling Hone Heke. Er war ein Enkel des schon genannten, ebenso berühmten wie berüchtigten Maori-Führers, hat jedoch dann seinen Frieden mit den Pakeha gemacht und wurde als einer der ersten Maori ins neuseeländische Parlament gewählt.

Nachdem ich so viel von dem erzählt habe, was uns Freude machte, muß ich auch eine betrübliche Sache erwähnen. Dabei handelt es sich um die vielen toten Opossum, die man auf jeder neuseeländischen Landstraße wieder und immer wieder findet. Wir haben an einem Tage 22 Opfer des Straßenverkehrs gezählt. Die Tiere sind für gewöhnlich erst bei tiefer Dunkelheit unterwegs. Wenn dann die Lichter eines Fahrzeugs auftauchen, starren sie wie gebannt hinein und erliegen dem Ungetüm. Weshalb die Fahrer nicht ausweichen, hat leider seine Gründe. Die Opossum sind schädliche Tiere, sie vergehen sich an den Gartenfrüchten, holen sich die Eier der Bodenbrüter, ja selbst aus Vogelnestern in höheren Lagen. Sie brechen in Schuppen ein und vernichten vieles, was den Menschen wertvoll scheint. Deswegen gelten sie als Ungeziefer, anders läßt sich das englische Wort Vermin nicht übersetzen.

Das Opossum kam nicht aus freien Stücken nach Neuseeland, sondern wurde mit voller Absicht, aber leider ohne Verstand schon relativ früh von den Pakeha nach Aotearoa eingeführt. Man versprach sich vom Fallenfang der Opossum gute Geschäfte mit den weichen, daheim in Europa hochgeschätzten Fellen. Leider aber vermehrten sich die Opossum sehr rasch, sie nahmen überhand. Dagegen konnte der Fang, konnte die Jagd und auch das Auslegen von Giftbrocken nicht viel ausrichten. Weil allzu viele Felle des kleinen Tieres auf den Markt kamen, sind auch die Preise gefallen.

Reise zum Kap Reinga

Die Nacht davor verbrachten wir in den sehr komfortablen und preiswerten Räumen eines weit außerhalb von Kaitaia gelegenen Motels, das gerade erst seine Pforten geöffnet hatte. Dies mochte der Grund sein, weshalb so vieles nicht funktionierte. Das weitläufige Haus, nur aus dem Erdgeschoß bestehend, hatte noch keine Lizenz für alkoholische Getränke. So herrschte noch die Regel B. Y. O., was »bring your own« bedeutet. Wer Bier, Wein, Whisky und dergleichen trinken wollte, mußte seinen Stoff mitbringen. Bereitwillig werden die Pullen vom Personal geöffnet, auch die notwendigen Gläser dazugestellt. Das bei uns übliche Korkengeld wird nicht verlangt. Wer aber vorher nicht weiß, daß er in unserem Motel auf B. Y. O. angewiesen ist, dem bleibt nichts anderes übrig, als gut fünf Kilometer weit in die Stadt zu fahren, um sich dort zu versorgen. Aber in Neuseeland schließen alle Geschäfte um 18 Uhr, in Kleinstädten schon früher.

Es gibt in Neuseeland nicht alles, was unsereins für selbstverständlich hält, so zum Beispiel Diapositivfilme, die von den meisten Fremden aus Europa, Amerika und Ostasien verlangt werden. Die Neuseeländer und Australier bevorzugen Papierbilder. So mußte ich auf viele schöne Aufnahmen verzichten.

Eine überaus angenehme und wohl auch fruchtbare Landschaft, durch die sich am folgenden Morgen ein weichgefederter Bus bewegt. Weniger Schafe sind hier zu sehen als sonst, stattdessen viele Rinder verschiedener Rassen. Welliges Gelände, zahlreiche Wasserläufe im Grund der flachen Täler und immer wieder Waldinseln, die einem Gehöft als Windschutz dienen. Unser Fahrer macht auch den Reiseführer, und weil er nahezu reines Englisch spricht, können ihn auch wir beiden Deutschen und zwei Italiener recht gut verstehen. Er berichtet, daß schon um das Jahr 1850 zahlreiche Jugoslawen hier eingewandert sind, deren Nachkommen noch heute Rinderzucht und Milchfarmen betreiben. Die meisten von ihnen sprechen heute noch Serbisch. Sie halten auch Gottesdienste in serbischer Sprache mit einem katholischen Priester. Bei den Kindern allerdings wird die Sprache der alten Heimat mehr und mehr vergessen.

Nicht minder bemerkenswert die danach folgende Region. Sie wird fast exklusiv von Maori und Maori-Mischlingen bewohnt. Diese Ansiedlung von Familien aus der ursprünglichen Bevölkerung Aotearoas geht auf das energische Betreiben führender Männer des Maori-Volkes zurück. Es gehören dazu Parlamentarier, hohe Beamte und Professoren, allesamt Nachkommen von Häuptlingen. Sie wollen hier eine sich mehr und mehr ausbreitende Region erstehen lassen, wo sich die alte Kultur und Gemeinschaft der Maori aufs neue beleben läßt. Die Landwirtschaft allerdings, auch Rinderzucht und Milchfarmen, hat man seinerzeit von den Pakeha übernommen.

Nicht lange danach rollen wir mit nur mäßiger Geschwindigkeit auf guter Asphaltstraße durch den Te Paki-Park, einen bewundernswert prächtigen Wald der einheimischen Vegetation, insgesamt 40 000 Hektar stehen hier unter Naturschutz. Bis vor wenigen Jahren noch war all das Privatbesitz einer besonders naturfreundlichen Familie. Erst 1968 haben die Eigentümer das Paradies für 190 000 NS-Dollar an den Staat verkauft. Angesichts der riesigen Ausdehnung ein so niedriger Preis, daß man von einem Geschenk sprechen kann. Rechts sehen wir hin und wieder den Pazifischen Ozean und zwar die Great Exhibition Bay. Dann jedoch geraten wir in einen Fichtenwald, der nach Mitteilung des Fahrers 30 000 Hektar umfaßt. Ein Kunstwald sozusagen, denn er wurde von der Forstverwaltung auf unfruchtbaren Sand angebaut. Dabei handelt es sich um die aus Kalifornien stammende Fichte Pinus radiata, die ungemein schnell an Höhe und Volumen gewinnt. Eine großartige Leistung der neuseeländischen Forstmänner, das muß man sagen. Aber schön ist der Anblick nicht, eben nur eine riesige Holzplantage.

Es dauert nun nicht mehr lange, und wir haben die äußerste Nordspitze der neuseeländischen Nordinsel erreicht, das im ganzen Land bekannte und berühmte Kap Reinga. Wir steigen aus und wandern schräg hinauf zu einer freiliegenden Anhöhe mit Leuchtturm, die einen unbeschreiblich schönen und klaren Weitblick bietet. Vor uns das Reinga-Riff, 90 Meter hoch und geradewegs nach Norden zeigend. Ganz vorn auf der Klippe, ein wenig nach links geneigt, erblicke ich und betrachte in meinem starken Glas so genau wie nur möglich einen knorrigen, gar nicht großen Pohutukawa. Unendlich viele heftige Stürme haben den widerstandsfähigen Baum gedreht und verkrümmt. Sein Alter muß überaus ehrwürdig sein, denn schon seit frühester Zeit haben alle Maori diesen Baum gekannt, auch wenn sie ihn niemals während ihres Lebens zu sehen bekamen. Zu ihm nämlich begaben sich die Seelen der Abgeschiedenen, durch die Äste

Leuchtturm am Kap Reinga, dem nördlichsten Punkt der neuseeländischen Nordinsel. Nach dem alten Maori-Glauben begeben sich von hier die Seelen der Toten in die Ewigkeit.

und Zweige des Heiligen Pohutukawa begannen sie ihren Flug in die alte Heimat ihres Volkes, in den Himmel über Havaikiki. Deshalb ist es allen Besuchern streng verboten, sich dem Heiligen Baum zu nähern.

Von unserem Standpunkt aus, etwas unterhalb des Leuchtturms, schauen wir auf das Prandon-Riff, einen Felsenrücken, der nur meterhoch aus dem Wasser reicht und schon zahlreichen Schiffen zum Verderben wurde. So geschah es im Jahre 1926, daß hier während eines Sturmes und bei Dunkelheit der Passagierfrachter »Pandora« gegen die Felsen lief und versank. 31 Menschen verloren dabei ihr Leben. Weiter draußen die Drei-Königs-Inseln, die kein geringerer als der holländische Seefahrer Abel Tasman so genannt hat. Die Holländisch-Ostindische Kompanie hatte den tüchtigen Kapitän in unbekannte Ferne geschickt, hier erreichte er die Nordspitze der Nordinsel und nannte den letzten Ausläufer des von ihm entdeckten Landes Kap Maria von Diemen. Die so verewigte Dame dürfte die Gattin des holländischen Vizekönigs von Niederländisch-Indien gewesen sein. Dennoch hat Abel Tasman keinen Fuß an Land gesetzt. Ihm steckte wohl noch der Schreck in allen Gliedern, als er drunten in der Massakerbucht der Südinsel sechs seiner Männer verlor. Sie wurden beim Wasserholen von Maori überfallen, totgeschlagen und wahrscheinlich noch am gleichen Tag verzehrt.

Wenden wir unsere Blicke nach Südosten, so erscheinen zwei langgestreckte Halbinseln, die einzig und allein aus hellgelbem Sand bestehen. Sie seien gefährlich, sagt man uns, diese von Wind und Sand überwehten Dünen. Auf Nimmerwiedersehen kann man darin verschwinden. Quicksand nennt man solch tödliche Erscheinungen der Natur.

Vor langer Zeit war ich schon einmal am Kap Reinga, und ohne irgendwelche Gefahren zu vermuten, sind damals Marianne und ich von unserem Wagen aus so weit am Strand entlang gewandert wie es nur möglich war. Dann haben wir dort im Pazifischen Ozean gebadet, wo das Wasser jedoch gar nicht so warm gewesen ist, wie man vermuten durfte.

Unmittelbar am Kap Reinga existiert das »Nördlichste Postamt Neuseelands«, was viele Besucher veranlaßt, von hier eine Postkarte mit besonderer Reinga-Marke zu verschicken.

Nun aber zurück in unseren Bus, der sich ohne weiteres in ein Flußtal begibt, das nach Angaben meines Reiseführers auch die großen Busse mit Gefahren bedroht. Hier soll es Stellen mit Quicksand geben, und wenn im Ernstfall die Passagiere nicht rechtzeitig hinauskommen und festen Boden erreichen, werden sie für alle Zeiten verschluckt.

So schlimm kann es nicht sein, denn wir sehen Fußgänger mit Kindern an der Hand. Sie bewegen sich mit hochgekrempelten Hosen und barfuß an den Rändern, sogar in der Mitte des Flusses. Unser Bus fährt nur langsam, manchmal sogar nur im Schritt. Tatsächlich, es stimmt, wir bleiben stets in fließendem Gewässer, machen alle Windungen des Flusses mit und finden das ungeheuer romantisch. Allerdings, man muß der Wahrheit die Ehre geben, beträgt die Wassertiefe bestenfalls einen halben Meter, oft reicht sie den wandernden Menschen nur bis zu den Knöcheln.

So erreichen wir das offene Meer. Man könnte glauben, daß wir geradewegs in See stechen. Stattdessen beschreibt unser Ballonreifenbus eine Linkskurve, um sich alsdann dem 90-Meilen-Strand zu widmen. Der ist bei Ebbe gut 100 Meter breit und überall dort, wo bei Flut die Brandung hinrollt, so hart wie ein Tennisplatz. Eine der besten Rennstrecken der Welt, wie sich denken läßt. Großartige Wettfahrten mit Geschwindigkeiten bis über 300 Stundenkilometer wurden hier ausgetragen, ähnlich wie am Daytona-Beach und auf dem Großen Salzsee in den USA. Um das einzigartige Vergnügen noch zu erhöhen, saust unser Fahrer mit seinen sechs Ballonreifen unentwegt durch auslaufende Brandungswellen. Da spritzt das Wasser auf beiden Seiten wie Fontänen empor.

Schließlich erreichen wir das Ende der fabelhaften Spritztour und rollen auf den Parkplatz eines Hotels, das sich von Zeit zu Zeit in Staubwolken hüllt. Dort müssen wir bei Kaffee, Tee und Sahneeis ein Stündchen warten, bis unser Fahrer mit Hilfe eines Spezialisten den Bus gründlich von allen Salzspuren befreit hatte.

Noch ein Wort über den 90-Meilen-Strand. So wird er in allen praktischen Reiseführern genannt, was aber nicht der Wahrheit entspricht. Gewissenhaft ausgemessen erstreckt sich der angeblich 90-Meilen-Beach nur über knapp 60 Meilen. Wer das Märchen von den 90 Meilen verbreitet hat, ist nicht mehr festzustellen.

Freund Lothar mußte leider an dieser Stelle für's erste seine Reise unterbrechen und wieder nach Hause fliegen. Aber selber auf der linken Straßenseite durch Neuseeland rollen, das möchte ich auf keinen Fall. An Bord eines Busses sind wir in wenigen Stunden am Flughafen von Auckland. Lothar fliegt zurück, und ich bleibe da.

Als Tourist im Privathaus

Gerade als wir formlosen Abschied nehmen, kommt ein Mann auf uns zu. Er ist gleich mir langjähriges Mitglied der Deutsch-Pazifischen Gesellschaft. Auf solchen Veranstaltungen sind wir uns öfter begegnet. Auch er ist bereit zum Rückflug in die Heimat, in der gleichen Maschine wie Lothar. Kaum ist zur Sprache gekommen, daß ich für die nächsten Tage noch keinen Plan habe, rät er mir zur Home Hospitality. Diese private Gastfreundschaft, die Teilnahme am neuseeländischen Familienleben im Haus und Garten netter Leute, kann er sehr empfehlen. Da drüben, am linken Ende der Abfertigungshalle in einem kleinen Büro des New Zealand Tourist Service werde man mir etwas passendes vermitteln.

Eine freundliche, grauhaarige Frau waltet ihres Amtes. Ja, gerne, das sei

Oben: *Zahlreiche Geysire beleben die Region Rotorua. Manche steigen zu bestimmten Zeiten bis 20 Meter aus dem glühenden Innern der Erde hoch.*
Nächste Seiten: *Eine Sinterterrasse in der Vulkanregion bei Rotorua.*

Oben: *Noch zur Zeit der Königin Victoria wurde das Kurhaus von Rotorua gebaut, von einem weiten, wohlgepflegten Park ist es umgeben.*
Unten: *Soweit das Auge reicht, steigen heiße Dämpfe aus dem Grün der Wälder auf.*

zu machen, gerade in der Nähe von Auckland könne sie mir eine besonders angenehme Gelegenheit bieten. Um ein historisches Haus handelt es sich, wegen seines hohen Alters und des guten Zustands unter Denkmalschutz gestellt, Hobsen-House wird es genannt, und in allen besseren Bildbänden ist es zu sehen. Ein großer Garten mit altem Bestand an Büschen und Bäumen umgibt das Haus. Sehr nette Leute darin, der Vater Buchhalter in einer Pumpenfabrik, die Mutter im Tourismus tätig. Dann noch zwei Buben und ein Mädchen, nicht zu vergessen die liebenswürdige Oma. Alles sehr gediegen und kultiviert, selbstverständlich mit voller Verpflegung. Natürlich sage ich zu, schon weil der Preis nicht höher ist als in einem der guten Hotels.

Nicht länger als eine Stunde muß ich warten, da erscheint bereits das Ehepaar Millston. Wirklich nette Leute, das sieht man gleich. Er um die Mitte 50, seine Gattin gut zehn Jahre jünger. Sie strecken beide Hände aus und helfen mir beim Davonschleppen des nicht geringen Gepäcks.

Wir steigen in einen sauberen Wagen der Mittelklasse, fahren erstmal zur Tankstelle, danach zur Post und schließlich etwa 20 Minuten weit aus der großen Stadt Auckland in eine landwirtschaftliche anmutende Gegend. Am Ufer eines breiten Flusses biegen wir von der Hauptstraße ab in einen stillen Nebenweg. Da erblicke ich das historische Haus. Als Baumaterial hat Kauri-Holz gedient, erklärt mir das Ehepaar, aber alles natürlich unter der weißen Farbe verborgen. Ein spitzgiebeliges Haus, mit den Wohnräumen im Erdgeschoß, den Schlafräumen darüber und noch ein paar Kammern unterm Dach. Ringsherum eine Veranda und vor dem Elternschlafzimmer ein breiter Balkon. Das schönste aber, so scheint mir, ist der in voller Blüte stehende alte Garten mit Obstbäumen, Ziersträuchern und Rhododendronbüschen.

»Hobson House kann demnächst seinen 100. Geburtstag feiern«, freut sich der Hausherr. »Da werden wir ein großes Fest veranstalten. Sicher wird die Presse dem großen Ereignis einige Seiten widmen.«

Wieder muß ich daran erinnern, daß die nachweisbare Geschichte von Neuseeland verglichen mit der europäischen, erst recht mit der asiatischen von nur geringer Dauer ist. Bei uns würde man einem nur hundertjährigen Haus kaum Beachtung schenken, hier aber ist es schon ein antikes Gebäude.

Wir treten ein in das gutbürgerlich möblierte Hobsen House. Der freundlichen, aber schwerhörigen Großmutter werde ich vorgestellt, dann ruft man die Kinder herein. Verglichen mit ihren ordentlich gekleideten Eltern machen sie den Eindruck von halbwilden Vagabunden. Wegen ihrer allzu reichlichen Ernährung (die feine neuseeländische Küche!) haben alle drei ziemliches Übergewicht. Die Mutter nennt ihre Namen, und so nenne ich auch den meinen, wie landesüblich nur den Vornamen. Wonach mir einer der beiden versichert, so was glaube er nicht. Der andere meint, darüber müsse jeder lachen. Im übrigen kann ich kaum ein Wort von dem verstehen, was sie nachher im Familienkreis erzählen. Sie reden im Kiwi-Slang, sie sprechen den für fremde Ohren kaum verständlichen Dialekt von Auckland nebst Umgebung.

Von der Oma höre ich zu meinem Bedauern, daß sie ihr schönes Schlafzimmer aufgeben muß, um es mir zu überlassen. Sie schläft stattdessen zwischen Kissen und Wolldecken auf dem Boden des Wohnzimmers. Was soll ich dazu sagen?

Der Hausherr will mir den Garten zeigen, das wird eine ziemlich weite Wanderung. Wie sich herausstellt, hat Mr. Millston noch einen zweiten, viel anstrengenderen Beruf als seine Tätigkeit in der Pumpenfabrik. Er züchtet Erdbeeren, Kiwi, Zitronen und noch Spargel. Angesichts der Ausdehnung seiner Plantage muß er unerhört hart arbeiten, zwei Stunden lang bevor er sich zur Arbeit in die Stadt begibt, und wenn er heimkommt, schafft der Unermüdliche bis in die Dunkelheit hinein. Unnötig zu sagen, daß auch an allen Feiertagen und in den Ferien gearbeitet wird. Er versteht viel von der Gartenkunst, kreuzt verschiedene Sorten und bringt zunehmend große Ernten ein. Dafür hat er ständige Abnehmer in der näheren und weiteren Umgebung. Seine fleißige Mutter steht viele Stunden des Tages in einer Verkaufsbude am Rande der Hauptstraße. Dort halten die Fahrer, wählen unter den Vorräten, zahlen relativ niedrige Preise und kommen bald wieder.

Dieser Zweitberuf, die Leidenschaft zu experimentieren, überhaupt das ständige Bestreben sich und sein Leben zu verbessern, ist typisch für nicht wenige Neuseeländer. Die großen Fortschritte, die das von Gott und der Natur begnadete Land während der letzten Jahrzehnte gemacht hat, gehen zum größten Teil auf die fleißigen Nebenberufler zurück. Sobald Mr. Millston genug verdient, und lange kann es nicht mehr dauern, wird er seinen Hauptberuf aufgeben und sich nur noch seinen einträglichen Hobbys widmen.

Die Hausfrau bittet zum Tee. Aber was in Neuseeland Tee genannt wird, dafür braucht überhaupt kein Tee auf dem Tisch zu erscheinen. Mit Tee sind alle Mahlzeiten gemeint, die von Mittag bis zum späten Abend geboten werden. Zwar haben meine Gastgeber drei gut eingerichtete Wohnräume, aber das Abendessen wird in der linken Ecke der engen Küche serviert. Als mir der Hausherr roten Wein eingeschenkt hat und wir die Gläser heben, kann ich es kaum fassen, handelt es sich doch um zuckersüßen Erdbeerwein. Aber Zucker muß ich meiden, also nippe ich nur ganz wenig davon. Als Vorspeise gibt es scharf mit Salz gewürzte Sardinen. Danach das übliche Steak mit Süßkartoffeln. Was mit dem stahlharten Steak auf meinem Teller zu machen ist, weiß ich vorerst noch nicht. Aber da ergibt sich eine kleine Familientragödie. Auf die Frage des Vaters muß der ältere Junge zugeben, daß er heute bei der Prüfung durchgefallen ist. Entsetzen herrscht rings um den Tisch, die strafenden Worte beider Eltern setzen dem Versager zu. Der Bruder bohrt scharf nach, während die gutmütige Oma und die verständnisvolle Schwester versuchen, die Wellen zu glätten. Für mich eine gute Gelegenheit, das Steak rasch verschwinden zu lassen.

Darauf folgt eine große Portion Erdbeereis mit einem hochgewölbten Hügel aus Schlagsahne. Da bleibt mir nichts anderes übrig als offen zu sagen, daß ich süße Sachen nicht essen darf. Die Hausfrau bedauert das sehr, aber etwas anderes gibt es nicht.

Anschließend eilt die Familie vor den Fernseher, weil gerade die Entscheidung fallen soll, welches der beiden favorisierten Rugbyteams als Sieger aus den landesweiten Kämpfen hervorgeht. Ich verstehe nichts von Rugby, aber es ist für die Neuseeländer der Nationalsport. Weil sie sonst kaum von Sorgen zerrissen sind, erfüllt er viele Kiwi mit Leidenschaft. Öfters habe ich erlebt, daß mich Neuseeländer gefragt haben, für was ich bin. Sie meinten: für welche Seite, für welche der beiden wichtigsten Mannschaften im Lande. Wie sie heißen, habe ich nicht behalten, aber jeder Einheimische ist genauestens über den Stand der Dinge informiert.

Man zeigt mir, wo sich Waschraum und Toilette befinden, wo man das Licht anmacht und schließlich auch, wo sich mein Bett mit allem Zubehör befindet. Als ich hineinsteige, wird mir ungewohnt zumute. Alles schwabbelt und wackelt, wie beim Aufenthalt an Bord, wenn mittlerer Seegang herrscht. Mit Wasser hat die Sache zu tun, wie sich bei gründlicher Untersuchung ergibt. Zum ersten Mal in meinem Leben ruhe ich in, besser gesagt, auf einem Wasserbett. Wo normale Menschen eine Matratze haben, schwebe ich im Hobsen House auf glucksendem Wasser. Ich hatte schon von solchen Betten gehört, man kann dergleichen auch in München kaufen. Es gibt auch Hotels, wo Gäste für ihre Hochzeitsnacht oder Liebespaare für besonders schöne Nächte ein Wasserbett verlangen. Das Personal an der Rezeption lächelt und erfüllt den Wunsch. Dieses Wasserbett aber, auf dem ich schwimme, ist keineswegs zur Steigerung sexuellen Empfindens gedacht, sondern hier ruht für gewöhnlich die weit über siebzigjährige Großmutter. Wie gesagt Neuseeland ist für alle möglichen Überraschungen gut.

Am Morgen gegen 7.30 Uhr begeben sich alle Hausbewohner an ihre Arbeit. Der Vater in seine Pumpenfabrik, die Mutter ins Reisebüro, die Kinder in die Schule und die Oma in ihre Verkaufsbude an der Straße. Mir erteilt man den guten Rat, am Ufer des grünen Flusses zu promenieren oder im Garten zu ruhen. Später höre ich von anderen Besuchern des schönen Landes, daß sie ihrerseits die Home Hospitality auf vielfache Weise genießen konnten. Da haben die Gastgeber mit ihren Gästen weite Ausflüge ins Land unternommen, haben sie zu den Klippen ans Meer gefahren oder zu Freunden mitgenommen. Viel hat man dabei über Land und Leute, über Gewohnheiten und Lebensart erfahren, alles Erkenntnisse, die sonst dem flüchtigen Touristen entgehen. Bei mir war das nicht so, ich wurde mir selbst überlassen. Kaum war der Hausherr zurück, begab er sich an seine Gartenarbeit. Doch gelang es mir, Herrn und Frau Millston in ein gutes Restaurant von Auckland einzuladen. Dort gab es, wie üblich, den »Fisch des Tages«, so daß ich mich nicht mit knochenhartem Fleisch plagen mußte.

Als schließlich der Käse gebracht wurde, erfuhr ich von der Dame an meiner Seite, daß es wohl keinen schöneren und interessanteren Ausflug gäbe als die Coromandel-Küste. Zwar hatten beide noch keine Zeit gefunden, diese Fahrt zu unternehmen, aber ihre Freunde hatten das mit Paying guests getan und noch lange davon geschwärmt. Gefragt wie man die Küste erleben konnte, ohne selber das Steuer eines Mietwagens zu führen, nannte mir Mr. Millston den Namen eines jungen Studenten, der gerne bereit sei, mich um die Halbinsel herumzufahren. Morgen sei Samstag, da habe er frei, und man werde ihn gleich verständigen.

Die Coromandel-Küste

Bereits um sieben Uhr früh wollte mich Oliver, fleißiger Student der Mathematik, vom alten Hobsen House zur Rundfahrt um die Coromandel-Halbinsel abholen. So war es ausgemacht. Aber bereits um 6 Uhr hupte der nicht mehr ganz so junge Mann vor dem Gartentor. Als ich in meinem Pyjama hinauseilte, meinte der noch nicht fertige Mathematiker, daß wir einen sehr langen und anstrengenden Tag vor uns hätten. Wenn ich noch am späten Abend zurück sein wollte, dürften wir keine Minute verlieren. Die Hausfrau hörte es durchs offene Fenster und rief hinunter daß sie mich ohne Frühstück nicht fortlasse. So geschah es denn auch. Danach begleitete sie mich hinaus zum Wagen: »Sie wissen, ich arbeite in einem Reisebüro. Wir haben die besten Busse von Neuseeland, das sind natürlich die Newman-Busse, ich reserviere Ihnen einen komfortablen Platz für die Rundtour durchs Herz, durchs heiße Herz der Nordinsel, rufen Sie mich gleich morgen früh deshalb an.«

Oliver fuhr zu meiner Befriedigung einen Käfer. Wie es sich für ein Fahrzeug gehört, das 100 000 und mehr Kilometer hinter sich hat, war der Käfer recht verbeult und hatte seit Jahren keine Wäsche mehr erlebt. Zuerst wollte ich auf der falschen, das heißt auf der rechten Seite einsteigen, aber dort befindet sich ja bei den neuseeländischen Fahrzeugen das Steuer. Also hinten herum und links neben den Fahrer! Dort warf ich meinen Koffer, die Kameratasche und sonstigen Kram in den Fond.

Wir können das Riesengebiet von Auckland vermeiden, rollen stattdessen über Papakura nach Süden, um in Bombay nach Osten abzubiegen. Schon knapp nach einer Stunde überqueren wir die Themse. (Viel Phantasie haben die ersten Pioniere bei der Taufe von Städten und Flüssen gerade nicht entwickelt). Damit befinden wir uns am Fuß der ungefähr 150 Kilometer langen Halbinsel Coromandel. So lang ist sie in der Luftlinie bis hinauf zum Kap Colville. Weil jedoch alle fahrbaren Wege kurvenreich sind, dürfte die praktische Entfernung doppelt so groß sein.

Bei weitem besser und für Genießer dringend zu empfehlen sei es, zumindest sieben Tage unterwegs zu sein, etwas noch besseres als die Coromandel Peninsula habe Neuseeland nicht zu bieten! Als geborener Auckländer ist der gute Oliver sicher ein Lokalpatriot, die nähere Umgebung seiner Heimat liebt er über alles.

Ein angenehmer Begleiter der Oliver, mit sich und seinem Leben zufrieden. Gut einen Kopf größer als ich, mit wildwachsendem dunkelbraunem Haar und halbgeschlossenen Augen. Die Haut tiefgebräunt, die Bewegungen schlaksig ist er stets bereit zu lachen. Seit sieben Jahren schon betreibt er sein mathematisches Studium, meint aber ungerührt, es könnte wohl noch mal so lange dauern. Was ihm vorschwebt, ist der Schuldienst, wegen der in Neuseeland besonders langen Ferien. Da sein Vater im Wollhandel tätig ist, kann sich der Sohn die lange Ausbildung leisten und viel Zeit fürs Trampen, Surfen, Fischen, Jagen, Schnorcheln und ähnliche Freizeitbeschäftigungen verwenden. Davon spricht er viel, und mich interessiert das sehr. Ein beneidenswertes Leben, das gar nicht wenige Neuseeländer in bester Stimmung genießen können.

Linkerhand schauen wir auf den Hauraki-Golf und können weit in der Ferne ein paar Hochhäuser von Auckland erblicken. Zur rechten Seite steigen die Coromandel-Berge empor, so daß für unsere Straße nur ein schmaler Streifen übrigbleibt. Man sieht es gleich, daß auf den schmalen, sehr kurvenreichen und geteerten Straßen kein lebhafter Verkehr die Ruhe stört. Gut, daß ich nicht selber fahren muß, sonst würde mir vieles von der wildromantischen Landschaft entgehen. Hinter jeder Biegung ein neuer, faszinierender Ausblick. Schroffe Wände, tief geschnittene, enge Schluchten auf der einen Seite, die steilabfallende Küste, gegen die hellschäumende Brandung rollt, auf der anderen Seite. Hin und wieder treten die schroffen Wände zurück und erlauben einem hellrosa schimmernden Sandstrand, sich auszubreiten. An den Hängen gedeiht unter anderem auch Bambus, eine nicht allzu häufige Erscheinung in Neuseeland. Wilde und verwilderte Obstbäume grüßen in blühender Pracht, auch die prächtigen Farben der Passionsfrucht erfreuen das Auge.

Endlos weit ist die unbewohnte Küste. Hätten wir Ähnliches in Europa, würden die Hotelfronten überhaupt kein Ende nehmen. Nach etwa einer halben Stunde die kleine Ortschaft Tapu, ehemals ein sakraler Mittelpunkt der Maori und deshalb auch Tabu genannt. Indessen schwärmt mein Fahrer von den zahlreichen Jugendherbergen am Rande der Coromandel-Halbinsel. Sie kosten so gut wie nichts, bieten alle Bequemlichkeiten für junge und ältere Leute und sind gut eingerichtet. In Opoutere allerdings stehen in den Schlafräumen drei Betten übereinander. Da will dann jeder ganz oben schlafen, um zu zeigen, wie sportlich und gelenkig er ist.

In der Ortschaft Coromandel, nach der die Halbinsel genannt ist, lohnt sich der Besuch des Goldgräbermuseums. Denn hier in der Gegend wurde bereits im Jahre 1825 goldhaltiges Gestein und Sand mit Goldkörnern entdeckt. Aber bis wirklich große Funde ans Tageslicht kamen und sich der »leichte Reichtum« bis nach Australien herumgesprochen hatte, vergingen noch gut 40 Jahre. Dann aber strömten aus allen Teilen Neuseelands und von Australien rund 20 000 Goldgräber auf die Halbinsel. Binnen 60 Jahren haben die fleißigen Schürfer, Gräber und Pfannenschüttler Goldkörner im Werte von 50 Millionen NS-Dollar aus dem Boden geholt, nach heutigem Wert gut eine halbe Milliarde DM. Allerdings über so lange Zeit verteilt ist das nicht sensationell. Immerhin haben an der Coromandel-Küste nicht die wilden, mörderischen Zustände geherrscht wie zur etwa gleichen Zeit drunten am Shotover-Fluß auf der Südinsel oder in Kalifornien und später in Alaska. Außerdem soll die Ausbeute fürs tägliche Leben gereicht haben, zum Millionär ist aber keiner geworden. Wer noch nie ein Goldgräbermuseum gesehen hat, kann das hier nachholen.

Weit mehr erfahre ich aus den Berichten meines neugewonnenen Freundes Oliver, der unzählige Wochenende auf Wanderungen durch die Coromandel Mountains verbracht hat. Man könne dabei ganz und gar das gegenwärtige Jahrhundert vergessen, so viele Reste aus der Pionierzeit seien noch heute vorhanden. Nicht nur Gold hat man aus dem Boden geholt, sondern auch Kopal, den neuseeländischen Bernstein. Fast 100 Jahre lang haben, von 1792 ab gerechnet, die Holzfäller gebraucht, um bis auf ganz geringe Reste die Kauri-Wälder zu vernichten. Entlang der schmalen Bergstraße von Tapu nach Coroglen, die über einen 450 Meter hohen Sattel führt, steht noch ein Kauri-Baum von neun Metern Durchmesser.

Wie mein kenntnisreicher Fahrer erzählt, soll nun die Halbinsel nicht weiter dem Gewinnstreben dienen, sondern den Neuseeländern und ihren fremden Besuchern zur Erholung erhalten bleiben. Es gibt zahlreiche gut erkennbare Pfade, die den alten Spuren der Pioniere, der Goldgräber und Kopal-Sucher folgen. Hütten sind vorhanden, aber Schlafsack und Nahrung muß jeder auf dem eigenen Rücken mitschleppen. Schöne Strände sind immer wieder vorhanden. Trampen durch die wilde Einsamkeit wäre ein Hochgenuß, versichert mir Oliver. Vor kurzem erst hat er aufs neue 150 Kilometer in flotten Fußmärschen durch menschenleere Wälder, Schluchten und Gebirge zurückgelegt. Ein Tal namens Kauaeranga ist besonders sehenswert. Dort wurden während der Pionierzeit Staudämme angelegt und Schleusen angebracht, um nach starken Regenfällen die

Kauri-Stämme an die Küste zu flößen, wo schon die großen Segler für den Transport auf die andere Seite des Globus bereitlagen. Genannt ist die Halbinsel nach Seiner Majestät Schiff »Coromandel«, das schon im Jahre 1800 hier aufkreuzte, um Kauri-Holz für den Schiffsbau zu holen. »Ohne die Masten und Rahen aus unserem Kauri«, so will es Oliver wissen, »hätte Lord Nelson die Schlacht von Trafalger kaum gewonnen!«

Colville ist der letzte nennenswerte Ort. Hier und auch in der Nähe haben sich an idyllischen Plätzen sogenannte Eskapisten niedergelassen in der Absicht, ein alternatives Leben zu führen. So sehen wir gelegentlich junge und ältere Männer mit schulterlangen Haaren und wildwuchernden Bärten. Junge Mädchen und nicht mehr ganz junge Frauen tragen hemdartige Kleider, die bis auf ihre bloßen Füße herunterhängen. Nicht wenige tragen ein Kleinkind auf der linken Hüfte. Sie beschäftigen sich mit bescheidener Landwirtschaft für den eigenen Gebrauch, mit kunstvoller Töpferei, auch mit dem Weben der von eigenen Schafen geschorenen Wolle. Sie stricken mehr oder minder buntgefärbte Pullover daraus. Keramik wird großgeschrieben, auch Schnitzerei von Kauri-Holz und geflochtene Körbe. Ich kann mir vorstellen, daß diese Leute recht glücklich sind.

Dennoch wäre es nicht ratsam, wenn nun gleich aus unseren Regionen alternative Gesinnungsfreunde ins Land der Langen Weißen Wolke aufbrächen. Die Neuseeländer würden sie keineswegs mit offenen Armen empfangen. Touristen sind willkommen, für drei Monate zunächst, mit Verlängerung bis zu sechs Monaten, aber länger bleiben dürfen sie nicht. Bei der Einreise wird für gewöhnlich nach einem Retourbillett gefragt, mitunter müssen die Besucher ausreichende Geldmittel nachweisen.

Hinter Colville steigt der Moehau genannte Bergrücken bis 891 Meter hinauf. Auch diese Gegend hat Freund Oliver durchstreift und abseits gelegene Maori-Siedlungen besucht, wo anscheinend die Zeit stehengeblieben ist. Mit gespanntem Interesse höre ich von Legenden der Eingeborenen, die sich auf »sagenhafte Vormenschen« beziehen. Tuarehu werden sie von den Maori genannt oder auch Patupairahe. Aber Genaues wissen auch die seit rund 1000 Jahren hier beheimateten Maori nicht. Die mysteriösen Menschen sollen recht klein gewesen sein, hatten aber helle Haare sowie eine ungewöhnlich helle Haut.

Oliver, der weiß, wo man wunderbare Blicke am besten genießt, holt aus den Eingeweiden seines VW einen etwas schadhaften Weidenkorb hervor, trägt ihn zum Picknickplatz und bittet zu Tisch. Als praktischer Mann verwendet er nur Pappteller, Pappbecher sowie Messer, Gabel und Löffel aus Plastik. Dazu ein weißes Tischtuch und Servietten aus Papier. Hinterher wird alles in den Abfallkübel gesteckt, mehrere davon gibt es an jedem Picknickplatz.

Anstelle des mir widerwärtigen schwabbligen und geschmacklosen Weißbrots bevorzugt mein Begleiter körniges Knäckebrot, Zwieback und sogar Pumpernickel. Dazu Streichwurst, Ziegenkäse, Oliven, Sardinen und Fischpaste. Er hat schon viele fremde Besucher begleitet, darunter sogar Deutsche und Skandinavier. Oliver kennt also deren Geschmack. Während die Brandung rauscht, während uns linde Lüfte streicheln und Vogelscharen zu unbekannten Zielen flattern, lassen wir es uns wohlgehen.

Zwei Straßen führen, so sagt mir der geländekundige Freund, nach Whitianga, auf die Ostseite der Halbinsel. Die schlechtere Straße, Black Jack Road genannt, sei interessanter. Eine geradezu atemberaubende Strecke, hinauf wie hinunter mit zahlreichen Blicken auf die überaus wechselvolle Küstenlandschaft.

So erreichen wir die Mercury Bucht, und das ist eine besondere historische Stelle, hier nämlich hat James Cook, dem man nirgendwo im Pazifischen Ozean entgehen kann, im November des Jahres 1769 die beiden neuseeländischen Inseln für König Georg III. in Besitz genommen, wobei alle 50 Kanonen seines Schiffes »Endeavour« Salut schossen, sämtliche Soldaten ihre Waffen präsentierten und die Matrosen ihre Mützen in die Luft warfen. Bei dieser Gelegenheit hißte man natürlich auch die englische Flagge. So war es üblich zu jener Zeit. Man annektierte weite Landschaften, ohne sich im geringsten um die rechtmäßigen Einwohner zu kümmern.

Die Mercury Bay hat dem Besucher viel zu bieten. Dazu gehören heiße Quellen am Strand, von rosarotem Sand bedeckt. Man braucht nur seinen Spaten aus dem Wagen holen und etwa einen halben Meter tief graben, schon ist eine private Badewanne entstanden. Genußvoll legt sich der Ausgräber hinein und kann die Temperatur seines Bades regulieren, indem er eine schmale Rinne zum Rande der Brandung legt. So kann mit jeder Welle kühleres Meerwasser in die vielleicht zu heiße Grube fließen.

Nun ist es nicht mehr weit nach Tairua, einem wunderschönen Ferienort in der gleichnamigen Bucht. Darüber der knapp 200 Meter hohe Mount

Pahu, den ich dringend rate zu besteigen. Von droben schweift der Blick über eine Gruppe besonders hübscher Inseln. Die beiden größeren wurden von frühen Seefahrern »Shoe« und »Slipper« genannt.

Nördlich von Whitianga breitet sich ein Naturschutzgebiet aus, das man eigentlich durchwandern sollte. Eine fabelhafte Felsenwildnis mit Sturzbächen, dichtem, düsterem Wald voller Erinnerungen an die Goldgräberzeit. Auch ein ehemaliges Maori-Dorf hat man rekonstruiert. In der Nähe können Kristallsucher fündig werden. Wer sich auskennt, entdeckt Halbedelsteine wie Achat, Amethyst, Jaspis, Karneol und Chalzedon. Was kann sich ein Wochenendler besseres wünschen als schimmernde Klunker. Er darf sie aufheben und mit nach Hause nehmen, so mild sind dort die Bräuche. Von der liebenswürdigen Ortschaft Pauanui, dem sogenannten Park am Meer, lese ich in einem »Reisebegleiter für Individualisten« die zutreffende Bemerkung: »Es ist zu schön, um wahr zu sein!«

Vor kurzem erst hat man einen Wanderweg durch die hinreißend schöne Schlucht zwischen Karangahake und Waikino hergestellt. Auch hier waren seinerzeit Goldgräber zugange, es sind noch die Überreste von Prägemaschinen zu sehen.

Während sich die Sonne dem Horizont zuneigt, haben wir die sehr weite, aber nicht besonders tief ins Land reichende Bay of Plenty erreicht. Sinngemäß übersetzt ist damit die Bucht des Überflußes gemeint. Auch dieser etwas seltsame Name geht auf den Taufpaten James Cook zurück. Nachdem er in einer anderen Bucht von den Maori kaum Lebensmittel, nur wenig Feuerholz und überhaupt kein Trinkwasser erhalten konnte, weshalb er jener Gegend zu recht den Namen Armutsbucht, Poverty Bay, gab, konnte er sich hier am Südende der Coromandel-Küste aller guten Gaben erfreuen.

Obwohl es spät und immer später wird und das Tageslicht schwindet, läßt es sich der tüchtige Oliver nicht nehmen, mir auch noch den Strand von Waihi zu zeigen und die friedliche Küstenstadt Tauranga. Dort in der Nähe haben sich im Jahre 1838 Missionare niedergelassen, haben den gewinnbringenden Handel mit Flachs gefördert, sodann in den Jahren 1864 und gleich danach die Kriege zwischen Maori und Pakeha miterlebt. Mein Begleiter erzählt davon und rühmt die beiderseitigen Heldentaten bei den Kämpfen um Gate Pa, eine hartnäckig verteidigte Maori-Festung. Unvergeßlich, so höre ich von Oliver, sollte für alle Zeiten die Menschengüte des Häuptlings Heni te Kiiri kaum bleiben. Er hat sein Leben riskiert, um den verwundeten Feindsoldaten das lebensrettende Wasser zu bringen. Man sollte den Friedhof besuchen, wo die Gefallenen jener Schlacht beigesetzt sind, und zwar die Helden beider Seiten. Auch ein Häuptling namens Puhirake, auf den die Maori mit Recht bis zum heutigen Tage stolz sind, wurde dort beigesetzt. Nicht viel ist zu sehen von dem Missionshaus The Elms. Schon im Jahr 1847 errichtet, zählt es in diesem Land mit seiner nur kurzen Geschichte zu den ältesten Gebäuden.

Noch weiter, schon in die Nacht hinein rollen wir durch den Ferienort Maunganui, der sich auf einem rund 200 Meter hohen Berg befindet. Am Fuße dieser Anhöhe gibt es wieder heiße Salzwasserquellen. Ein paar Kilometer südwärts nach Te Puke, wo nun wirklich der südlichste Punkt der heutigen Rundfahrt erreicht ist. Hier, erweitert Oliver meine Allgemeinbildung, wurde erstmals in Neuseeland die Kiwi-Frucht angebaut. Als »chinesische Stachelbeere« wurde sie 1906 aus China importiert, und hier an der Bay of Plenty hat sie die denkbar besten Bedingungen gefunden.

Auch wenn ich schon öfter gehört und gelesen habe, die Coromandel-Küste sei der wohl beste Geheimtip für fremde Besucher in Neuseeland, so sagt mir nun der gute Oliver, noch geheimer und hinreißender sei bestimmt die etwa 500 Kilometer weite Fahrt um die Raukumara-Halbinsel östlich der Bay of Plenty. Ich habe die Tour nicht gemacht, weil mein Aufenthalt in Aotearoa auf knapp drei Monate beschränkt war. Dennoch möchte ich den Geheimtip weitergeben an meine Leser und die Hoffnung hegen, daß sich einige von ihnen das große Vergnügen gönnen.

Brodelnder Boden

Neuseeland hat alles, was Europa hat, und noch viel mehr! Die Lange Weiße Wolke begnügt sich nicht mit nur einem Vesuv, Ätna, Stromboli und anderen Vulkanen, sondern hat schätzungsweise 66 feuerspeiende Berge. Dazu unzählige Fumarolen, kochende Quellen, fauchende Geysire, badewarme Seen und gelbgefärbte Löcher, aus denen übelriechender Schwefel aufsteigt. Tief drunten brodelt glühendheiße Lava, und man hört dumpfes Gepolter. Wer an die Hölle glaubt und sich seiner Sünden bewußt ist, dem zittern die Glieder!

Die vulkanische Zone der Nordinsel dehnt sich über 240 Kilometer Länge aus und soll 50 Kilometer breit sein. Damit nicht genug gibt es noch andere Stellen, die nicht geheuer sind. Weit draußen in der Bay öffnet sich auf White Island ein großer, sehr tiefer, stets rauchender Krater. Seine Ränder leuchten im Licht des Tages hellgrau bis weiß, denn alles besteht aus Lava und erkalteter Asche. Als ich darüber flog – das Betreten der Insel ist streng verboten –, sah ich von hoch droben das grimmig glühende Feuer des Erdinnern.

Während der ausgedehnten Hochzeitsreise mit Marianne hatten wir nur 14 Tage Zeit für die einmalige Landschaft und wußten, daß uns nicht mehr gegönnt war als flüchtige Blicke. Es hat mich seitdem immer wieder nach Rotorua gezogen, nach Wakarewarewa, Ohinemūtu, Ukarewa und die weitere Umgebung. Die Erinnerungen beflügeln mich. Weil ich wegen des Linksverkehrs nicht selber fahren wollte, halte ich es fürs beste, mich einem Reisebus anzuvertrauen. Wenn schon, dann der Firma Newman, weil das gut beleumundete Unternehmen schon vor rund 100 Jahren über die seinerzeit so schwierigen Wege Fracht und Passagiere befördert hat, zuerst in Australien, dann bis in alle erreichbaren Winkel von Neuseeland. Dabei ist heutigentags ein randvoll gedrängtes Programm selbstverständlich, denn viel wollen die Leute sehen für ihr hartverdientes Geld.

Mein Ticket ist schon bestellt und liegt bereit. Die Passagiere treffen sich vor dem Bahnhof, und glücklicherweise sind es nur 21. Beginnt doch die Hauptsaison erst Mitte Dezember, wenn die Sonne am wärmsten scheint. So hat jeder Mitreisende ein Fenster für sich. Was fehlt, im Gegensatz zu unseren Fernreisebussen, ist die Toilette sowie ein Vorrat an kühlen Getränken. Aber spätestens alle zwei Stunden hält der Fahrer an einem der

Es ist noch nicht lange her, da mußten Autofahrer nach starken Regenfällen ihre Fahrzeuge an Bord von Pferdewagen durch die Flüsse befördern.

zahlreichen Restspaces, wo die Passagiere sauber und bequem sämtliche Bedürfnisse erledigen können. Im gehobenen Sprachgebrauch der Busfahrer heißt das Comfortstop. Meist gibt es an solchen Plätzen auch Eiskrem und andere Süßigkeiten zu kaufen. Der überaus höfliche Fahrer hilft beim Einräumen des Gepäcks in den Laderaum, er ist ein hochgewachsener, noch relativ junger Mann aus dem Maori-Volk. Wir sollten ihn Freddy nennen, sagt er lächelnd, unter diesem Namen sei er in ganz Neuseeland bekannt.

Wenn ich es richtig einschätze, dürfte gut die Hälfte meiner Mitreisenden in Australien zuhause sein. Sie fahren liebend gern nach Neuseeland, weil ihnen die Lange Weiße Wolke am nächsten liegt, die Preise nicht übertrieben sind und natürlich auch wegen der vielfältigen, grünen Landschaft. Ein paar Amerikaner stellen sich noch ein sowie ein deutsches, überaus schweigsames Ehepaar, mit dem ich während der ganzen Reise nur wenige Worte wechsle. Wie es sich ergibt, befindet sich aus Neuseeland nur eine Dame an Bord, sonst niemand aus Aotearoa.

Wir rollen erst mal auf einen freien Platz im Hafen, um die notwendigen Aufnahmen zu machen. Was dort geschieht, gefällt mir ganz und gar nicht. Unser Freddy besteht auf einer gegenseitigen Begrüßung durch Nasenkuß, mit einem Hongi nach dem alten, noch heute sehr lebendigen Brauch der Maori. Zuerst will er selber mit jedem von uns einen Hongi tauschen, dann sollen wir das alle miteinander tun. Ein so enger körperlicher Kontakt mit wildfremden Leuten ist nicht nach meinem Geschmack. So bleibe ich sitzen. Das hilft mir aber nichts, denn Freddy holt mich trotz allen Widerstrebens hinaus, wo ich am Ende der schon aufgestellten Reihe meinen Platz einnehme.

Dann geht es los. Man ergreift, wenn es richtig zugehen soll, die beiden Hände seines Gegenübers, berührt mit der eigenen Stirn die Oberkante seiner Stirn und legt den rechten Nasenflügel an den linken Nasenflügel des Partners, um nach einer knappen Sekunde das gleiche auf umgekehrte Weise zu wiederholen. Es ist nicht so einfach, wie beschrieben, man muß sich erst daran gewöhnen. Also stoßen manche Stirnen ziemlich hart zusammen, Nasenspitze prallt auf Nasenspitze, auch sonst lassen sich falsch verstandene Hongi kaum vermeiden.

Bald danach haben wir Auckland hinter uns, fahren weiter auf einer ausgezeichneten Straße durch eine landwirtschaftlich intensiv bebaute Gegend. Obst und Gemüse so weit das Auge reicht, aber in nicht allzu große Flächen eingeteilt. Farmhäuser der immer ungefähr gleichen Bauweise, gewiß ganz gemütlich und stets von einem Blumengarten umgeben. Hin und wieder verlassen wir die Hauptstraße, um abseits davon sehenswürdige Stellen anzusteuern. Dazu gehört eine Zucht für Vollblutpferde. Bei den von allen Neuseeländern leidenschaftlich geliebten Pferderennen jagen sie über die Bahn oder nehmen schwierigste Hindernisse mit Bravour. Bald danach sind wir in Hamilton, der fünftgrößten Stadt Neuseelands und Verwaltungszentrum der Provinz Waikato. Eine schon ältere, schön gebaute Stadt, deren wohlhabende Bürger ihre Häuser mit liebevoll gepflegten Gärten und mit ausgedehnten öffentlichen Parks verschönt haben. Wirklich ein Grund, für etwa 20 Minuten den Bus zu verlassen, um sich in den Alleen, an den Teichen und in den Treibhäusern umzusehen. Immer wieder jener nach wie vor beliebte Zuckerbäckerstil aus victorianischen Zeiten. Er wirkt sehr anheimelnd und läßt viele Probleme der modernen Entwicklung in anderen Kontinenten vergessen.

Freddy spricht von Taranaki, einem Zentrum der Milchwirtschaft, von dem mehr Käse exportiert wird als von irgendeiner anderen Stelle der Welt. Um die Milch von den glücklichen Kühen der Langen Weißen Wolke zu sammeln, sind eine Unzahl von Milchtankern unterwegs, die mit eigener Zentrifuge und Melkmaschine ausgestattet sind, um den Farmern so viel Arbeit wie möglich abzunehmen. Lange dauert es nicht, da liegt die Gegend von Taranaki hinter uns.

Ein anderer Bogen, der uns von der Hauptstraße ein wenig abseits nach Westen führt, bringt uns in das kleine Ngaruawahia, das berühmte Zentrum der Maori-Kultur. Von hier aus wird die Renaissance des Maori-Volkes gesteuert. Am östlichen Flußufer befindet sich hinter einer hohen

Te Arikinui, Dame te Ataa-i-rangi-Kahu, die Chefin des größten Stammesverbandes. Sie wird von den meisten Maori als traditionelle Königin betrachtet. Von der britischen Queen erhielt sie den Rang einer »Dame of the Empire«, mit der Anrede »Mylady«.

Palisadenwand das Turangawaewae Marae, wo niemand anderes als Ihre Hoheit, die Maori-Königin Te Arikinui, Dame te Ataa-i-rangi Kahu residiert.

Zwar wird diese von der britischen Königin geadelte Dame nicht von allen Maori, schon gar nicht von den Pakeha, anerkannt, aber sie bekleidet nach traditioneller Überlieferung den höchsten Rang in der Hierarchie ihres Volkes. Um die Mitte des vorigen Jahrhunderts, als sich weiße Invasoren gegen die rechtmäßigen Herren des Landes erbitterte Kämpfe lieferten, hat sich eine hochbegabte Häuptlingstochter zur Königin erklärt, um all die verschiedenen Maori-Stämme zu vereinen. Es ist nur teilweise gelungen, zumal die Pakeha doch stärker waren und geschlossener zusammenhielten als die Einheimischen. Die heutige, nur nominelle Königin lebt und regiert in einem vier Hektar großen Areal, das kein Unbefugter betreten darf. Man sieht zwar über den Zaun hinweg zahlreiche Gebäude im alten Stil. Nur der rund 1200 Menschen umfassende Konzertsaal ist gelegentlich für Nichtmaori zugänglich. Immerhin können wir die kunstvoll geschnitzten Giebel des großen Marae von der Straße aus sehen.

Schon gegen Ende des vorigen Jahrhunderts war Rotorua zu einem bekannten, vielbesuchten Heilbad geworden, wo sich auch reges gesellschaftliches Leben entwickelte. So entstand das weitläufige, mit gutem Geschmack erbaute Kurhaus, dessen medizinische und sonstige Bäder sich durchaus mit Einrichtungen im alten Europa vergleichen lassen. Hier weiß man oder glaubt zu wissen, daß auch die Maori vor Jahrhunderten gerne ins heilende Wasser stiegen und auch sonst die Heilquellen geschätzt haben.

Nachdem uns der Fahrer mehrere Kurven durch den Kurgarten gegönnt hat, halten wir vor dem Travel Lodge Hotel nahe am Rotorua-See. Welch ein krasser Unterschied, der supermoderne Luxus des ganz neuen Hauses im Vergleich mit den Campingplätzen zu Anfang der sechziger Jahre. Heute ist das kaum mehr vorstellbar, wie einfach, schlicht und geruhsam es damals gewesen ist. Auch in Rotorua selbst gab es nur wenige, aber feine Hotels mit relativ hohen Preisen. Schon aus Gründen der Sparsamkeit suchten und fanden wir weit billigere Unterkünfte außerhalb der Stadt. Sie bestanden aus einer Reihe von roh zusammengefügten Blockhäusern, mit Parkplätzen unmittelbar davor. An ein solches »Motel der Urzeit« habe ich heute noch die besten Erinnerungen. Weit und breit war kein Verwalter zu sehen, bei dem man sich melden, bezahlen oder verabschieden konnte. Stattdessen hing dort ein Schild mit dem schlichten Hinweis: »Treten Sie ein, benutzen Sie alles nach Belieben, was vorhanden ist, machen Sie hinterher gut sauber, und vergessen Sie nicht, zwölf Schillinge ins Körbchen zu legen.«

In der Hütte waren zwei Betten mit Matratze und vier Wolldecken. Wäsche mußten die Gäste mitbringen. Ein Herd mit Feuerholz und den notwendigen Töpfen und Pfannen; Teller, Tasssen und Eßbestecke in einer Kommode. Tisch, Stühle und Sitzbank standen zur Verfügung, dazu noch Lampen mit Petroleum, für den Notfall einige Kerzen. Das war die Einrichtung, und mehr war im Grunde gar nicht nötig. Vor dem Blockhaus eine breite Bank mit festgefügtem Tisch, fürs fließende Wasser eine Handpumpe mit Selbstbedienung. Nichts Besseres hatten wir erwartet und wünschten uns während all jener Tage nichts, was komfortabler gewesen wäre.

Damit verglichen wohne ich heute in grenzenlosem Luxus! Ein breiter Balkon mit zwei Sesseln und Tisch vor meinem Fenster. Mein Blick reicht von dort über gärtnerische Anlagen bis zur Mokoia-Insel mitten im großen See von Rotorua. Drunten habe ich schon durch die Fensterscheiben gesehen, wie groß in unserem Hotel das Heilbad ist. Schon bald lenke ich meine Schritte dorthin, um das von mildschwefeligem Duft erfüllte Bad zu genießen. Das Becken wird aus mehreren, unter der Oberfläche befindlichen Öffnungen gespeist, die ganz verschiedene Temperaturen von sich geben. Also kann jeder selbst bestimmen, an welcher Stelle er sich am wohlsten fühlte.

Weil immer noch Zeit ist bis zum auf 20.30 Uhr angesetzten Dinner mit den täglich vorgeführten Maori-Tänzen, mit Gesang und dem Spiel der weißen Bälle, gehe ich zu Fuß in den Kurgarten. Der von Rotorua ist einer der schönsten auf der weiten Welt. Aufs beste wird er gepflegt, mit vielen Blumenteichen ist er verschönt, und zierliche Pavillons für Gartenkonzerte sind vorhanden. Es gibt nicht weniger als vier Bowling greens und an ihrem Rand schneeweiße Ruhebänke, um entweder den Spielern zuzusehen oder sich am Blick aufs stilvolle Kurhaus zu erfreuen.

Viele Stunden haben seinerzeit Marianne und ich in den Anlagen verbracht, haben die hohen, gewiß schon alten Palmen bewundert und viel Spaß an den meist hoch betagten Damen und Herren gehabt, die sich in gemessener Leidenschaft dem Kricket hingaben. Sie trugen, wie es auch heute noch üblich ist, victorianische Kleidung für das victorianische Spiel. Die Damen mit breiten weißen Hüten und lange, weiße, kunstvoll bestickte Röcke bis hinab auf die weißen Schuhe. Sehr gut paßte zu diesem Bild der Jahrhundertwende die Kulisse des Kurhauses. Schon um 1890 hatte man mit dem Bau begonnen, ihn des öfteren im gleichen Stil vergrößert und keine Veränderung geduldet. Es herrschte davor und darin, während wir damals in Rotorua weilten, noch die Atmosphäre des Fin de siècle.

Äußerlich hat sich daran, von Einzelheiten abgesehen, nichts geändert. Nur eines fehlt, nämlich die Kurgäste der guten alten Zeit. Mochte es am Nachmittag liegen oder am bewölkten Himmel, ich sehe keine Bowlingspieler. Ebenso vermisse ich ruhig promenierende Menschen, auch lächelnde Mütter mit Kinderwagen und Liebespaare, die sich still vergnügt umarmen. Im Kurhaus amtiert während ihrer Dienststunden die Verwaltung. Nach zehn Uhr abends, so ist auf einem Plakat zu lesen, beginnt das tolle Vergnügen in der Disco, bis in die ersten Morgenstunde hinein.

In etwas trüber Stimmung bummele ich durchs Gelände, gehe vorbei an dem allzu neuzeitlichen Badehaus, das sich schämen sollte wegen seines farblosen, geschmacklosen Äußeren im Vergleich zum alten, fast schon ehrwürdigen Kurhaus. Noch immer vorhanden, wenn auch verblaßt und vom Regen verwaschen ein Denkmal, das im Jahre 1910 zu Ehren König Georges V. errichtet wurde. Angeblich haben es kunsthandwerklich geschulte Maori geschaffen, die sich, so die Inschrift, glücklich schätzten, unter der Krone Georges zu leben. Ob sie allen Ernstes dieses Glück so hoch zu schätzen wußten, möchte ich bezweifeln. Allerdings haben sich vor dem Ende des vergangenen Jahrhunderts die Pakeha und deren Verwaltung um gutes Auskommen mit den eigentlichen Landesherren bemüht. Dem Vernehmen nach wurden relativ anständige Preise für Grund und Boden bezahlt und den Maori auch Verständnis entgegengebracht. Nur wenige ihrer Tabus hat man gestört.

Kaum habe ich den Kurgarten hinter mir gelassen, um mich in der fast vollkommen neuen Stadt umzuschauen, werde ich noch mehr enttäuscht. Armes Rotorua, was haben sie mit dir gemacht! Straßenzüge, die sobald kein Ende finden, ein Motel und Hotel neben dem anderen, nur unterbrochen von Tankstellen, Ladengeschäften, von Takeaways, Teeräumen und Eisbuden. Bis weit hinaus reichen die Supermarkets, ebenso die gleichförmigen Gärten und kleinen Häuser von Suburbia. Breit sind die Straßen, nicht zu stark erscheint der Verkehr, und als Schriftsteller sehe ich es gerne, wenn die Buchläden zahlreich sind und gut hergerichtet die Auslagen.

Auf dem Rückweg ins Hotel sehe ich zu meiner linken Seite ein paar neue Anlagen, die Lob verdienen. Da ist ein Garten mit Treibhäusern, in denen sich einer Werbetafel zufolge 500 Arten von Orchideen befinden, die angeblich größte Sammlung der Welt! Mit Superlativen sind die Neuseeländer so rasch zur Hand, als hätten sie es von Texanern gelernt. Nicht lange danach eine weitere Anlage, wie man sie nur selten findet. Es handelt sich um Gewürze, um jede nur mögliche Pflanzenart, die hier gedeiht und duftet. Das sind nicht allein Düfte, wie man sie an den Parfüms der Damen und ihren Seifen zu schätzen weiß, sondern auch herbe, sogar scharfe Düfte kommen hier zur Geltung. Sie werden nicht nur von lebenden Pflanzen ausgebreitet, sondern auch von ihren gründlich getrockneten Substanzen. Diese werden in hübsche kleine Körbe gefüllt, in kleine fein bestickte Kissen verpackt oder auch nur in schlichtes, dafür durchsichtiges Plastik. Nicht allein der Anblick des weiträumigen Gebäudes ist es wert hineinzugehen, sondern auch die Vielfalt der Duftwolken, die man dabei durchschreitet.

Fast bin ich schon bei unserer Travel Lodge angelangt, als mir ein paar Schnitzereien der Maori ins Auge fallen. Es handelt sich um menschliche Figuren in Lebensgröße, die auf hohen Pfählen stehen und den von Blumen begrenzten Weg begleiten. Die Figuren sind ganz und gar tätowiert, wie es in alten Zeiten bei den Menschen auf der Langen Weißen Wolke üblich war. Dabei sehe ich zu meinem Erstaunen, daß man auch die Pobacken der Männer und Frauen mit Ornamenten verziert hat. Sie bilden auf dem breit gewölbten Hintern schier endlose Spiralen, die gemäß den alten Sitten farbig ausgelegt sind.

Für die Reisegesellschaft eines jeden Busses war ein besonderer Tisch hergerichtet und mit der Nummer des Fahrzeugs versehen. Im übrigen steht der Fahrer bereit, uns die rechten Plätze zu weisen. Etwas zu essen gibt es vorerst noch nicht, das soll erst in der großen Pause geschehen. Stattdessen beginnt schon bald das Festival auf der Bühne. Die Maori geben sich große Mühe, sie springen hoch und stampfen gewaltig auf den Boden, drohen dem friedfertigen Publikum mit Keulen, holzgeschnitzten Schwertern und Speeren. Die Männer strecken zur Begrüßung ihre Zungen weiter hinaus als man es für möglich hält und rollen wild mit den

Auch das Hinterteil der Maori-Adeligen war tätowiert. Dargestellt ist der Häuptling der Bay of Islands im Jahr 1772.

Augen. Die Mädchen wirbeln mit ungeheuerer Geschwindigkeit weiße, an Schnüren befestigte Bälle duch die Luft. Sie tanzen, singen und schwingen ihre Hüften. Die Maori haben schöne Stimmen, und was sie vortragen, klingt wunderbar. Leider sind aber die anscheinend alten Maori-Lieder in vielen Fällen nur Variationen amerikanischer Schlager oder Hits aus Old England. Haben sie anfangs in der melodischen Sprache der Maori gesungen, gehen die Männer und Mädchen bald auf den grellen Slang der Discoheuler über. Ihre alte, echte Tracht sieht man nicht nur im Museum oder bei solchen Gelegenheiten wie hier, sie wird auch bei Festlichkeiten der Ureinwohner getragen.

Wie schon Captain Cook vor über 200 Jahren in seinem Tagebuch geschrieben hat, sehen im allgemeinen bei den Maori die Männer besser aus als ihre Frauen. Kaum ein Gesicht ist auf der Bühne zu bemerken, das wir im landläufigen Sinne als hübsch bezeichnen würden. Irgendwie haben sich negroide Züge durchgesetzt, die beim männlichen Geschlecht fast völlig fehlen. Die Hüften und Taillen der offenbar noch jungen Frauen sind ziemlich breit und voll ausgebildet die Brüste. Auch schlanke Beine sehe ich nicht. Aber jedes einzelne der weiblichen Wesen wirkt sympathisch, und sie alle geben sich Mühe, angenehm aufs Publikum zu wirken.

Immer wieder muß ich an jene alten Zeiten denken, die Marianne und ich erlebt haben. Als wir auf dem Postamt vorsprachen wegen der vielen Briefmarken für unsere Ansichtskarten, kamen wir ins Gespräch mit dem Schalterbeamten, einem waschechten Maori. Der war so freundlich, uns auf ein Maori-Fest hinzuweisen, das noch am gleichen Tag irgendwo im Freien stattfinden sollte. Natürlich gingen wir hin, befanden uns dort in höchst angenehmer Gesellschaft, die großenteils aus den Bürgern der Stadt Rotorua bestand. Wie die Tänzer auftreten, in der traditionellen Kleidung und keulenschwingend, da sprang ihnen voraus unser Postbeamter. Strahlend begrüßte er uns mit weit vorgestreckter Zunge, und beide klatschten wir begeistert. Es war eine Veranstaltung der Maori für sich selber und die Pakeha ihrer Nachbarschaft. Bezahlung wurde nicht gefordert, es blieb jedem überlassen, ob er in das herumgereichte Körbchen ein paar Münzen werfen wollte oder nicht.

Unser Fahrer hat für 6.30 Uhr das Frühstück angesagt, die Abfahrt in die einmalige Umgebung von Rotorua soll um 7 Uhr erfolgen. Zunächst hören wir von Freddy Angaben zur Geschichte des Kurorts. Entdeckt wurde das unheimliche Gebiet der kochenden Quellen, blubbernden Schlammpfüt-

Maori bei der zeremoniellen Begrüßung von Fremden. Drohgebärden und ausgestreckte Zunge verraten freundliche Stimmung. Der Mann ist Verwalter eines Postamtes.

zen und heilkräftigen Wasser schon im Jahre 1350, als der Häuptling Ihenga von dem Küstenort Maketu landeinwärts forschte und zunächst Rotoiti entdeckte, was Kleiner See bedeutet. Als er bald darauf eine große Wasserfläche sah, nannte er sie Rotorua, Zweiter See. Ihm folgte etwa 500 Jahre später der erste Europäer, Captain Philipp Tapsel, der in Begleitung der Missionare Champman und Williams auf Einladung des zuständigen Maori-Häuptlings den ersten Gottesdienst in Rotorua abgehalten hat. Weil hier die Maori bei all den bitteren Kämpfen der britischen Krone treu blieben, hat man im November 1880 mit ihnen einen beiderseits günstigen Vertrag geschlossen.

Darauf stand der Entwicklung des Heilbades nichts im Wege. Nun kommen alle Jahre ungefähr 60 000 Touristen in die Region, bei stets steigender Tendenz. Bereits 1874 hatte die weitsichtige Regierung des Landes unter Führung ihres Premierministers Sir William Fox »das gesamte Seengebiet auf Grund erwiesener Heilkraft der Gewässer zum Kurgebiet erklärt«.

In unseren Tagen suchen die meisten Besucher nicht mehr Heilung von rheumatischen oder sonstigen Beschwerden, sondern bestaunen die wohl einmaligen Wunder der Natur und Denkmäler der Maori. Da ist vor allem die weitläufige Anlage von Whakarewarewa. Ein altes Maori-Dorf ist der Mittelpunkt, was nicht mehr aus den alten Zeiten stammt, hat man auf den gleichen Grundrissen originalgetreu nachgebaut. Wir betreten die Ortschaft durch ein besonders schön geschnitztes Tor, darüber umarmt sich ein Liebespaar. Wer prüde ist, sollte nicht zu genau hinschauen, denn Hine und Tuta sind gerade dabei. Früher, während meines ersten Besuches konnte man sich allenthalben frei bewegen. Nun aber, weil gar zu viele Besucher nach Whaka hineinströmen, muß man sich einer Führung anvertrauen. Eine Maori-Dame mittleren Alters, die sich den Fotografen zuliebe in traditionelle Gewänder gehüllt hat, nimmt uns ins Schlepptau. Sie ist gebildet, kann gut erklären und lächelt liebenswürdig. Was seinerzeit nicht vorhanden war, hat man rekonstruiert, darunter einen etwa zwölf Meter hohen, auf Holzpfählen stehenden Wachtturm. Ein kunstvoll geschnitztes Versammlungshaus, ein Marae, ist vorhanden, und auf einem künstlich angelegten Teich schwimmt ein nicht sehr großes, aber gut rekonstruiertes Kanu. Etwas besonderes ist der wie ein Filigran geschnitzte Bug des Fahrzeugs.

Alsdann weiter in die nahe gelegene Region der dampfenden, blubbernden, zischenden Erdkruste. Alle paar Minuten steigt Pohutu, von dem man sagt, er sei der größte Geysir auf Erden, bis zu 30 Meter hoch in den Himmel. Weil gerade frischer Wind weht, nimmt Pohutu die Gestalt eines Federbuschs an. Ganz wunderbar sieht das aus, alle Kameras klicken, und viele Meter Film werden aufgenommen. Heißes, grauweißes Wasser schäumt über Felsen, die weitgehend mit chemischen Rückständen bedeckt sind. Verschiedene Teiche, gefüllt mit aufkochendem Schlamm, sind zu bestaunen. Allenthalben zerplatzen graue Blasen mit klappendem

Geräusch. Schweflicher Geruch dringt in unsere Nasen. In Dampfwolken gehen wir zögernden Fußes auf schmalen Holzbrücken über tiefe Schluchten und folgen schmalen, schäumenden Wasserläufen, deren Temperatur über dem Siedepunkt liegt. Hier und dort im Gelände verstreut stehen grellrot bemalte Gestalten. Sie stellen in Lebensgröße berühmte Vorfahren dar oder Geister verschiedener Art aus der maorischen Sagenwelt.

Alsdann geraten wir in eine Sammlung relativ moderner Gebäude, in das Art and Craft Center, das verschiedenen Künsten der Eingeborenen gewidmet ist. Man sieht hier, wie junge Maori beiderlei Geschlechts mit Schnitzerei beschäftigt sind, wie sie aus Flachs, Hanfschnüren, Vogelfedern und dergleichen die Röcke und Blusen in traditioneller Art herstellen. Besonders eindrucksvoll zwei ältere Maori, die sich mit der Bearbeitung von Grünstein beschäftigen, dem granitharten Rohmaterial, aus dem unter anderem die berühmten Tiki entstehen. Früher rieb man sie wochenlang mit Sand, heute benutzt man dafür Maschinen, stellenweise aber noch immer einen schmalen, haarscharfen Meißel mit kleinem Hammer. Selbstverständlich werden die Artefakte den Besuchern zum Kauf angeboten.

Mit einem anderen Bus fahren wir zur Redwood Grove, steigen aus und beginnen einen Rundgang. Die Forstverwaltung hat einen Lehrpfad angelegt wo die meisten der in Neuseeland vorkommenden Baumarten, vor allem die einheimischen, zu einem Wald emporgewachsen sind. Schilder geben an, welche Art von Baum man vor sich hat. Nicht allein neuseeländische Gewächse werden gepflegt, man hat auch die Sequoias aller drei Arten aus Kalifornien hierher verpflanzt. Bis sie allerdings die über 100 Meter reichende Höhe, den gewaltigen Umfang wie auch das Gewicht der Sequoia gigantea, der Sequoia sempervirens und das maximale Alter der Borstenzapfenkiefer erreicht haben, müssen noch mehrere 100 Jahre vergehen.

Wer flinke Forellen liebt, kann einige Tausend von drei verschiedenen Arten in den kristallklaren Seen am Regenbogenfall und am Quell der Feen bestaunen. Ringsherum und hoch darüber dunkler Wald einheimische Riesenbäume und Farnkräuter, die sich bis über vier Meter hoch übers belebte Wasser neigen. Wer die Fische füttern will, erhält für sie an Ort und Stelle die besten Leckerbissen. Forellen, von ihrer Freßgier angetrieben, balgen sich um die Brocken in einem dichten Knäuel, drängen sich gegenseitig aus dem Wasser. Noch mehr Regenbogenforellen, wenn das überhaupt möglich ist, man spricht von über 100 000 Stück, füllen die Gewässer bei den Paradiesquellen. Nicht weit davon die Anlage der Forellenzucht. Wenn aus den Winzlingen etwa fingerlange Jungfische geworden sind, werden sie im Rotorua-See sowie in zahlreichen anderen Seen und Flüssen ausgesetzt.

Wer noch immer nicht genug hat vom vulkanischen Betrieb, erlebt alles nochmal im Waimangu Thermal Valley. Noch größer sind hier die heißen Seen, und wallender Dampf strömt aus fast senkrechten Felswänden. Die »Gurgel des Raumuko« nennt man ein schwefelgelb gefärbtes Loch, das gewiß zum Innern der Erde führt. Von Waimangu aus erreichen wir bald den romantisch gelegenen Tarawera-See und können nun die wieder ans Tageslicht beförderten Reste des Dorfes Te Wairoa betrachten. Am 10. Juni 1886 wurde das Dorf von einer Eruption des Tarawera-Berges völlig zerstört. Drei Ortschaften, in denen 150 Maori und sechs Pakeha lebten, wurden unter glühender Lava begraben. Nicht weniger als rund 16 000 Quadratmeter wurden verschüttet. Dazu gehörte das einmalige Naturwunder der Pink and White Terraces, die vor dem Ausbruch des Tarawera Scharen von Touristen angelockt haben. Es waren Formationen aus Kieselerde in Rosa und Weiß, die vom Ufer des Rotomahana-Sees 250 Meter hoch in die Luft ragten. Man nannte sie das »Achte Weltwunder«.

Im Waimangu-Tal, wo sich nach allen Seiten hin vulkanische Erscheinungen ausbreiten, liegt ein kochender Kessel, den die Neuseeländer als größten Heißwassersee der Welt bezeichnen. Der schon seit 1904 erloschene Waimangu-Geysir hat bis vor wenigen Jahren noch schwarzes Wasser und dunklen Schlamm bis 400 Meter hoch geschleudert, was bei unguter Gelegenheit vier Touristen das Leben gekostet hat.

Heiliges Gewässer, Waiotapie in der Maori-Sprache, nennen die Eingeborenen einen Geysir, der alle Tage um 10.15 Uhr ausbricht. Weil ihn vor Zeiten auch die Gattin des britischen Gouverneurs bewundert hat, wurde er nach dieser Dame Lady Knox genannt. Meines Erachtens jedoch klingt Waiotapie schöner. Am sogenannten Champagnertümpel sind wir gewesen, haben farbige Terrassen fotografiert und auch den Brautschleierfall bestaunt. Wer das will, kann von dort aus noch ein paar Dutzend andere Schlammtümpel besichtigen und sich auch den Thermalbädern von Waikite widmen. Aber es muß ja nicht alles sein.

Was von uns keiner verhindern konnte, war die Fahrt zum riesengroßen Taupo-See, der eine Fläche von 608 Quadratkilometer bedeckt und vor

Jahrtausenden durch Vulkanausbrüche entstanden ist. Der Seefahrer Arawa, Häuptling eines der sieben Kanus, das zur Großen Flotte gehört, soll der Sage nach den riesigen See entdeckt haben.

Schon beim ersten Besuch vor langer Zeit hat uns der Tauponui-tea enttäuscht, weil ringsherum die Landschaft nichts besonderes bietet. Desto mehr die Welt unter Wasser, denn aus blaudunkler Tiefe holen alljährlich die leidenschaftlichen Angler bis über 100 Tonnen Regenbogenforellen. Schon in den achtziger Jahren des vorigen Jahrhunderts hat man ihre Vorfahren aus Schottland hergebracht und hier ausgesetzt. Als Marianne und ich auf dem noch heute verkehrenden Dampfer »Ernest Kemp« eine Rundfahrt unternahmen, wurde uns berichtet, daß hier die Taupo-Forellen Gewichte von 20 Pfund und mehr erreichen. Heute bringen sie bestenfalls fünf bis zehn Pfund auf die Waage. Ein Angler hat mir erklärt, daß die enorme Vermehrung der Forellen weitgehend das Biotop im See verändert hat, es steht weniger Futter als früher zur Verfügung. Deshalb können die flotten Flitzer nicht mehr das Alter und Gewicht ihrer Vorgänger erreichen.

Weil wir eine Mittagspause einlegen, unternehme ich den Versuch, einen gekochten, gebratenen oder gebackenen Fisch zu finden. Aber nichts zu machen, nirgendwo ist solch ein Fisch zu bekommen. Wenn dauernd von Forellen die Rede ist, muß man doch irgendwo ein Forellengericht erhalten. Nein, wird mir bedeutet, das ist unmöglich. Ein Schutzgesetz der umweltbewußten Regierung verbietet den Verkauf und den Handel mit Forellen. Nur die Angler können sie verzehren, auch Freunde zu Tisch laden und bei passender Gelegenheit verschenken. Aber Geld darf nicht mitspielen, streng genommen auch kein Trinkgeld als Dank für eine geschenkte Forelle.

Von meinem früheren Besuch weiß ich, daß bei Rotorua drunten am See gleichen Namens, keine zehn Minuten von der Hauptstraße entfernt, die überaus sehenswerte Ortschaft Ohinemutu liegt. Der Fahrer aber, vermutlich seiner Prozente wegen oder weil er dem Ladenbesitzer freundschaftlich verbunden ist, empfiehlt uns einen wohlassortierten Souvenirladen, von Ohinemutu sagt er nichts. Man weiß ja, wie es bei Rundfahrten im Bus gelegentlich zugeht. So machte ich mich denn am gleichen Nachmittag auf den etwa fünf Kilometer langen Weg von unserem Hotel nach Ohinemutu. Auch strömender Regen kann mich nicht aufhalten, ohne Mantel und Hut eile ich durch neblig verhüllte Parks und triefend nasses Gras ans Ziel. Kaum angelangt hört der Regen auf, und die wärmende Sonne bricht durch. Ausgerechnet hier in Ohinemutu hat sich kaum etwas verändert. Ungestört bis zum heutigen Tag blieb die alte Ortschaft der Maori erhalten. Die Einfamilienhäuser allerdings sind nicht so alt, aber jedes trägt geschnitzte und bemalte Giebel von traditioneller Form und Farbe. Sehenswürdig, und in diesem Fall ganz besonders, sind viele Dutzende kochender Tümpel, die sich innerhalb der Ortschaft befinden. Viele, ich glaube sogar die meisten gehören privaten Besitzern, gurgeln auch innerhalb der Hausgärten. Nach wie vor werden sie, zum großen Teil wenigstens, für die Zubereitung warmer Mahlzeiten und für die große Wäsche benutzt. Ich kann eine ältere Frau mit erwachsener Tochter bemerken, die ein gerupftes Huhn in dem natürlichen Kochkessel versenkt, an einer Schnur wohlgemerkt.

Auf der Halbinsel nahe dem See erhebt sich eine anglikanische Kirche, dem Heiligen Geist gewidmet. Schon vor der Jahrhundertwende wurde sie von maorischen Baumeistern, Handwerkern und Gehilfen errichtet. Die Einheimischen von Ohinemutu selber sollen die Kosten dafür aufgebracht haben. Draußen wie drinnen entspricht die St. Faith Church dem Stilgefühl der Maori. Was mir besonders gefällt, was man auch oft in Bildbänden über Neuseeland bestaunen kann, ist ein im freien Raum schwebender Christus. Er trägt ein leicht vom Wind bewegtes Gewand nach Art der Maori, auch seine Gesichtszüge zeigen einen jüngeren Mann des Maori-Volkes. Der Gesamteindruck ist wunderbar und geht zu Herzen. Wer immer Rotorua besucht, sollte sich dieses Fenster nicht entgehen lassen.

Nahe der Kiche, so weiß ich noch genau, gab und gibt es weiterhin etwas absolut Einmaliges. Weil der Boden aus allen Fugen dampft, hat man die Verstorbenen nicht in die Erde gesenkt, sondern die sterblichen Reste in hellgestrichenen Sarkophage eingemauert, die über der Erde stehen. Christliche Kreuze wechseln ab mit rotbemalten, aus Holz geschnitzten Heidengöttern. Kein Rückfall in vergangene unchristliche Zeiten, sondern einfach nur Pflege alter Traditionen. Gegenüber eine rot gestrichene Telefonzelle altenglischer Art.

Knapp 20 Schritt davon entfernt eine in Lebensgröße ausgeführte Büste der Königin Victoria, die ja formal auch Königin von Neuseeland gewesen ist. Aus irgendeinem Grunde wurde sie von den Maori für ein höheres Wesen gehalten, und da gerade um Rotorua gutes Einvernehmen zwischen Maori und Pakeha herrschte, haben einheimische Künstler nach ihren

Friedhof der Maori bei Ohinemutu am Rotorua-See. Weil es im vulkanischen Boden brodelt und kocht, bestatten die Maori ihre Toten in gemauerten Grüften darüber.

Vorstellungen die Büste der Victoria gestaltet. Zum Schutz vor Regen, Wind und Schwefeldämpfen hat man auf vier Pfählen noch ein kunstvolles Dach für die alte Queen gebaut. Offenbar konnte es seinen Zweck nicht hundertprozentig erfüllen, denn es war unlängst dringend notwendig geworden, die Königin auszubessern, zu reinigen und neu zu bemalen. Jener Künstler, der sich damit beschäftigt hat – nur ein Maori kann es gewesen sein – hat offenbar die Sittenstrenge der kinderreichen Königin nicht gekannt. Sie trägt nun kirschrote Lippen und betrachtet die Umgebung aus blauen Blitzaugen.

Ihr gegenüber das Versammlungshaus der Bewohner von Ohinemutu, ein besonders schöner Bau im alten Stil und besten Zustand. Groß ist die Marae nicht, bietet aber genügend Raum für Versammlungen, Konzerte und kultische Handlungen.

Dankbar für den blauen Himmel wandere ich am Ufer des großen Sees zurück in Richtung meines Hotels. Dabei habe ich das Glück, aufs Neue etwas zu erleben, was den anderen Passagieren in meinem Bus nicht

Der kleine, fast nur von Maori bewohnte Ort Ohinemutu am Rotorua-See. Dampf steigt aus dem vulkanischen Boden, rechts eine von den Maori geschnitzte Büste der Königin Victoria.

gegönnt wird. Ein dunkler Pkw, besetzt mit vier Personen, rollt heran, und der Fahrer kurbelt das Fenster hinunter. Im gleichen Augenblick schwimmen und flattern scharenweise Enten, Wildgänse und schwarze Schwäne heran. Ohne jede Scheu nähern sich die Vögel der Limousine, flattern nicht nur auf die Kühlerhaube, sondern stellen sich aufs glatte Dach. Sie lassen sich füttern noch und noch, die Schwäne strecken ihre schwarzen Hälse mit den roten Schnäbeln soweit ins Wageninnere, daß man die Fenster bis auf einen Spalt schließen muß. Zum Glück habe ich meine Kamera dabei und kann Dutzende von Aufnahmen schießen. Es stört weder Enten, Gänse noch Schwäne, wenn ich bis auf knapp drei Meter herantrete. Das ist ein Gegacker, ein Gezwitscher, ein Flattern mit Flügeln und Schnäbeln, daß die gebefreudigen Menschen großen Spaß daran haben.

»No business like showbusiness«, das gilt auch fürs sogenannte Agrodrom im Riverdale-Park bei Ngongotaro. Dreimal täglich werden in der meist vollbesetzten Halle dem staunenden Publikum 19 gut gedrillte

Hammel vorgeführt, jeder ein Vertreter einer Rasse. Alle zusammen stellen sich vor als Beispiel jeweils einer der in Neuseeland lebenden Wollträger. Wenn die Vorstellung nach kurzer Ansprache des tüchtigen (auch tüchtig kassierenden) Unternehmers anfängt, befinden sich die Schafböcke auf der rechten und linken Seite des Raumes an bestimmten Plätzen. Sobald der Chef den Namen eines bestimmten Bockes ruft, läuft dieser – trapp, trapp, trapp – auf die gleich einem Amphitheater ansteigende Bühne. Dort kennt er seinen Platz und weiß, daß ihn eine Schale mit köstlichem Futter erwartet. Vermutlich sorgt ein technischer Trick für das pünktliche Erscheinen des aufgerufenen Bockes. Die Wirkung ist verblüffend.

Zu jedem Tier, zu jeder Rasse hören wir vom Hausherrn einen knappen Kommentar: Wann die jeweilige Rasse Neuseeland erreicht hat, woher sie stammt, wie viele Tiere davon zur Zeit in Aotearoa leben, das Durchschnittsgewicht der Wolle usw. Alles sehr instruktiv und erfreulich, der Anblick der versammelten Böcke. Ein Fest für Farbfotografen und Filmer. Wer bisher geglaubt hat, daß Schafe dumm seien, muß sich hier vom Gegenteil übrzeugen. Jeder Hammel fühlt sich als arteigene Persönlichkeit, er betrachtet kritisch das hochgeschätzte Publikum. Sollte sich ein anderer Bock an seinem Napf vergangen haben, holt er sich ungefähr die gleiche Portion aus dessen Schale zurück.

Wer will kann sich hinterher in Gesellschaft der drei schönsten und stärksten Hammel fotografieren lassen. Zwar bezahlt man ein paar Dollar, aber die Gruppe wird besonders hell angestrahlt.

Danach sieht man, im Preis inbegriffen, wie Schafe geschoren werden, gleich daneben staunt man über die Kunst der Schäferhunde, die allein durch Pfiffe gelenkt werden. Wie gesagt kein Geschäft ist so gut wie das Schaugeschäft. Wirklich ist die Vorführung im Agrodrom bei Rotorua kaum zu übertreffen.

So einfach ist das mit der Energie

Keinen Ärger haben die Kiwi, die Neuseeländer, mit der Energie. Hat doch das glückliche Land seine größte Kraft im Boden. Dort glüht und kocht das Innere. Da drunten herrscht ungeheuere Hitze, die hinauf ins Freie will. Her damit, hinauf in die Oberwelt und hinein in ein System druckfester Röhren! Alles weitere findet sich von selbst, Unmengen von kochendem Wasser werden in Energie verwandelt.

Schon im Jahre 1930 haben die klugen Leute des Landes darüber nachgedacht, wie man am besten und billigsten die vulkanische Kraft für die Bedürfnisse der Menschen nützen könnte. Als das Nachdenken volle zehn Jahre gedauert hatte, meinten die Experten, daß sich die geothermale Gewinnung elektrischer Energie praktisch machen ließe. Als wiederum zehn Jahre verstrichen waren, entschloß sich die Regierung, das ebenso kühne wie gewaltige Projekt durchzuführen. Nur einmal zuvor hatten andere Experten schon das gleiche getan, 1913 bei Lardello in Italien.

Die Neuseeländer brauchen keine Kernkraft. So wie hier in Wairaki beziehen sie ihren Energiebedarf aus dem glühenden Erdinnern.

Schon bald wurde mit dem Bau begonnen und Ende der fünfziger Jahre lieferte die Wairakei Geothermal Power Station den ersten Strom. Seitdem wird die Anlage pausenlos ausgebaut und modernisiert. So haben nun die Rohrleitungen in Wairakei eine Länge von 23 Kilometer erreicht. Die gelieferte Energie steigt aus mehr als 100 Bohrlöchern. Um die Temperaturen zu senken, werden pro Minute 1,2 Millionen Liter Frischwasser aus dem Waikato-Fluß benötigt. Wenn der Wasserdampf die Turbinen durchlaufen hat, wird er gekühlt und wieder in den River geleitet.

Die geothermale Anlage von Wairakei will in nicht ferner Zeit ein Drittel des gesamten neuseeländischen Energiebedarfs liefern. Wairakei ist aber in dem so überaus vulkanischen Land wie Aotearoa nicht das einzige geothermale Kraftwerk. Weshalb man voraussagen kann, daß es vermutlich im kommenden Jahrhundert möglich sein wird, ganz Neuseeland aus unterirdischen Quellen mit Energie zu versorgen. Weil die Kiwi so auf jede Art von Atomenergie verzichten können, haben sie keine Bedenken, andere Nationen, die mit Atomen hantieren, für gemeingefährlich zu halten. Kein mit Atomkraft betriebenes Schiff darf sich den Küsten Neuseelands nähern.

Der Anblick von jener Anhöhe, die wir auf dem Weg von Rotorua ins Wairakei-Tal passieren, ist atemberaubend. Weiße Dämpfe ballen sich zu rasch veränderlichen Wolken. Nur langsam kann der Wind sie auflösen und sanft davontreiben. Über dem satten Grün der Hänge, über den klaren Bächen und dem Waikatu River hängen Dampfwolken wie Kopfkissen, lassen aber dazwischen und daneben die schöne Landschaft erkennen. Graublanke, schimmernde Aluminiumröhren durchziehen massenhaft die Gegend, manche sind zu Knäueln verschlungen, bäumen sich auf und bilden gewaltige Schleifen. Der Durchmesser liegt zwischen 80 Zentimeter bis zwei Metern. Ein Motorradfahrer könnte durch die dicksten Röhren glatt hindurchfahren. Große helle Hallen, weite und breite Schuppen, Verwaltungsgebäude mit Glasfronten und kiesbestreute Parkplätze, das dehnt sich nach allen Seiten hin. So erscheint vor unseren staunenden Augen die Wairakei Geothermale Power Station. Sie soll nicht und kann nicht ihre Umgebung verschmutzen, weil ihre Rohstoffe, weil ihre Arbeitsmethoden absolut sauber sind. Weit in die Zukunft schauend haben die Verantwortlichen sich zudem große Mühe gegeben, die Landschaft nicht zu verschandeln.

Gern denke ich zurück an meinen ersten Besuch im Tal von Wairakei, als

Wie Händeklatschen hört es sich an, wenn alle paar Sekunden die Blasen im brodelnden Schlamm zerplatzen.

Die seit vielen Jahrtausenden kochenden Gewässer haben das Gestein mit chemischen Rückständen verschiedener Farben bedeckt.

Vorhergehende Seite: *Wer die vulkanische Umgebung von Rotorua durchwandert, kommt aus dem Staunen nicht heraus.*

Oben: *Ruapehu, ein Vulkankegel im Tongariro-Nationalpark auf der Nordinsel.*
Unten: *Schwierig ist der Aufstieg zu den Gipfelseen des erloschenen Vulkans Ruapehu, dafür wunderschön der Ausblick.*
Nächste Seite: *Die Wunderkugeln von Moeraki, ein Phänomen, das sich nur in Neuseeland findet. Die Kugeln erreichen Gewichte über zehn Tonnen und einen Umfang bis zu drei Meter.*

Marianne dabei war. Der Maori-Freund vom Postamt in Rotorua hatte uns auf die heißen Badequellen am Ufer des Waikatu River hingewiesen. Dort befinde sich ein schöner Campingplatz mit einem Dutzend Blockhütten, wo man selbst wirtschaften könne. Was er nicht erwähnt hatte, waren fauchende Geräusche ganz in der Nähe. Wir gingen dem nach, sahen zwei oder drei steile Dampfwolken aus dem Wald steigen und hörten ein unheimliches Sausen. Wie sich herausstellte, stampften dort die dampfgetriebenen Turbinen. Es waren die noch bescheidenen Anfänge der geothermalen Station. Weil Unbefugten der Zutritt verboten war, traten wir gleich wieder den Rückzug an, erhielten aber gegen Abend den Besuch eines leitenden Angestellten, der uns erlaubte, am folgenden Tag die Anlage zu besichtigen.

Nach einer absolut unruhigen Nacht, denn die Geräusche konnten nicht aufhören, hatten wir vor unserer Holzbude gerade unser Frühstück gerichtet, als ein sehr großer und langer amerikanischer Wagen vorfuhr, für damalige Zeit eine Sensation. Ob wir die beiden Deutschen seien, fragte der Fahrer. Er wollte weiter nichts, als uns die Gegend zeigen und solche Stellen seiner Heimat, wo sonst kein Fremder hinkam. Was für ein netter Mensch, der zusehends netter wurde. So breit war der Wagen, daß vorne Marianne und ich neben ihm sitzen konnten.

Bald standen wir vor einem etwa zwei Meter hohen quittegelb gefärbten Spalt im Gestein, aus dem alle zehn bis zwölf Sekunden ein laut zischender Schwefelstrahl nach oben schoß. Kaum war er verschwunden, hörte man aus dem Erdinnern donnerndes Gerumpel. Gleich in der Nähe gab es einen Wiesengrund, der sich beim Betreten ein wenig hob und senkte. Der leicht kochende Boden darunter bewegte sich. Wir erreichten die Küste und sahen dort ein nicht gar so großes Denkmal in Form einer Pyramide. Dies wäre einer der Plätze, erklärte uns der Begleiter, von denen die Maori glaubten, hier sei vor rund 700 Jahren ihre erste Flotte gelandet.

Als die Sonne am höchsten stand, bog unser Freund von der Küste ab, sein Wagen zog auf einer schmalen Straße hinauf zu einem Plateau. Inmitten einer tiefgrünen Wiese, auf der Rinder und Schafe grasten, lag sein großes, weißgetünchtes ebenerdiges Haus, von einem blühenden Garten umgeben. Gleich wurden wir auch seiner freundlichen Frau vorgestellt. Sie hatte kaum die Vierzig erreicht, war schlank, dunkelblond und von einer Freundlichkeit, die gleich ans Herz geht.

Hausherr und Hausfrau bedauerten sehr, daß ihre beiden fast erwachsenen Kinder nicht hier waren. Der Junge war mit den Pfadfindern auf der Stewart-Insel unterwegs, das junge Mädchen stand in einem Pensionat der Hauptstadt kurz vor dem Abschluß. Immerhin bekamen wir Bilder zu sehen und konnten den Eltern zu so prächtigen Nachkommen gratulieren. Dann platzte die Bombe: »Ich habe den Vater unserer Kinder erschossen«, sagte der Hausherr, Marianne und mich anschauend!

Wir sagten nichts, doch hat sich auf unserem Gesicht vermutlich Entsetzen gemalt. Auch die Hausfrau schwieg, für wenige Sekunden herrschte beklemmende Stille. Dann kam die Erklärung: »Es war während des Krieges, in Nordafrika, wo auch neuseeländische Formationen gegen das deutsche Afrikakorps des Generals Rommel so erbittert gekämpft haben.

Ich war schon vor dem Krieg Sportflieger gewesen, meldete mich natürlich zur Luftwaffe. So flog ich mit einer Spitfire nicht wenige Einsätze gegen das Afrikakorps. Da geschah es nun, daß ich auf eine Messerschmitt traf. Jeder versuchte, den anderen zu überlisten, in der Absicht, ihn abzuschießen. Plötzlich hatte ich verdammtes Glück, ich hatte die Messerschmitt erwischt. Dennoch flog die Feindmaschine weiter, und mir schien, als sei der Pilot noch am Leben. Jedoch seine Waffen schwiegen, und die Maschine senkte sich schräg nach unten.«

Er schaute in den Garten hinaus, während wir aufs Ende des Berichts warteten.

»Die Messerschmitt schlug nicht auf, torkelte aber, als sie den Boden berührte, schwankte, rollte ein Stück weiter, kam dann in einer sandigen Senke zum Stehen. Ich kurvte darüber, suchte nach einer Piste in der Nähe und konnte schließlich gut aufsetzen. Bei dem Gegner rührte sich nichts. Langsam näherte ich mich der Messerschmitt und sah, daß mein Gegner offenbar leblos über dem Knüppel hing. Mit viel Mühe zog ich den Deutschen heraus, weil ja zu befürchten stand, daß seine Maschine in Flammen aufging.

Ich untersuchte ihn, aber sein Leben war erloschen. Wie ich seine Papiere an mich nahm, so, wie es den Vorschriften entsprach, bekam ich auch seine Brieftasche in die Hand. Darin befanden sich außer dem Foto einer schönen jungen Frau auch die Bilder von zwei kleinen Kindern, ich schätze zwei und vier Jahre alt.«

Hier legte der Hausherr eine längere Pause ein, die weder von seiner Frau noch von uns gestört wurde.

»Gleich als der Krieg vorüber war, wurde ich wegen meiner Sprachkenntnisse nach Deutschland geschickt. Schlimm sah es aus, aber das wissen Sie ja selber. Weil mir daran lag, der Witwe meines gefallenen Gegners die Fotos und die persönlichen Papiere zu überbringen, habe ich die Adresse in Würzburg angeschrieben, aber keine Antwort erhalten. Habe mich dann in den Jeep gesetzt und bin selber hingefahren. In der Straße stand kein Haus mehr. Aber ich hatte das Gefühl, es wäre meine Christenpflicht, für Mutter und Kinder etwas zu tun. Vom Bürgermeister erfuhr ich die traurige Wahrheit. Die Witwe meines Gegners war während der sinnlosen, der grausamen Zerstörung von Würzburg, nur wenige Wochen vor Kriegsende, ums Leben gekommen. Die Kinder hatte man, weil auch die Großeltern umgekommen waren, in ein Waisenhaus gesteckt. Dort fuhr ich hin und war entsetzt. Beide machten einen unterernährten, todtraurigen Eindruck. Ich glaube, daß mir die Tränen kamen.«

Unser Gastgeber hielt wieder inne, seine Frau hob den Kopf und lächelte ihm zu.

»Keinen Augenblick kam mir ein anderer Gedanke als sofort ein ellenlanges Telegramm an meine Frau zu schicken. Ich teilte ihr mit, daß ich die Kinder gefunden hatte und in welch trauriger Lage, welch schlimmer Lage sie sich befanden. Aber sonst kein Wort, my dear friends, das kann ich Euch versichern, nur die Tatsachen, weiter nichts.«

Er strahlte übers ganze Gesicht und beugte sich zu seiner Frau.

»Binnen wenigen Stunden brachte mir ein Blitztelegramm ihre Antwort, genau die von mir erwartete Antwort:

Bring die Kinder sofort her!«

Nach dem Essen erkundigte sich Marianne, wie man das schwierige Problem gelöst habe, den heranwachsenden Kindern zu sagen oder ihnen zu verschweigen, auf welche Weise der wirkliche Vater gestorben war.

»Kommen Sie mit in die beiden Zimmer«, sagte das Ehepaar wie aus einem Munde. Sie deuteten auf die Schreibtische. Ein junger, schneidig wirkender Offizier der ehemaligen Luftwaffe, ein schwarzes Band quer über die obere linke Ecke des Bildes.

»Vom ersten Tag an, als sie es vermutlich noch gar nicht verstehen konnten, haben wir ihnen die volle Wahrheit gesagt. Damit sind beide aufgewachsen. Die Macht des Schicksals war es, ihr können wir nicht entgehen.«

Waitomo, die Höhle der 100 000 Sterne

Es war einmal vor ungefähr 300 Jahren, da lebte auf den Höhen von Hauraki ein wunderschönes Mädchen namens Hinerangi. Sie war von hoher Geburt und gehorsam allen Wünschen ihrer Eltern, sie fühlte sich auch eng verbunden mit ihrem Volk, den Hauraki. Da geschah es, daß der vielgefürchtete, mächtige Uekaha, oberster Chef des Stammes der kriegerischen Maneaputu, zum Kriege gegen die Bewohner von Hauraki rüstete. Diese wußten, daß sie kaum seiner Macht widerstehen konnten, sie wußten auch, was Uekaha mit den Gefangenen zu tun pflegte. Sie dienten zur Mahlzeit bei Festgelagen des Siegers. Diesen Wüterich zu besänftigen, waren die Hauraki zu allem bereit, auch, das lieblichste Mädchen ihres Volkes zu opfern. Die Unglückliche sollte sich dem furchtbaren Uekaha anbieten, dessen Bedarf an jungen Frauen unersättlich war.

Hinerangi, was in unserer Sprache Tochter des Morgenlichts bedeutet, war bereit, ihren Stamm und damit auch ihre Eltern zu retten. Sie machte sich einsam und allein auf den weiten Weg ins Gebiet der Maneaputu. Weil der furchtbare, der menschenverschlingende Uekaha angeblich von den Göttern abstammte, war er für die Augen des gewöhnlichen Volkes tabu. Nur so wenig wie möglich zeigte er sich den Leuten, weshalb er meist in einer tiefen Höhle lebte. Der bedauernswerten Hinerangi gelang es, den Eingang zu den unterirdischen Gewölben zu finden. Zwei bissige Hunde bewachten ihn. Aber die beiden Kuri wedelten mit dem Schwanz, als sie die tränenüberströmte Hinerangi erblickten. Sie dienten dem opferbereiten Mädchen als Führer in die Unterwelt.

Je weiter Hinerangi vorankam in der furchteinflößenden Höhle, desto mehr gewahrte sie ein unglaubliches Wunder. Kleine, goldhelle Sterne blitzten vom Gewölbe der Grotte. Viele Hunderte, ja Tausende von Lichtpunkten mußten es sein. Mit jedem Schritt wurde es heller um sie herum. Hinerangi meinte, daß die unzählig vielen Sternchen an hauchdünnen Silberfäden herabhingen. Ringsum die Wände schimmerten in den schönsten Farben, die sich nur denken lassen. Nie hatte das junge Mädchen solche Schönheit für möglich gehalten.

Da erblickte Hinerangi am Ende eines hell erleuchteten Saales die Gestalt des Menschenfressers, des Häuptlings Uekaha. Sein furchteinflößendes Gesicht bestand aus unzähligen Runzeln, seine Gestalt war klapperdürr.

»Was führt Dich zu mir, Hinerangi von Hauraki?« fragte er.

»Rettung und Frieden für mein Volk, deswegen bin ich gekommen. Ich bin der Preis für diesen Frieden.«

Nun zeigte sich, daß im tiefsten Innern des Unholds auch Edelmut schimmerte.

»Ich bin alt und häßlich«, sagte er, »du bist jung und schön. Ein solches Opfer zur Rettung deiner Eltern und Stammesgenossen kann ich nicht annehmen. Friede sei mit dir und allen Hauraki. Wandere zurück und fliehe mit raschen Füßen vor meinem Begehren!«

Für eine Weile konnte Hinerangi nicht antworten, sie wurde überwältigt von einem Gefühl der Dankbarkeit und Bewunderung für die abstoßende Gestalt vor ihren Augen. Sie ging mit ausgebreiteten Händen auf den Uekaha zu und legte ihre Arme um seine Schultern. Kein Opfer war es, sondern die Erfüllung einer auf wunderbarste Weise ausgebrochenen Sehnsucht. Uekaha nahm Hinerangi zur Gattin, und sie lebten so lange, bis die Götter beide zur gleichen Zeit ans Kap Reinga riefen. Dort flogen sie vom Pohutukawa-Baum ins ewige Reich der Vorfahren.

Eine schöne Legende, die bis zum heutigen Tage von den Nachkommen der Maneaputu den Kindern und Enkeln erzählt wird. Es ist nicht alles Legende, die Waitomo-Höhle der 100 000 Lichter gibt es wirklich. Ich bin dort gewesen, habe schon vor vielen Jahren mit meiner Frau vor dem Eingang gestanden. Damals aber war die Pforte geschlossen. Der Glanz der Lichter hatte nachgelassen, weil zu viele Besucher ins Gewölbe eingedrungen waren. Die Blitzlichter der Fotografen hatten die Fungus qnat arcechno luminosa gestört.

Beide Störungen sind seit langem beseitigt, Blitzlicht ist verboten, und das elektrische Licht hat man entfernt. Durch ihr Wiederaufleuchten haben sich die Glühwürmer dafür bedankt. Nur in Gruppen dürfen Besucher eintreten, jede Gruppe mit eigenem Führer, der nur gelegentlich seine Taschenlampe leuchten läßt. Man steigt in einen primitiven Holzkahn, der sich lautlos bewegt. Der Höhlenführer zieht den Kahn an einem Hanfstrick aus einer dunklen Grotte in einen helleren Tunnel, und dann weiter und weiter in das lichtflimmernde Gewölbe und weiter durch andere Gewölbe ins vieltausendfache Geflimmer lebendiger Sternchen.

Der Andrang ist groß, lange muß ich warten, bis meiner Gruppe Einlaß gewährt wurde. Große Vorsicht läßt man walten, laute Rufe, sogar lautes Sprechen soll man unterlassen. Noch immer sind bestimmte Abschnitte der Höhle von Waitomo, nämlich Ruakuri und Aranui tabu, weil die Maori dort ihre verstorbenen Häuptlinge, auch ihre Frauen, Kinder und Greise beigesetzt haben. Alles Land über den Höhlen und im weiten Umkreis gehörte noch bis in dieses Jahrhundert hinein zum Königsland der Maori. Die Regierung von Neuseeland hatte ihnen ewig Rechte für diese Region in feierlichen Verträgen garantiert. Als zu Anfang unseres Jahrhunderts eine Vereinbarung getroffen wurde, wonach der Staat die Höhlen in seine Verwaltung übernahm, wurde den Maori das alte Tabu für alle Zukunft garantiert. Deswegen bekommen die Besucher nur einen Teil der Waitomo-Höhlen zu Gesicht.

Die Wartezeit lohnt sich, denn die Wirklichkeit übertrifft alle Vorstellung. Weil der Kahn lautlos gleitet, weil sich die Menschen ruhig verhalten und kein Kunstlicht stört, erlebt man beim Gleiten durch die unterirdische Wildnis eine Feierstunde. Der Blick in den Sternenhimmel des Gewölbes ist sagenhaft schön. Die kaum zwei Zentimeter langen Körperchen der leuchtenden Larven hängen an hauchdünnen Fäden, von dem pausenlos winzige Wassertropfen hinablaufen. Aus ihnen beziehen die Fungus qnat arcechno luminosa ihre Nahrung. Die Zahl der Larven ist nicht zu schätzen, von vielen Millionen ist die Rede. Damit nicht genug sind die Gewölbe Tropfsteinhöhlen. So hängen von droben in feuchtem Glanz und verschiedenen Farben die Stalaktiten, während von drunten die Stalakmiten aufsteigen. Da bei weitem nicht alle Teile der drei Grotten erschlossen sind, blickt man bei der geruhsamen Fahrt des öfteren durch Fenster in andere, dahinter liegende Höhlen. Man bewegt sich über unterirdische Seen, überquert mehr oder minder stark fließende Bäche und hört Wasserfälle rauschen.

Während des Essens im altmodisch gemütlichen Waitomo-Hotel kann ich mithören, wie ein älterer Mann fremden Besuchern gewisse Eigenheiten erklärt. Er war ungefähr 40 Jahre lang der Oberfremdenführer in allen Höhlen. Als ich meine Bedenken äußere, daß vielleicht trotz aller Vorsicht der nie abreißende Besucherstrom dem Naturwunder schaden könnte, gibt er mir eine überraschende Antwort: Dann müsse man andere Höhlen öffnen, um diese zu schonen. Er verrate kein Geheimnis mit der Bemerkung, daß der Vorrat ähnlicher Grotten unerschöpflich sei.

Der Nationalpark von Tongariro, den wir nicht so spät am Nachmittag erreichen, breitet sich über 6700 Quadratkilometer aus. Drei aktive Vulkane steigen aus der Hochfläche, einer sehenswerter als der andere. Droben gibt es verschiedene vor vielen 100 000 Jahren entstandene Kraterseen, die in leuchtend hellblauer Farbe schimmern. Wenn während des Winters alles ringsherum von tiefem Schnee bedeckt ist, frieren einige der Seen nicht zu. Wer dann im Helikopter darüber fliegt, kann Aufnahmen machen, die später die lieben Freunde daheim von den Stühlen reißen.

Die Hochfläche selbst, die wir durchfahren, besteht viele Meilen weit aus ungestörter Wildnis mit Tussockgras und kaum meterhohen Dornbüschen. In noch höheren Lagen, wo die Zweitausender beginnen, genießen die Bewohner der Nordinsel ihr schönstes Skigebiet. Zahlreiche Lifte bringen die Wintersportler hinauf. Inmitten dieser Alpen steht das Tongariro-Chateau-Hotel, dessen vollendete Hotellerie berühmt ist. In einem der Reiseführer vergleicht der neuseeländische Verfasser das Hotel mit einem Schloß an der Loire. Jedoch hat in Wahrheit das Tongariro Chateau mit einem Schloß an der Loire ebenso wenig zu tun wie hier die Landschaft mit dem berühmten Strom. Unser Bus strebt einem bescheideneren Motel zu, wo Zimmer reserviert sind. Alles in bester Ordnung, auch hier hat jedes Bett seine private Heizung. Je nachdem, wie man sich die Wärme von Bettdecke und Matratze wünscht, schaltet man auf Ziffer 1, 2 oder 3.

Weil wir noch Zeit haben bis zum Abendessen, wandere ich zwei Kilometer weit durch die wildwuchernde Steppe geradewegs zum Chateau-Hotel. Ein wirklich großartiger, gutgepflegter und elegant eingerichteter Bau. Nach einem Rundgang durch die Halle und die Leseräume trete ich an die Bar, um einen Drink zu nehmen. Aber nein, das geht nicht, nur Hausgäste dürfen hier einen Whisky genießen. Das sind Vorschriften, der liebenswürdige Barkeeper betont, daß er nicht davon abweichen dürfe.

Es erinnert mich an ein Erlebnis, das guten Freunden im gleichen Hause widerfahren ist. Das schon betagte Ehepaar, beide hoch in den 70, war nach Neuseeland gefahren und geflogen, weil er für seine berühmten Betriebe einige tausend Tonnen neuseeländische Butter einkaufen wollte, für regelmäßige Lieferungen in jedem Jahr. Auf derartige Exporte war schon damals und ist heute erst recht die Wirtschaft des Landes angewiesen. Die beiden hielten sich zur Erholung einige Tage im Tongariro-Park auf, im schönen, bequemen, nicht gerade billigen Chateau-Hotel. Während eines

Spaziergangs geriet das Ehepaar in rieselnden Regen und eiskalten Wind. Als sie endlich wieder ins Hotel traten, waren sie nicht in der besten Verfassung. Was sie dringend brauchten, war eine heiße Tasse Tee. Sie ließen sich zu diesem Zweck in der Halle nieder.

»Nein, dafür ist es zu spät, Teezeit ist von 4 bis 5 Uhr, jetzt aber ist es 5.30 Uhr.«

Nichts war zu machen, durch keine Bitten ließ man sich erweichen, noch ein paar Tassen Tee zu liefern. Wie sich denken läßt, waren die beiden Senioren darüber recht verärgert, begaben sich zum Manager und wiederholten ihre Bitte um Tee.

»Ich würde Sie ja gerne in meinem Büro oder droben in meiner Wohnung privat zum Tee einladen, aber das bleibt nicht geheim, und sofort habe ich Streik im ganzen Haus!«

Wir haben auch selber ähnliches des öfteren erlebt. Nur zu ganz bestimmten Zeiten durfte man sein Frühstück und andere Mahlzeiten einnehmen, nur zu genau festgelegten Zeiten war es gestattet an der Bar zu erscheinen usw. Kein Trinkgeld konnte einen Angestellten des Hauses bewegen, einen Koffer zu tragen. Auch ältere und gehbehinderte Gäste mußten ihr Gepäck selbst ins Zimmer befördern.

Auch das hat sich wesentlich gebessert. Die Angestellten sind jetzt durchweg freundlich, hilfsbereit und lächeln den Gästen entgegen. Die Kiwi selber sind nicht an Trinkgelder gewöhnt, aber wenn Besucher darauf bestehen, wird man es nicht zurückweisen.

Damals wollte man niemandem »dienen« oder ihn »bedienen«. Das wurde als eines freien Menschen unwürdig betrachtet. Wer sich mit der sozialen Geschichte Neuseelands befaßt, kann die Erklärung dafür in der Vergangenheit finden. Um die Besiedlung voranzubringen, bezahlte seinerzeit die britische Regierung die lange Seefahrt im voraus, forderte aber später die Kosten so weit wie möglich zurück. Die Einwanderer mußten als erste Pflicht die Fahrkosten verdienen und mit Zins und Zinseszins erstatten. Eine Ausbeutung sondersgleichen war es bei Arbeitszeiten von 16 Stunden täglich, gerade nur der Sonntagvormittag für den obligaten Kirchgang blieb frei. Wer von diesen Mißständen gehört hat, dem kann man nicht verübeln, daß er jede Art der Dienstleistung verabscheut. Inzwischen hat aber gerade Neuseeland in sozialer Hinsicht enorm aufgeholt. Der Fremde muß nur freundlich sein und darf nichts verlangen, sondern höflich darum bitten. Dann geht's!

Wellington, schönste Hauptstadt auf Erden

Wer in Reiseprospekten blättert, dem wird an vielen Stellen und Zielen der schönste Hafen der Welt angepriesen. Aber natürlich kann es nur eine allerschönste Hafenstadt geben. Darüber welche es ist, gehen die Meinungen weit auseinander. Der Hafen von Hongkong mit den Inselgruppen und dem Gebirge hinter Kowloon, das alles vom Peak aus betrachtet, bietet gewiß einen hinreißenden Rundblick. Mit nicht geringerer Begeisterung wird die Hafenstadt Sydney gelobt, wo zahlreiche Buchten tief ins Stadtgebiet reichen. Andere wieder begeistern sich für Rio de Janeiro, mit dem menschenwimmelnden Strand von Copacabana, mit dem steil darüber emporragenden Zuckerhut. Noch bis vor wenigen Jahrzehnten grassierte die Redensart: »Neapel sehen und sterben«, womit zum Ausdruck kommen sollte, daß kein Anblick auf Erden noch hinreißender sein könnte als das Bild dieses Hafens mit dem rauchenden Vesuv darüber und Capri davor. Auch Lissabon wird gerühmt, durchaus zu Recht, desgleichen Stockholm, Funchal auf Madeira, Hobart auf Tasmanien, Papetee auf Tahiti und nicht zuletzt Auckland, die größte neuseeländische Stadt mit dem inselreichen Hafen. Weil ich sie alle kenne und noch viele andere mehr, bin ich so kühn, mir ein Urteil zu erlauben. Keine der genannten Hafenstädte kann sich vergleichen mit Wellington.

Wer auf dem Seeweg eintrifft, durch die Luft einschwebt oder eine der Landstraßen wählt, stets wird er von der beneidenswerten Lage dieser Stadt überwältigt. Überall wird Wellington auf der Landseite von sanft ansteigendem Gebirge eingerahmt. Darin liegt und breitet sich Wellington aus wie in einer riesengroßen Muschel. Weil nur ein winziger Teil der neuseeländischen Hauptstadt, nur die wenigen Straßen hinter dem Hafenkai, von Hochhäusern flankiert werden, besteht Wellington zu mehr als 95 Prozent aus kleinen Häusern mit Gärten. Mit anderen Worten, die Stadt ist so grün, noch grüner kann sie gar nicht sein. Von vielen Häusern und Gärten aus blickt man auf die vorgelagerten Inseln, auf die weiten Buchten und das freie Meer. Vieles, sehr vieles hat sich hier verändert, seit meinem Besuch mit Marianne. Alles war damals viel einfacher, enger, fast möchte ich sagen familiärer und persönlicher gewesen als heute.

Von Freunden im Auswärtigen Amt, dem ich selber angehört hatte, erfuhren wir, daß damals, 1963, Dr. Nöhring in Wellington als Botschafter seines Amtes waltete. Schon weil es in alten Tagen zum guten Ton gehörte, daß jeder ehemalige Beamte des Dienstes bei den Botschaften draußen Besuch machte, zumindest seine Karte abgab, begaben wir uns auf den Weg zur diplomatischen Vertretung der Bundesrepublik. Sie befand sich in einem aus Holz gebauten Haus mittlerer Größe, dem man schon von draußen ansah, daß drinnen die Treppe schwankte und alle Dielen knarrten. Immerhin, das bundesdeutsche Wappen hing dran, und die Botschaft war es wirklich. Sie bestand bei näherem Hinsehen aus dem Herrn Botschafter, einem Vertreter und einer Sekretärin.

Dr. Nöhring empfing uns mit offenen Armen, sogleich wollte er mit einer Rundfahrt durch die Stadt beginnen. Als ich meinte, daß er sich doch unmöglich während der Dienstzeit aus dem Amt entfernen könne, lachte er laut: »Von mir aus können Sie durch alle Flure des Auswärtigen Amtes rufen, daß ich hier in Wellington zu wenig Arbeit habe. Man soll mir mehr Akten schicken, ich wäre dankbar dafür!«

Beim Hinuntersteigen vom ersten Stock beklagte sich die Treppe mit Quietschen und Knarren über ihren Zustand. Da sei nichts zu machen, ließ Dr. Nöhring wissen, der Plan einer neuen Botschaft werde in Bonn beraten, seit mehreren Jahren schon. Deshalb wolle man für die alte Bruchbude nichts mehr bewilligen.

Der Botschafter bat zum Mittagessen in sein Haus, in die sogenannte Residenz, wie das bei Botschaftern heißt. Sagte aber auch, daß er über kein Personal verfüge, weil es nicht zu bekommen sei. Ich erwähnte schon die damalige Abneigung der Neuseeländer, andere Leute zu bedienen, erst recht den Haushalt anderer Leute in Ordnung zu halten. So war es denn die Hausfrau selbst, eine in Wien geborene, besonders liebenswürdige Dame. Die Nöhrings bewohnten ein Haus, das man gesehen haben muß, um es zu glauben. Es hieß Tudor House, weil es, und zwar schon gegen Ende des vorigen Jahrhunderts, im Stil eines Tudor-Schlosses gebaut war. Ein riesengroßer Kasten mit riesengroßem Park darum, der friedlich verwilderte. Nur wenige Räume wurden vom Botschafter und seiner Gattin benützt. Der größere Teil des Gebäudes dämmerte hinter geschlossenen Läden.

Nachdem wir uns besser kennengelernt hatten, erkundigte sich Marianne nach den gewiß hohen Kosten für diesen Luxus. Die Antwort war verblüffend. Der Grund, das riesengroße Tudor-Haus anzumieten war der niedrige Preis. Jedes kleinere Haus mit Garten hätte mehr gekostet, aus dem einfachen Grund, weil die Versorgung so viel einfacher war. Nur eine kinderlose, enorm fleißige Hausfrau konnte es schaffen, darin einigermaßen kultiviert zu leben.

Die Gattin des Botschafters hatte als geborene Wienerin die feine Küche im Haus der Eltern gelernt, sie kochte nicht nur vorzüglich, sondern leidenschaftlich gern, was für Marianne und mich zur Folge hatte, daß wir alle Tage zum Essen eingeladen wurden. Weil das den guten Sitten widersprach, wollten wir dankend absagen. Doch erhielten wir vom Vertreter der Bundesrepublik zur Antwort: »Lassen Sie doch meiner Frau die Freude. Für sie gibt es kaum etwas Schöneres als Gäste, die was von gutem Essen verstehen, solche Gäste sind hier selten.«

Im damaligen Neuseeland war die Grande Cuisine ein noch unbekanntes Phänomen. Dem wollte Frau Nöhring abhelfen und bemühte sich, Verständnis dafür zu erwecken. Das war nicht so einfach, denn viele der auf den Tisch kommenden Genüsse erschienen den einheimischen Gästen rätselhaft. So geschah es eines Abends, als das Botschafterpaar Vertreter der Regierung, darunter auch den Chef des Protokolls, geladen hatte, daß sich schon bei der Vorspeise Schwierigkeiten ergaben. Die Hausfrau hatte getrüffelte Gänseleber aus Straßburg kommen lassen. Aber ausgerechnet der Chef des Protokolls, bei dem man eigentlich die Kenntnis internationaler Gepflogenheiten voraussetzen sollte, pickte mit leicht verdrossenem Gesicht die Trüffel aus der Gänseleber und schob sie an die Seite. Es sah aus, als hielte er die kulinarischen Kostbarkeiten für irgendwelche Brummer, die beim Zubereiten in die Gänseleber gerutscht waren.

Als Marianne und ich darüber lachten, meinte die Hausfrau, sie fände das absolut nicht komisch. Auch sonst war es gar nicht einfach, neuseeländische Gäste an die Tafel im Tudor House zu bitten. An eine Tischordnung war man nicht gewöhnt. Während wir auf die sogenannte »bunte Reihe« Wert legen, wollten sich in Wellington die Ehepaare nicht trennen. Besonders die Frauen bestanden darauf, neben dem eigenen Mann zu sitzen, aus welchen Gründen auch immer! Da hat ein glücklicher und passender Gedanke dem Hausherrn zu einem gesellschaftlichen Erfolg von durchschlagender Wirkung verholfen. Es begann mit einem Bierabend nach echt Münchner Art. Radi und Brez'n, bayerische Käse mit frischgebackenen Semmeln und natürlich einem großen Faß Bier, vom Botschafter selbst angezapft. Alles hatte er sich aus der Heimat kommen lassen, dazu einen bedeutenden Vorrat von Keferloher Tonkrügen, beschriftet mit

»Hofbräuhaus«. Keine Tischordnung gab es, man stand herum oder setzte sich hin, wo gerade Platz war. Die Stimmung war an Frohsinn und Gemütlichkeit nicht mehr zu übertreffen. Bis zu seiner Versetzung auf einen anderen Posten haben die Nöhrings solche Bierabende veranstaltet. Noch Jahre danach hat man in Wellington davon gesprochen.

Aber auch in dieser Hinsicht haben sich die Zeiten geändert. Was die Gastronomie betrifft, ist der Wandel großenteils den Chinesen zu verdanken, auch den Italienern und Jugoslawen, nicht zu vergessen den Griechen und Spaniern.

Dr. Nöhring veranlaßte, daß Marianne und ich beim Ministerpräsidenten Holyoake eingeladen wurden, und zwar zu einem Gespräch in seinem Privathaus. Wir suchten die Straße am Steuer unseres Leihwagens. Im Vorgarten stand ein nicht mehr neuer Wagen, darunter lag ein Mann, von dem nur Beine abwärts vom Knie zu sehen waren. Wir fragten ihn, ob wir das richtige Haus erreicht hätten. Ja, das hätten wir, tönte seine dunkle Stimme unter dem Fahrzeug hervor, wir sollten schon hineingehen und seine Frau begrüßen, er käme gleich nach. Der Mann unter dem Wagen war der amtierende Ministerpräsident von Neuseeland.

Nun aber, bei der großen Reise im Jahr 1986, trug Wellington ein anderes, geradezu modern anmutendes Gesicht. Einem der erst vor kurzem abgetretenen Bürgermeister hatte die Stadt eine nicht geringe Zahl öffentlicher Gebäude zu verdanken, die ebenso ungewöhnlich wie eigenwillig waren. Andererseits wird gerade diesem Stadtvater der Abriß von nicht wenigen Gebäuden der Kolonialzeit vorgeworfen, die in einem Land mit nur kurzer Geschichte als historisches Denkmal galten. Aber alles konnte er nicht zerstören, mitunter hat im letzten Augenblick die kochende Volksseele weitere Kulturschande verhindert. So sehen wir nun im Zentrum von Wellington, in Downtown, ein reizvolles Nebeneinander von ziemlich Alt und ganz Modern. Vor allem den Beehive, den Bienenkorb, wo sich die wichtigsten Ämter der Staatsregierung befinden. Es ist ein kreisrundes, hochgewölbtes, in hellen Farben gehaltenes Gebilde. Hier nun, im Wellingtoner Bienenkorb, schlägt das Herz dieser Verwaltung, und man muß sagen, daß Neuseeland gut verwaltet wird. Nicht weit davon ein anderer hypermoderner Bau in Gestalt eines Glaspalastes. Von hier aus wird die Stadt regiert. Wo immer es möglich ist, hat man die City gärtnerisch gestaltet. Schon am ersten Tag ist mir eine bestimmte Gärtnerin aufgefallen. Eine unglaublich korpulente Frau vorgerückten

Alters, die sich geradezu leidenschaftlich für das Wohlergehen ihrer Pflanzen, ja sogar jedes Grashalms kümmerte. Dabei spricht sie mit ihren Lieblingen, streicht liebevoll über Blätter und Blüten, weshalb ich annehme, daß sie gleich mir der Meinung ist, daß auch Pflanzen ein Seelenleben besitzen und es möglich ist, mit ihnen Freundschaft zu schließen.

Ganz in der Nähe erhebt sich das Parlament, der schon im Jahr 1922 erbaute neuseeländische Bundestag. Er besteht aus schlichtem, matt schimmerndem Marmor und läßt in seiner Ausstattung erkennen, welch hohe Bedeutung die neuseeländische Bevölkerung der Vertretung aller wahlberechtigten Bürger beimißt. Wer bereits in London die auf alten Traditionen beruhenden Innenräume des Parlaments von Westminster betrachtet hat, sollte auf den Besuch des neuseeländischen Parlaments verzichten. Es ist nämlich drinnen fast originalgetreu Westminster nachgebildet. Während man von dort aus den Fenstern auf die Themse schaut, reicht hier der Blick noch viel weiter, nämlich hinaus auf die große Bucht bis hin zum Horizont.

Noch älter ist die bereits im Jahre 1897 fertiggestellte Staatsbibliothek. Zu ihren Beständen gehört auch die Turnbull Library, die höchst wertvolle, weil absolut einmalige Sammlung von Schriften, Büchern, Fotos und anderen Zeugnissen der neuseeländischen Geschichte. Begibt man sich weiter zum stattlichen Bau der St.-Pauls-Kathedrale im neugotischen Stil, hat man im Rückblick das Jahr 1866 erreicht. Da gab es in der Stadt noch keinen Bürger heller Hautfarbe, der älter sein konnte als 26.

Der erste Pakeha-Siedler in Wellington, von dem man weiß, war ein junger Mann namens John Plimmer. Schon bald konnte er sich mit dem Häuptling der Maori einigen und Gelände für seine Landwirtschaft erwerben. Weil man nach Meinung der braunen Küstenbewohner stets mit einer Springflut rechnen mußte, wählte Plimmer für sein Wohnhaus eine hochgelegene Stelle über dem breiten Strand und begann mit der Arbeit. Neben dieses Blockhaus pflanzte er eine aus der englischen Heimat mitgebrachte Esche. Kaum warfen seine Felder die zum Unterhalt einer Familie notwendige Ernte ab, folgte dem ersten Siedler eine junge Frau, und wie nicht anders zu erwarten, stellten sich zahlreiche Kinder ein. Der Baum steht heute noch, und ein Ururenkel des ersten Pakeha lebt an genau der gleichen Stelle. Allerdings muß ich im Lift bis in den 6. Stock hinauffahren, um ihm meinen Besuch zu machen.

Wer sich über den Lambton Quay bewegt, von der Ecke Willis Street bis zum erwähnten Bienenkorb, folgt der ehemaligen Küstenlinie. Dort, entlang dem Lambton Quay, hat man einst die Boote der draußen vor Anker liegenden Segelschiffe auf den Strand gezogen. Hier verlief der Hafenkai, hier wurden sie entladen und später mit Exportgütern beladen. Aber schon lange ist vom Hafen nichts mehr zu sehen. Was an den zahlreichen Erdbeben liegt, die von Zeit zu Zeit Neuseeland erschüttern. Dabei hebt und senkt sich das Gelände, besonders entlang den Küsten. So geschah es mehrmals in der Bucht von Wellington, besonders heftig im Jahre 1854. Da stieg der Strand an manchen Stellen um anderthalb Meter, anderswo sogar um fünf bis elf Meter, was zur Folge hatte, daß sich das Meer um 200 bis 300 Meter zurückzog. So entstand eine ganz neue Uferlinie, wo sich nun der Hafenkai befindet.

Wer den Lambton Quay entlanggeht bis in die Höhe der Nummer 256, könnte, weil es gar nicht auffällt, das Schild mit dem Hinweis »Plimmer Steps« übersehen. Schade drum, denn über nur wenige Stufen auf einer schmalen krummen Treppe erreicht man heute den ungefähr 150 Jahre alten Plimmer-Baum. Das vom ersten Siedler gleichen namens erbaute Blockhaus ist leider schon lange verschwunden. An seiner Stelle erhebt sich eines der wenigen Hochhäuser der Hafenstadt. Drei Etagen in dem eleganten Bau dienen dem New Zealand Tourist and Publication Service als Büro. Von hier wird der gesamte Touristendienst in Neuseeland geleitet. Als Chef des Amtes residiert ein welterfahrener ehemaliger Botschafter. Er ist an dieser Stelle so zuhause wie kein zweiter. Er ist ein Ururenkel von John Plimmer, Neil mit Vornamen.

An genau derselben Stelle tätig zu sein (wenn auch in viel höher gelegenen Räumen) wie der erste Bürger der Stadt, für eine so lange Tradition gibt es im ganzen Neuseeland kein anderes Beispiel.

Der Botschafter seines Landes in Bonn hat mich angemeldet, freundlich werde ich empfangen, und wir führen ein langes, interessantes Gespräch über meine bisherigen Reisebücher, erst recht natürlich über das folgende, betreffend das Land der Langen Weißen Wolke. Der zuständige Abteilungsleiter, ein Mann mittleren Alters namens Jim Frazer, wird noch hinzugezogen. Er soll mich beraten und Türen öffnen, die sonst geschlossen sind. In Person einer Miss Jenny Burgess kann Jim Frazer über eine tüchtige, hilfsbereite Mitarbeiterin verfügen. Diesen beiden und Neil Plimmer habe ich viel zu verdanken. Sie telefonieren herum, stellen

Reisepläne auf und geben mir Empfehlungen mit auf den Weg. Außerdem trage ich ein »To whom it may concern« von der Bonner Neuseeländischen Botschaft bei mir. Es ist ein in dieser Form bei uns nicht bekanntes Dokument, das allgemeine Geltung hat. Wer die Urkunde ausgestellt hat, trägt die Verantwortung für den Empfohlenen, was unter gewissen Umständen viel zu bedeuten hat.

So finde ich rasch ein freies Zimmer im vollbesetzten Shanella-Hotel. Sehenswerte Gebäude und Räume werden aufgeschlossen, die aus irgendwelchen Gründen vorübergehend verriegelt sind, und überall wird die Polizei zum Freund und Helfer. Ich besuche auch die bundesdeutsche Botschaft, schon deshalb weil ich meine Post dorthin bestellt habe. Der Botschafter Dr. Becker bietet mir seine Hilfe an, und gerne erinnere ich mich seines Kulturattachés Dr. Gottfried Zeitz. Überrascht ist der Hausherr, als ich dankend auf seine Hilfe verzichte, weil dafür schon sein neuseeländischer Kollege in Bonn gesorgt hat. Aber Dr. Becker tut noch ein übriges und avisiert mich beim bundesdeutschen Honorarkonsul in Christchurch auf der Südinsel. Er ist einer der maßgebenden Geschäftsleute Neuseelands und verfügt über ein Netz von Querverbindungen.

Unser Botschafter ist so liebenswürdig, mich für den Abend privat einzuladen. Kaum kann ich es fassen, nach so langer Zeit wieder im Tudor House zu sein. Die Bundesregierung hat es gemietet und stellt es dem jeweils amtierenden Botschafter zur Verfügung.

Was meine Unterkunft betrifft, kann ich mit dem Shanella-Hotel mehr als zufrieden sein. Vom Balkon genießt man einen wunderbaren Blick in die prachtvoll blühenden Anlagen des Botanischen Gartens und hinunter auf die Stadt mit der weiten Meeresbucht im Hintergrund. Das Haus besitzt einen großen Parkplatz, gut für meinen Freund Lothar, der binnen kurzem wieder zu mir stoßen will und gleich einen Mietwagen besorgen wird.

Am nächsten Morgen unternehme ich eine ausgedehnte Wanderung durch den weitläufigen, unbeschreiblich schönen Botanischen Park. Wer gern durch Gärten wandert, wer sich über den Duft, die Blüten, über den Schatten und die Sonnenflecken auf der Promenade freut, dem möchte ich gerade den Botanischen Garten von Wellington dringend empfehlen.

Hier haben wir Frühling im Oktober, so hängt alles voller Blüten. Die Knospen an Bäumen und Büschen haben sich weit geöffnet. Vögel flattern und zwitschern durchs Gelände. Allenthalben rieseln Wasserläufe übers

Gestein und ergießen sich in tiefgrüne Teiche. Seerosen schwimmen darauf und friedliche Enten, die paarweise zusammenhalten.

Spaziergänger sind nur wenige unterwegs, dafür traben viele Jogger an mir vorbei, manche tiefrot, andere bleich. Weil es stellenweise steil bergauf geht, manche aber ihr Tempo nicht verringern, schnaufen sie wie seinerzeit die Dampflokomotiven bei uns an der Geislinger Steige. Das ist überhaupt eine Sache für sich, die Leidenschaft der Kiwi fürs Jogging. Man hört und sieht junge und ältere Leute, hübsche Mädchen und gewichtsbewußte Damen beim Dauerlauf. Nicht nur in öffentlichen Gärten und draußen in freier Natur, sie tummeln sich auch in vielbelebten Geschäftsstraßen zwischen den Fußgängern, Kinderwagen und Einkaufsrollern.

Da kommt wieder so einer gelaufen, vom Rosengarten drunten hinauf zum Observatorium. Könnte mir fast leid tun, wie der schnauft und aus beiden Lungen pfeift. Sieht aus wie der Lothar. Nicht zu glauben, aber er ist es wirklich. Heute Nacht ist er gekommen, zurück aus Sydney, seine Geschäfte hat er rasch und erfolgreich erledigt.

Wieder haben wir einen Nissan mit zwei Türen, aber genügend Platz im Fond für all den Krimskrams. Wir rollen zum etwas außerhalb liegenden Nationalmuseum, es befindet sich inmitten großer Grünanlagen. Auch hier gilt dieses reichhaltige und größte Museum des Landes als »Kriegsdenkmal«. Zur Zeit gibt es eine Sonderschau, den Maori und ihrer Kunst gewidmet. »Te Maori« nennt sich die Ausstellung, mit dem Zusatz »te ho kingamai«, was im Deutschen sinngemäß »die Heimkehr« bedeutet. Wir werden überwältigt von der Fülle und der Größe der Exponate. Ihr schönstes Marae haben die Maori auseinandergenommen und hier aufgestellt. Daneben eines ihrer am besten erhaltenen Kriegskanus. Sehr viele Gegenstände, denen man beim Studium der neuseeländischen Geschichte begegnet, sind hier zu betrachten, großenteils handelt es sich um Eigentum der Maori. Sie stellen die Mehrheit der Besucher, sie geben Konzerte am laufenden Band, auch wir bewundern ihre Tänze. Das geschieht nicht für die wenigen Ausländer, auch nicht für neuseeländische Pakeha, sondern für sie selbst, die Ureinwohner und einstigen Herren von Aotearoa. Gerade in diesen Jahren erlebt man eine Wiedergeburt ihrer Kultur, einen wirtschaftlichen Aufstieg und ein Zusammenrücken der verschiedenen Stämme. Man ist wieder stolz darauf, Maori zu sein, auch wenn bei sehr vielen das Blut ihrer weißen Verwandten überwiegt.

Vom Tourist Office erhalten wir interessante Vorschläge für Unternehmen, die von Wellington aus zu machen sind. Jim Frazer, Chef der für Publicity zuständigen Abteilung, will uns selber begleiten zu Rotwildfarmen, zum erfolgreichsten Aalfänger des Landes und zu einem Jagdführer, der bestimmte Schluchten kennt, wo die Rothirsche bis zu 16, 18 Enden schieben. Ihre Geweihe, sagt er, würden zehn bis zwölf Kilo erreichen. Einer seiner Maori-Freunde ist bereit, uns mit einem starken Geländewagen über die Höhen der Berge an die Nordküste zu bringen. Hunderte von Pelzrobben soll es dort geben und seltene Vögel. Kiwi könnten wir sehen, die äußerst selten gewordenen Wappenvögel des Landes. Trotz ihrer angeborenen Scheu und nächtlichen Lebensweise sind einige Exemplare dank menschlicher Versorgung handzahm geworden. Wenn wir Glück hätten, wäre es vielleicht möglich, ein oder auch zwei Takeha zu sehen, für die man ein umzäuntes Reservat eingerichtet hat. Alles wird gemacht und noch einiges mehr dazu. Aber das hat noch Zeit.

Hinüber zur Südinsel

Zwei Fährschiffe, die einander gleichen wie Zwillinge, verbinden zweimal täglich die Nord- mit der Südinsel. Beide sind groß, modern und sogar imstande, vollbeladene Eisenbahnwaggons zu befördern. Bequeme Passagierräume, auch Cafeterias, Takeaways und Tearooms sind vorhanden. Auf dem Deck, wo fast immer ein kühler Wind weht, ein paar Dutzend Reihen rotgestrichener Bänke für Passagiere, die möglichst viel von der Cook-Straße und dem Marlborough-Sund sehen wollen.

Vom Fährschiff aus gesehen, wirkt Wellington noch eindrucksvoller als von den Rimutaka-Hügeln oder aus der Luft. Natürlich muß das Wetter mitspielen. In dieser Hinsicht haben wir Glück, hell und glänzend strahlt die Sonne aus wolkenlosem Himmel.

Trotzdem wird uns der Wind auf dem Deck zu lästig, so daß wir hinabsteigen in die rotausgeschlagenen Salons mit üppigen Ledersofas und Sesseln. Die meisten Passagiere starren in die Fernseher. Es läuft eine hier sehr bekannte, in den USA hergestellte Serie namens »Hogans Heroes«, die sich mit der deutschen Wehrmacht im Zweiten Weltkrieg befaßt. Dabei

Die Westküste an der Südinsel bietet auf sehr weiter, kurvenreicher Strecke eine pausenlose Folge wildromantischer Ausblicke.

wird blinder Haß gegen deutsche Soldaten und Parteibonzen geboten. Die meisten sind so vollgefressen, daß ihnen die Knöpfe von der Uniform platzen. Pausenlos machen sie derartigen Blödsinn, daß man sich nur wundern kann, weshalb unsere damaligen Gegner nahezu fünf Jahre gebraucht haben, um mit uns fertig zu werden. Ein Zuschauer versichert uns, daß diese Serie auf beiden Schiffen laufe, und wenn eine Folge abgespielt sei, komme bald die nächste an die Reihe. Dennoch sind die Neuseeländer gegenüber deutschen Besuchern genau so freundlich wie zu Vertretern anderer Nationen.

Die Fahrt dauert drei bis vier Stunden, je nachdem, ob die Strömung dem Fährschiff entgegenläuft oder nicht. Mitunter soll die See stark bewegt sein, und manche Leute werden krank von der Schaukelei. Nichts dergleichen geschieht an diesem Tag, bei relativ ruhigem Wetter kommen wir der Einfahrt von Picton immer näher. Schneller geht es natürlich, wenn man hinüber fliegt, in ungefähr 20 Minuten.

Lothar und ich reden darüber, wie wenig Leute doch die gewaltigen

Fortschritte der vergangenen Jahrzehnte zu schätzen wissen! Wie war das noch im vorigen Jahrhundert, wie lang dauerte es damals, und was mußte man nicht alles auf sich nehmen, um vom nördlichen Teil Neuseelands in den südlichen zu gelangen! Gerade hier in der Cook-Straße, im Marlborough-Sund endete die Schiffsreise für viele Auswanderer im nassen Grab.

In den Charlotten-Sund steuerten Dreimastbarken und andere Segler mit knapp 200 Tonnen Tragfähigkeit hinein, weil dort am Ende die Siedlung Picton entstand. In der Tasman-Bucht, knapp 100 Kilometer Luftlinie entfernt, wurden andere Neusiedler am Strand von Nelson ausgebootet. Das war um das Jahr 1840. Not und Hunger trieben die Auswanderer in das vielversprechende Neuseeland. Dafür galten besondere Vorschriften. Unverheiratete Männer und junge Mädchen wurden zunächst bevorzugt, die man drüben einsetzen konnte, wie und wo es gerade nötig war. Sie erhielten praktisch keinen Lohn, sondern nur einfachste Unterkunft mit knapp ausreichender Verpflegung. Die Arbeitswoche hatte für sie mehr als 100 Stunden. Andererseits wurden gerade junge Familien gebraucht mit Kindern. Sie sollten das Rückgrat der kommenden Landwirtschaft bilden, man brauchte sie auch für Pionierarbeiten. Trotz dieser düsteren Aussicht meldeten sich mehr, als man gebrauchen konnte. Deshalb wurden die Antragsteller gründlich untersucht, nicht allein ihre körperliche, auch ihre geistige Gesundheit wurde geprüft, soweit das mit damaligen Mitteln möglich war. Man versuchte, auch ihre charakterlichen Eigenschaften zu ergründen. Wenn sie all diese Kontrollen überstanden hatten, durften sie an Bord. Ein Schiff wie die »Lord Auckland« beispielsweise beförderte 1841 15 Kabinenpassagiere, 81 erwachsene Auswanderer mit 72 Kindern und noch 30 Besatzungsmitgliedern. Auf der »Woodlark« waren 88 Männer mit ihren Frauen an Bord mit insgesamt 115 Kindern. Außerdem reisten noch 65 unverheiratete Frauen im gleichen Dreimaster nach Neuseeland. Schnell wurde eine Reise genannt, die weniger als 100 Tage dauerte, während andere Schiffe 150 Tage, sogar bis zu 180 Tagen unterwegs waren. Die Unterbringung so vieler Menschen an Bord war für heutige Begriffe unvorstellbar. In den Zwischendecks, in denen hochgewachsene Menschen nicht aufrecht stehen konnten, befanden sich an den Wänden die Liegestätten zu dritt übereinander. Ehepaare mit kleinen Kindern reisten getrennt von den Mädchen. Für die sogenannten »single women« war eine Matrone zuständig, eine resolute bis rabiate Person, die für Ordnung und Anstand zu sorgen hatte. Vom Dunkelwerden bis zum ersten Morgenlicht wurden die Mädchen in ihren Verschlägen eingeschlossen. Sie durften aus naheliegenden Gründen nicht mit jungen Männern zusammenkommen.

Auch wenn ausreichend Proviant an Bord war für das halbe Jahr auf See, so lange hielten die Lebensmittel nicht. Bald wimmelte es von Würmern, das Trinkwasser begann zu stinken, und allenthalben huschten Ratten durch die Räume. Frauen wurden zum Küchendienst eingeteilt. Die Kochkessel befanden sich unter freiem Himmel auf Deck, solange einigermaßen gutes Wetter es erlaubte. Sonst mußten wohl oder übel die Mahlzeiten in kaltem oder nur leicht erwärmten Zustand eingenommen werden. Keine Reise ohne Todesfälle, das war selbstverständlich. Meist starben zunächst ein paar kleinere Kinder, während andere in drangvoll fürchterlicher Enge das Licht der Welt erblickten. Lungenentzündungen brachen aus, gelegentlich Scharlach oder Masern. Ein Mädchen namens Jane Bannerman, zwölf Jahre alt, hat sich bis ins hohe Alter daran erinnert, wie der Offizier an Bord der »Phillip Lang« sagte: »Die Hälfte unserer armen Leute werden wohl kaum den Äquator erreichen.«

Aber ganz so schlimm war es nur in wenigen Fällen, denn unglaublich ist es, was Menschen aushalten können. Wenn Stürme übers Meer fegten, wenn das Schiff nach allen Seiten rollte und stampfte, wurden alle Luken dicht gemacht. Wie es sodann drunten aussah in den überfüllten Räumen, dafür fehlen passende Worte. Die Scheißkübel reichten nicht aus, der Inhalt schwappte über. Die Seekranken kotzten hemmungslos vor sich hin, wer nicht mehr aus dem Bett kam, ließ laufen, was er nicht halten konnte. Kinder schrien wie am Spieß und hatten allen Grund dazu. Die Luft war kaum zu atmen. Wem nicht ohnehin schon schlecht war, dem wurde speiübel, wenn er versuchte, das stinkende Wasser zu trinken. Nur zwei rußende Waltranlampen schimmerten in diesem Tohuwabohu. Wenn die Matrone krank war, und das konnte nicht ausbleiben, gab es niemanden in den Zwischendecks, der für Ordnung sorgte oder Hilfe bringen konnte. Wer sich an- oder ausziehen wollte, konnte dies, ohne beobachtet zu werden, nur in halbliegender Stellung tun, auf dem zerdrückten Strohsack hinter geschlossenem Vorhang.

Eine der Matronen beklagte sich in einem Bericht an die Londoner Admiralität bitter über den »Schmutz der Hochlandschotten«. Sie hätte nicht geglaubt, daß menschliche Wesen derart verwildern könnten. Ein Arzt namens Julius Vogel, der auf einer Dreimastbarke namens »Szimitar« nach Neuseeland reiste, bezeichnete sein Schiff als schwimmendes Pesthaus. Nicht weniger als 26 Personen hatten während der Reise ihr Leben verloren. Oft waren gerade die irischen Mädchen so bettelarm, daß sie nur besaßen, was sie am Leibe trugen. Sie waren verlaust, und schließlich mußte man ihre Hemden über Bord werfen. Erstaunlich ist es andererseits zu lesen, daß manche der erwachsenen Frauen nicht nähen oder stricken konnten. Oft stand es auch nicht zum besten mit dem Kapitän, mit den Offizieren und der Mannschaft. So mußte man auf der »Quaglio« den Kapitän 17 Tage lang in Eisen legen, weil er sich ins Delirium tremens gesoffen hatte. Die »Patrick« wurde auf der Reise vom Kap der Guten Hoffnung nach Auckland das Opfer eines Feuers. Von 473 Auswanderern und Matrosen blieben am Ende nur drei übrig. Das Schiff hatte 200 Tonnen hochprozentigen Alkohol an Bord, und als Flammen die Vorräte erreichten, war nichts mehr zu machen. Im übrigen befanden sich nur Rettungsboote für 160 Personen an Bord, also nur für ein Drittel der Mitreisenden. Als die Bark »British Scepter« zu versinken begann, und sich viele Mitreisende in die Boote retteten, gingen bald die meisten zugrunde, weil Trinkwasser und Lebensmittel fehlten. Die Überlebenden nährten sich von den bereits Verstorbenen. Als schließlich das letzte Boot entdeckt wurde, hatten die noch Lebenden den Verstand verloren.

Die Zustände waren nicht immer ganz so schlecht. Bei gutem Wetter konnten die Menschen an Deck in der Sonne liegen, herumhüpfen und gar nach den Klängen schottischer Dudelsäcke tanzen. Als die Regierung darauf bestand, nahmen die Segler auch Milchkühe an Bord, um die kleinen Kinder versorgen zu können. Körbeweise wurde Geflügel mitgenommen, auch Ziegen und Schweine. So konnte man wenigstens zu Anfang der Reise einigermaßen gute Verpflegung garantieren. Aber 100 bis 150 Tage – man stelle sich das vor! Wenn es irgend möglich war, liefen die Schiffe Kapstadt an, um frische Lebensmittel einzunehmen und den Passagieren Bewegung an Land zu gönnen.

Die Überreste solcher Schiffe blieben in wenigen Fällen bis zum heutigen Tag erhalten. Als Marianne und ich Anfang der sechziger Jahre durch den Charlotte-Sund auf Picton zuliefen, sahen wir am Strand das Wrack der Dreimastbark »Echo«. Von diesem Schiff erzählten Mitreisende die tollsten Geschichten. Die »Echo« war vom englischen Plymouth aus unterwegs nach Picton, nur mit weiblichen Passagieren. Um schätzungsweise 100 junge Mädchen soll es sich gehandelt haben, um künftige

Ehefrauen für Siedler, jedes Mädchen für einen bestimmten Mann. Die Orstvorsteher und geistliche Herren hatten die Mädchen so ausgewählt, daß sie nach menschlichem Ermessen zu den jeweiligen Männern paßten. Sie kamen aus derselben Gegend des Mutterlandes, sprachen den gleichen Dialekt und stammten aus der gleichen sozialen Schicht. Arm waren sie alle, abgesehen von einer Truhe mit den für eine künftige Familienmutter wichtigsten Notwendigkeiten. Damit es beim Zusammentreffen der jungen Paare keine Schwierigkeiten, vielleicht sogar Verwechslungen gab, waren alle Mädchen mit einem Nummernschild ausgerüstet. Mit einem Schild derselben Nummer erwarteten die jungen Männer ihre künftigen Frauen am Strand von Picton. So weit so gut, aber die Besatzung eines der Schiffe bestand aus gewissenlosen Männern. Überdies befanden sich an Bord der »Echo« mehrere 100 Fässer hochprozentigen Rums, Whiskys und so weiter. Unterwegs, nach einem schrecklichen Sturm und einer langen Flaute, machte sich die Besatzung über die alkoholische Ladung her. Danach wurden die Mädchen von den Matrosen des öfteren vergewaltigt. Als endlich das Schiff in Picton anlegte, gab es einen Höllenspektakel. Die Schuldigen der »Echo« wurden festgenommen und, wie man sagt, in Ketten auf einem anderen Schiff zur Bestrafung ins Mutterland verfrachtet. Die Anführer wurden gehängt. Die Mädchen und Männer heirateten trotzdem. Unter Vorantritt des Gouverneurs und einer Blaskapelle sind alle gemeinsam in die Kirche gezogen.

Was mit den Auswanderern geschah, die schließlich ihr Ziel erreichten, so kann man nur darüber staunen. Ich hatte an unserem letzten Tag in Auckland ein Buch erworben mit dem Titel »Married and Gone to New Zealand«, eine Zusammenstellung weiblicher Schicksale während der Mitte des vorigen Jahrhunderts. Darin befinden sich auch die Lebenserinnerungen der Sarah Higgins. Sie kam nicht als schon verlobtes Mädchen nach Picton, sondern zusammen mit ihrem zweimal verwitweten Vater Stephen Sharp, der aus der Grafschaft Kent stammte, nur fünf Meilen von Dover entfernt. Nach dem Tode beider Frauen waren ihm drei Jungen und zwei Mädchen geblieben. Von ihnen war Sarah das jüngste Kind und zählte erst zwölf Jahre, als es dem Vater gelang, für sich und die Kinder eine freie Überfahrt ins Gelobte Land zu erhalten. Alle waren grenzenlos unglücklich, wegen ihrer hoffnungslosen Armut die Heimat verlassen zu müssen.

Kaum war die »Bolten« in die Biskaya gelangt, wurde das Schiff mitsamt den im Zwischendeck eingepferchten Menschen von Stürmen gebeutelt. Sogar die Gattin des Kapitäns, hat Sarah später berichtet, wurde dreimal aus ihrem Bett geworfen und vorübergehend für tot gehalten. Sarahs 19-jährige Schwester starb in einem anderen Sturm zwei Monate später und wurde nach kurzem Gebet im Meer versenkt. Einige Mitglieder der Besatzung gingen im Taifun über Bord, andere waren bald zu schwach, um die Pumpen zu bedienen. Auswanderer mußten bis zur Erschöpfung das eindringende Wasser aus dem Schiff pumpen. Zwei der drei Masten brachen, die Kisten mit lebenden Schweinen wurden davongespült. Für drei Tage und drei Nächte mußte man die Luken geschlossen halten, am Luftmangel sind die Auswanderer nahezu erstickt. Aber endlich erreichte die »Bolten« den Strand von Nelson, knapp 100 Kilometer von Picton entfernt. 350 Menschen waren eingetroffen, sechs mehr als von England ausgereist waren, obwohl man 17 unterwegs verloren hatte. Die Geburten an Bord hatten die Verluste nicht nur ausgeglichen, sondern übertroffen.

Unterkünfte für alle waren angeblich vorbereitet, aber bis auf den letzten Winkel überfüllt. Die Familie Sharp stapfte schwerbeladen durch Morast auf höher gelegenes Land, wo der Vater mit seinen Buben aus Gestrüpp, Stroh und Segeltuchfetzen eine regendurchlässige Unterkunft erbaute. Die teilten sie mit einer Unzahl von Ratten, die es sich nicht nehmen ließen, den Kindern in die Füße zu beißen.

Bevor Stephen Sharp daran denken konnte, Geld zu verdienen, mußte er bis zum Umfallen schaffen. Hatte er doch als erstes die Pflicht, seine und seiner Kinder Überfahrt abzuarbeiten. Er tat dies als Antreiber von sechs Ochsen vor einem zweirädrigen Karren. Die Kinder sammelten eßbare Kräuter, erbaten sich von den Fischern die Köpfe und Eingeweide ihrer Beute, schafften auch bei fremden Frauen für ein paar Löffel Kartoffelsuppe. Freundlich waren zu ihnen die Maori, sie zeigten den Kindern, welche Beeren man essen konnte und gaben ihnen ein paar Körbe mit Süßkartoffeln.

Schließlich wurde den Sharps zehn Acres Land zugeteilt, das absolute Minimum für den Unterhalt einer Familie. Zuerst mußte man das Land vor der dichten, dornigen Vegetation befreien. Angesichts der Unterernährung waren Vater und Kinder sehr schwach geworden, sie konnten sich nicht länger als zehn Stunden hintereinander auf den Beinen halten. Weil niemand half, mußten sie trotz allem für sich selber sorgen. Der Vater beschaffte sich Saatgut und Saatkartoffeln. Mit unendlicher Mühe brachten sie es fertig, aus Rundholz eine halbwegs regendichte Hütte zu errichten. Mit einem geliehenen Schrotgewehr ging Vater Sharp auf Jagd und brachte als Beute eine beachtliche Menge Wildvögel heim. Die Hälfte bekam der Eigentümer der Flinte, was ihn veranlaßte, Stephen Sharp noch mehr Pulver und Blei zu überlassen. Nach und nach entstanden in der Nähe zehn einfache Blockhäuser nebeneinander. Da nun weitere Auswanderer kamen, manche noch mit etwas Geld in der Tasche, fanden der Vater und noch andere Männer Arbeit beim Hüttenbau, die mit zwei Shilling pro Tag belohnt wurde.

Bei der ersten Ernte konnte die Familie etwa doppelt so viele Kartoffeln gewinnen wie sie für sich brauchte. So konnte man sich einen Ochsen anschaffen und einen primitiven Karren. Damit begab sich Vater Sharp auf eine Rundreise zum Verkauf seiner Kartoffeln und anderer Früchte des Gartens. Spätabends befreite er noch mehr Gelände von der wuchernden Vegetation, säte noch mehr, vor allem auch die von den Maori geschätzten Kartoffeln. So kam er zu einem eigenen Gewehr und lernte bald, freilebende Tauben zu schießen und andere Vögel. Die Familie konnte an manchen Tagen satt werden. Sarah, die all das später berichtet hat, half der Nachbarin bei der Pflege ihres neugeborenen Babys. Von Hunger geplagt, hörte das Kind nächtelang nicht auf zu weinen. Sarah lernte das Rösten von Weizenkörnern, die gemahlen und zu einer Art von Kaffee gekocht wurden. Als bei ihnen die Gerste erntereif war, hatten die Sharps keine Sensen, um sie zu mähen, und gebrauchten einfache Messer.

Kaum war Sarah 14 Jahre alt, mußte sie in fremde Dienste treten, um den Haushalt ihrer Familie zu entlasten. Bei einer Frau Otterson, einer Mutter von neun Kindern, verdiente sie bei unablässiger Arbeit zwei Shilling in der Woche, wegen ihrer guten Leistungen bald danach drei Shilling und schließlich sogar vier Shilling. Weil Sarah mehr tat als verlangt wurde, schließlich auch Tee kochte und die Wäsche flickte, stiegen ihre Einnahmen nach einem Jahr auf sechs Shilling die Woche! Zum ersten Mal konnte sie in einem Laden Kleider für sich kaufen. Dennoch war Sarah lange Zeit tief unglücklich, weil sie den Vater nur beim sonntäglichen Spaziergang sehen konnte. Zwei Jahre blieb sie im Dienst dieser Familie und wurde freundlich behandelt. Sarah schreibt ohne Punkt und Komma: »Mein Freund denn ich hatte einen Freund und es war derselbe der meinem Hausherrn geholfen hatte den Ofen fürs Brotbacken zu machen und er kam ab und zu vorbei weil er an der Straße zum Strand hinunter arbeiten half hatte mich immer wieder bemerkt ich habe ihn aber nicht bemerkt er aber ging nach Hause und sagte seiner Mutter er hätte ein hübsches Mädchen gesehen das hübscheste Mädchen in seinem Leben und er wollte sie gerne haben . . . ich sagte ihm er sollte nicht kommen mich zu betrachten denn ich wollte nicht daß meine Dame dachte ich hätte einen Boy der kam mich zu sehen worauf er mir sagte wenn du mir treu bist kann ich treu sein für dich er kam immer wieder um mich zu betrachten sein Vater sagte zu John ich glaube du hast eine Frau im Sinn er aber sagte nein darauf sagte der Vater mein Junge da ist ein Mädchen bei der Frau Otterson vielleicht kannst du die bekommen das war ich und John sagte eines Tages guten Tag zu mir und ich sagte dasselbe dann wollte er etwas sprechen mit mir und ich sagte ich hätte zu viel zu tun dann sagte er ich möchte gerne eine Frau und am liebsten würde ich dich zur Frau haben er sagte das viermal hintereinander und wir haben uns dann öfter gesehen mein Freund und ich so ging ich denn zu meinem Vater und seine schlimmste Zeit war vorüber er hatte eine Kuh gekauft während ich fort war und die gab uns viel Milch ich habe viel gearbeitet dann mit Nähen und Stricken mein Bruder hatte jetzt auch einen Hund und Munition und ein Gewehr und ging hinaus um wilde Schweine zu schießen die nannte man Captain Cookers weil der Captain Cook hier in der Gegend mitgebrachte Schweine an Land gesetzt hatte mein Freund wollte nun heiraten aber ich sagte ich wollte warten bis zu meinem Geburtstag von 21 Jahren er hat nur zweieinhalb Shilling pro Tag verdient und wußte nicht wo er wohnen sollte mit mir aber mein Vater sagte wir sollten bei ihm wohnen und deswegen hat mein Vater zusammen mit Herrn Wratt einen Raum neben meines Vaters Hütte angebaut also haben wir geheiratet und das war erledigt unsere Einrichtung machten wir selbst und waren nach fünf bis sechs Wochen damit fertig unsere Kuh kam wieder in Milch als mein erstes Kind geboren wurde mein Vater schenkte mir ein Ferkelschwein und meinem Mann gab er einen Ochsen mit Ochsenkarren es ging uns also sehr gut und weil wir aus Altengland kamen meinte der Pfarrer Gott hätte uns zu Engeln bestimmt dem Pfarrer mußten wir aber zehn Shilling für die Heirat bezahlen da hatten wir kein Geld mehr aber mein lieber Mann war sehr fleißig und hat sich bei Arbeiten an fremden Häusern fünf Pfund verdient davon konnte er 25 Acres Ackerland kaufen und wir begannen damit es frei zu machen wie es dann weiterging mit der guten Entwicklung hatten wir vier Kühe und nach der dritten Ernte genug zu essen bald danach haben wir mit der Ernte fast 40 Pfund verdient also konnten wir unsere Hütte auseinandernehmen und aufs eigene Land transportieren das war sehr schön und ich bekam mein drittes Baby weshalb mein lieber Mann noch einen Raum an unser Haus baute auch meinem Vater und den Brüdern ging es besser von Jahr zu Jahr sie konnten Milch, Käse und Butter verkaufen und wir bekamen eine Küche 20 Fuß lang und zwölf Fuß breit mit einem Schornstein und einem Ofen aus Lehm also hatten wir ein sehr bequemes Haus als meine Mädchen schon so weit waren daß sie den Haushalt führen konnten habe ich bei der Pflege von Kranken geholfen und so viel gelernt daß ich selbst einen Doktor machen konnte außerdem habe ich viel geschneidert und bekam für eine Männerhose zwei und einen halben Shilling und für einen Frauenrock zwei Shilling dann haben meine Töchter geheiratet und ich mußte in der Nähe bleiben denn sie bekamen bald Babys ich habe dann noch kranke Mieter aufgenommen und mein Mann hat junge Bäume gepflanzt und einen Obstgarten und weiter und immer weiter an unseren Häusern gearbeitet und mehr Land gekauft wir bekamen ein Haus aus Steinen und dort wurde mein jüngster Junge geboren da waren neun Zimmer und manchmal hatte ich 23 Menschen im Haus um für sie zu sorgen mein Mann hatte jetzt zwei und drei Karren mit einem Dutzend Ochsen zum Ziehen er konnte damit viel Ladung befördern und gutes Geld verdienen so war es daß wir weitermachten und wir vorankamen im Leben mit Gottes Hilfe Schritt für Schritt haben wir uns weiter emporgearbeitet mein lieber Vater der alt geworden war lebte mit uns im gleichen Haus und im Alter von 85 Jahren ist er in meinen Armen gestorben er sagte als letztes mein liebes Kind ich muß nun fort du gehörst mir nicht länger da konnte ich nur noch weinen und ich wußte bei meiner Heirat nicht so viel über die Heirat wie heutzutage alle Mädchen wissen [geschrieben im Jahre 1890!] nun waren auch meine Kinder verheiratet und haben uns verlassen elf Kinder habe ich auf die Welt gebracht und alle haben überlebt sechs Jungen und fünf Mädchen und keiner von meinen Söhnen hat jemals ein Freudenhaus besucht oder ist zu Pferderennen gegangen 26 Verwandte von uns gehen in die gleiche Kirche es war für mich ein großes Glück so viele von uns zu sehen da war mir klar wie gut der große Gott zu mir und den meinen gewesen ist alles gute und gesunde Kinder die immer brav gewesen sind Gott hat ihnen allen gute Frauen und gute Ehemänner gegeben und nirgendwo können Kinder besser zu ihrer Mutter sein als meine Kinder zu mir wie sie nach und nach geheiratet haben habe ich für alle die Bettwäsche gemacht auch 50 Paar Vorhänge und habe meinen Kindern und ihren Kindern 27 mit Wolle gefüllte Bettdecken geschneidert nicht mit einer neumodischen Maschine sondern alles mit meiner Hand und meinen Nadeln auch Schuhe habe ich hergestellt dazu hat mir mein Mann die Haut geschlachteter Ziegen gegeben die er selbst gegerbt hat daraus habe ich dann die Schuhe gemacht ich habe den besten Mann der Welt gehabt und niemals ist er krank geworden und niemals werde ich ihn vergessen sondern recht bald wiedersehen so hoffe ich die Goldene Hochzeit haben wir noch gefeiert und alles ist schön gewesen nun da ich selber alt bin lebe ich sorgenfrei bei meinem ältesten Sohn die ich nun 74 Jahre alt geworden bin habe ich angefangen zu lernen wie man schreibt und wie man liest das habe ich gelernt und deswegen bin ich nun in der Lage für meine Kinder und Enkelkinder aufzuschreiben wie mein Leben gewesen ist.«

Aus diesem Holz sind Neuseeländer geschnitzt. So haben ihre Vorfahren das Land besiedelt, die Urwälder gerodet und die Grundlage für den heutigen Wohlstand der Langen Weißen Wolke geschaffen. All das im Verlauf von nicht viel mehr als vier bis fünf Generationen. Daran sollte denken, wer Neuseeland und die Neuseeländer besucht.

Alle Säugetiere sind eingeführt

In Aotearoa gab es, bevor die Menschen erschienen, keine Säugetiere. Wenn man bedenkt, daß die Maori mit großer Wahrscheinlichkeit erst um das Jahr 1200 eingetroffen sind, so war das, naturgeschichtlich gesehen, erst vor kurzer Zeit geschehen. Die Maori haben zwei Säugetiere mitgebracht und das mit voller Absicht. Es waren der Kuri genannte Hund und Kiore, die als Delikatesse beliebte Ratte. Sie hielten den Hund als treuen und geschickten Gehilfen bei der Vogeljagd, der auch ihre Hütten bewachte und den Kindern als Spielkamerad diente. Vor allem aber war der Kuri eine Mahlzeit für besondere Tage. Er konnte nicht bellen, war etwa so groß wie ein Foxterrier, kräftig gebaut, und so gut gefiel den Menschen sein Fell, daß es nur Stammeshäuptlingen erlaubt war, einen Hundefellmantel zu tragen. Es gibt keine Kuri mehr, nur wenige ausgestopfte Exemplare in den großen Museen des Landes.

Damit sind wir schon wieder beim Captain Cook. Weil es dem großen Entdecker schon 1769, beim ersten Besuch Neuseelands, aufgefallen war, daß die Eingeborenen keine Haustiere besaßen, mit Ausnahme des Kuri und der Kiore, hatte Cook einen Großteil der ohnehin bis zum letzten Winkel vollgestopften Schiffes »Resolution« und »Adventure« für den zweiten Besuch in eine Arche Noah verwandelt.

Nicht von ihm selbst, sondern in den meisten Fällen von seinen beiden deutschen Begleitern, den Naturforschern Georg Forster und seinem bei der Ausreise erst 18 Jahre alten Sohn Friedrich Forster, wissen wir, wo er nach und nach Tiere an Land setzte. Beispielsweise geschah es am 2. Juni 1773 im Queen Charlotte Sound, daß drei steifbeinige Ziegen die für sie neue Welt betraten. Die Maori haben sich der Haustiere dankbar angenommen, verstanden auch rasch, wie man sie zu behandeln hatte, vor allem was das Melken und die Verwendung der Milch betraf. Aber einige dürften schon bald entlaufen sein. Sie haben sich vermehrt, sind verwildert und heute vor allem in den Mittelgebirgen Neuseelands häufig zu finden.

Des weiteren hat Cook an zwei Stellen, nämlich bei Cape Kidnappers auf der Nordinsel und im Queen Charlotten Sound der Südinsel, etliche Schweine an Land gebracht. Auch in diesem Falle wurde den Maori eingehend erklärt, wie man sie behandeln und ernähren mußte, um möglichst viele Nachkommen zu erhalten. Natürlich sind auch einige der nachgeborenen Schweine entlaufen. Auch bei ihnen hat die Erfahrung gelehrt, daß die rosaroten Haustiere in Freiheit schon nach wenigen Jahren die äußere Erscheinung und die Lebensweise von Wildschweinen annehmen. Durch ganz Neuseeland sind heute die Borstentiere weit verbreitet, werden eifrig bejagt und sind von den Hausfrauen sehr begehrt. Wobei man auch den hilfsbereiten Cook nicht vergessen hat. Ganz allgemein werden auf beiden Inseln von den Pakeha wie auch von den Maori die Wildschweine Captain Cookers genannt. Die Eingeborenen haben den Schiffen Cooks auch viele Kulturpflanzen und Saatgut, besonders auch eine andere Art der Kartoffel zu verdanken. Weil die Maori bereits die Kumara, die Süßkartoffeln des Pazifischen Ozeans, kannten, haben sie schon bald die Bedeutung der aus England (ursprünglich aus Südamerika) stammenden Kartoffel erkannt. Die Ausbeute war bedeutend größer als bei den Kumara, und Cooks Kartoffeln konnten bis zu einem gewissen Grad Kälte vertragen. So war es möglich, sie in Regionen anzubauen, wo Kumara erfroren. Außerdem erwiesen sich die Kartoffeln bedeutend haltbarer als die Kumara.

Es wird viel geschimpft auf die Kolonialherren, die angestammte Lebensgebiete anderer Leute mit Gewalt annektiert und deren Bewohner schamlos ausgebeutet haben. Aber das ist nur die eine, die dunkle Seite der Medaille, haben sie doch andererseits den Eingeborenen eine Fülle von Tieren und Kulturpflanzen gebracht, von denen sie heute vorwiegend leben.

Als in Neuseeland die ersten Robbenschläger mit ihrem blutigen Geschäft begannen, dann nicht viel später die Walfänger eintrafen und ihre Fangstationen einrichteten, brachten sie Ratten und Mäuse mit, Katzen, Hunde, sogar Kanarienvögel und Papageien. Bei den Ratten, den blinden Passagieren im Bauch der Segler, handelte es sich anfangs um die gewöhnliche europäische Hausratte, der aber später die bedeutend größere, freßgierige, sogar von Menschen gefürchtete norwegische Ratte gefolgt ist. Diesen beiden ist es schon bald gelungen, die vegetarisch lebende Delikateßratte der Maori, die Kiore, auszurotten. Der deutsche Naturforscher Diefenbach hat zwischen 1840 und 1850 nur auf wenigen weit draußen liegenden Inseln hin und wieder noch eine Kiore entdeckt. Die eingewanderten Sorten aber sind über alle Teile der Langen Weißen Wolke verbreitet. Die Norwegerratte bevorzugt die Städte, die kleinere Grauratte Wälder und Felder.

Weshalb der einheimische Hund Kuri vollkommen verschwunden ist, wissen nicht einmal die Gelehrten. Vermutlich haben die lautbellenden, agressiven, unduldsamen, importierten Hunde mit ihnen kurzen Prozeß gemacht.

Cook hat auch Hühner mitgebracht. Schon 1773 schenkte der Seefahrer seinen braunen Freunden fünf Hühner und einen Hahn. Wie stets sind von ihren Nachkommen einige verwildert und haben sich weit verbreitet. Als Cook im Oktober 1774 wieder vor den gleichen Ortschaften die Anker fallen ließ, hatten sich zu seiner nicht geringen Freude die Schweine, die Ziegen und auch die Hühner gut vermehrt. Schon gab es weite Kartoffelfelder, auch Gelbe Rüben, Zwiebel und Lauch in bedeutender Menge. Den intelligenten Maori war es sogar gelungen, Gemüse in teilweise felsigem Gelände anzubauen. Ein Nachfolger des Großen Kapitäns berichtet um das

Jahr 1805, daß 14 Hektar fruchtbaren Bodens allein mit Kartoffeln bepflanzt waren. Schon bald hatten die Eingeborenen erkannt, daß eben diese Feldfrüchte bei den Pakeha sehr begehrt waren. So kam es denn, daß Robbenschläger und Walfänger, kaum daß sie Boote an Land geschickt hatten, von Maori überrascht wurden, die handeln wollten. Europäische Kartoffeln wurden Seefahrern angeboten im Tausch gegen Nägel, Messer und Kochtöpfe.

Als in den Jahren 1813 und 1814 die ersten Missionare eintrafen, von dem höchst energischen Samuel Marsden angeführt, und sich am Rand der Bay of Islands niederließen, begannen sie gleich, Tabak zu pflanzen und Obstbäume, darunter Pfirsiche, Äpfel und Aprikosen.

Damit nicht genug holte Samuel Marsden aus Sydney drei Pferde herüber, die als Geschenk für die Maori gedacht waren. Ein Hengst und zwei Stuten trafen ein, zum Entsetzen der Maori. Wie ein Mensch auf diesen Ungeheuern reiten konnte und sie auch imstande waren, Lasten zu tragen und zu ziehen, wollte man nicht glauben. So blieben die gutgemeinten Geschenke den Missionaren selber überlassen. Desgleichen die von Marsden eingeführten Rinder, zwei Bullen mit Kühen und ein paar Ochsen, die man als Zugtiere für die zweirädrigen Karren dringend brauchte. Weil der Transport des Rindviehs von den Schiffen an Land in Ruderbooten zu umständlich war, wurden die Vierbeiner einfach über Bord geworfen. Sie schwammen selber an Land.

Nicht gar so lang war die Seereise von Sydney zur Bay of Islands, man rechnete mit neun bis zehn Tagen. Anders die Seereise rund um die halbe Welt von England oder Schottland nach Aotearoa. Was hierbei die mitgeführten Tiere durchgemacht haben, ein heutiger Tierpfleger würde entsetzt sein, die Berichte zu lesen. In den Kästen und Kisten konnten die armen Vierbeiner kaum stehen, geschweige denn ausgestreckt liegen. Auch Tiere können seekrank werden, und oft reichte das Futter nicht aus oder faulte. Dementsprechend hoch waren die Verluste, oft ist nur ein Drittel oder ein Viertel der Tiere am Ziel eingetroffen. Hauptsache, es waren noch genug vorhanden, um sich fortzupflanzen.

Schon im Jahre 1835, als Neuseeland noch keine Kolonie des britischen Weltreichs war, kamen die Kaninchen und Hasen. Ein besonders verdienstvoller Mann namens Henry Petrie, später Sir Henry, hat 1840 die ersten Vollblutpferde aus England importiert. Daraus hat sich im Lauf der Zeit nicht nur eine ausgezeichnete Pferdezucht entwickelt, sondern auch gewinnbringende Exporte in die übrige Welt. Die große, die leidenschaftliche Liebe der Neuseeländer für Pferderennen geht darauf zurück. Petrie, dieser wohlhabende Gentleman aus Old England, hat sich auch sonst um die Belebung der Langen Weißen Wolke mit bisher unbekannten Tieren, vor allem mit Vögeln, verdient gemacht. An Bord der beiden Schiffe »Akhbar« und »Calmuck« ließ Petrie, der selber mitreiste, einen Esel, acht Tibetkatzen, einen Pfauhahn mit acht Hennen und zahlreichen Wildenten nach Neuseeland bringen. Zur etwa gleichen Zeit, um das Jahr 1840, wurden Wildgänse, schwarze Schwäne und verschiedene Arten von Wildenten australischer Herkunft nach Neuseeland transportiert. Auf Seglern der damaligen Zeit gab es Küchengärten, wo man alle möglichen Gemüse und vor allem Gewürze sorgsam gepflegt hat, auch probate Mittel gegen Skorbut. Auf der Viermastbark »Akhbar« gab es noch mehr, nämlich eine ausgewachsene Menagerie. Sie enthielt 13 Schafe, zwölf Schweine, 22 Hühner, zwölf Gänse, zwölf Truthühner, 24 Enten, eine Milchziege sowie Affen, Schwäne, Pinguine, Schildkröten und Eidechsen. Nicht zu vergessen ein Paar Hängebauchschweine, die sich während der langen Überfahrt zweimal vermehrten.

Weit wichtiger als es auf den ersten Blick erscheint, hat sich die Einfuhr von zwei Bienenvölkern ausgewirkt, die eine Miß Bumbee aus dem englischen Mutterland kommen ließ. Dank des günstigen Klimas und der blütenreichen Vegetation ist seitdem die Bienenzucht für Aotearoa zu einem wahren Segen geworden. Erstklassig die Qualität und verblüffend groß sind die Mengen an verschiedenen Honigsorten, die ausgeführt werden. Sir Edmund Hillary, der Erstbesteiger des Mount Everest, war Bienenzüchter von Beruf.

Zu einer wahren Leidenschaft hat sich gegen Mitte des vergangenen Jahrhunderts der Transport von Tieren aus anderen Teilen der Welt entwickelt, manche Kommentatoren sprechen sogar von Besessenheit. Weil die Mittel einzelner Personen nicht ausreichten, schlossen sich solche Tierfreunde in Acclimatization Societies zusammen. Sie bemühten sich nicht nur um die Anschaffung, den Transport und die Aufnahme der weitgereisten Tiere, sondern vor allem um Stationen zu ihrer Eingewöhnung.

Wer einen anderen Segen Neuseelands zuerst ins Land brachte, nämlich die Schafe, darüber gehen die Meinungen auseinander. Sicher ist nur, daß im Jahre 1842 Georg Duffin selber nach Australien segelte, um 189 Schafe zu kaufen und in Neuseeland einzuführen. Aber schon im Jahr zuvor hat man eine beträchtliche Menge Schafwolle nach Hobart in Tasmanien verfrachtet, es müssen also früher schon ein oder mehrere Schafzüchter existiert haben. Ein ehemaliger Walfänger namens Johnny Johns, der sich an Land niedergelassen hatte, soll bereits 1844 über 1000 Schafe besessen haben. Bereits 1888 zählte man im ganzen Land 13 Millionen Tiere. Nur zwei Jahre später geschah es: In Neuseeland selber entdeckte man eine Methode, Schaffleisch einzufrieren, und so reisten 20000 tiefgefrorene Schafe an Bord der »Dunedin« nach England. In gutem Zustand traf die Sendung ein und wurde binnen weniger Tage verkauft.

Auch mit eingeführten Kulturpflanzen wurden enorme Fortschritte gemacht. Ein Quäker namens Thomas Mason besaß zur etwa gleichen Zeit in seinem fünf Hektar großen Garten annähernd 1500 Pflanzen verschiedener Sorte. Als der große Forscher Charles Darwin 1835 Neuseeland besuchte, war er so begeistert, daß er nach England berichtet hat, die Gärten seien ebenso bewundernswert und angenehm duftend wie daheim im Mutterland.

Die Vogelfreunde ruhten nicht, sondern gaben sich von Jahr zu Jahr noch mehr Mühe, jede Art in Neuseeland zu verbreiten. An Bord der »Queenbee« erreichten im Jahr 1874 nicht weniger als 650 Vögel die neuseeländischen Inseln, auf der »Hudson« kamen 371 gefiederte Sänger und außerdem eine Anzahl von Kanadagänsen. Übertroffen noch wurden diese Transporte von der »Varig« mit 1000 Vögeln, darunter auch Stare. Eine Familie namens Bilz führte Rebhühner ein, die sich binnen kurzer Zeit über weite Gebiete verteilten. Von einem besonders tierfreundlichen Kapitän weiß man, der sich sehr darum sorgte, daß die an Bord seines Schiffes mitreisenden Vögel rechtzeitig an Land kamen, denn sein Futter ging zu Ende. Als der erste grüne Küstenstreifen auftauchte, entließ er kurzerhand alles gefiederte Volk in die Freiheit.

Viel zu lange hat es gedauert, bis die Vogelfreunde erkannten, was die Verbreitung der landfremden Arten für die längst schon vorhandene Tierwelt bedeuten mußte und noch bedeutet. Viele der einheimischen Tiere wurden von den fremden Geschöpfen verjagt, vernichtet oder ihrer Futtergrundlage beraubt. Selbst Fachleute sind nicht in der Lage zu erklären, welche einheimische Arten verschwunden sind und wann. Nicht minder verheerend hat sich der Import der Nagetiere und Eierfresser ausgewirkt, weil sich besonders die Bodenbrüter nicht vor ihnen retten

Oben: *Blick aufs Hinterland der Chatham-Insel.*
Unten: *Die Halbmond-Bucht der Stewart-Insel, im tiefen Süden Neuseelands.*
Nächste Seiten: *Wilde Küste am Tasmanischen Meer.*

Oben: *Felsenküste mit Tussockgras am Rand der Nordinsel.*
Unten: *Sehr verschieden sind die Landschaften an der ungefähr 10000 Kilometer langen Küste von Neuseeland. Tief greifen Buchten und Fjorde ins Land hinein.*

Oben: *Ein Kirchenfenster in Ohinemutu. Von einem Künstler des Maori-Volkes ist der über den Wassern schwebende Christus gemalt. Er trägt die Gesichtszüge eines Maori und den allein hohen Häuptlingen vorbehaltenen Mantel aus Hundefellen.*
Nächste Seiten: *Herrlich wilde, absolut menschenleere Gegend im Fjordland der Südinsel.*

Oben: *Niemand könnte sagen, welcher von den vielen Seen im Lande der Langen Weißen Wolke der schönste ist. Hier Lake Matheson.*
Unten: *Picknickplatz am Rande des Wanaka-Sees auf der Südinsel. Viele Plätze solcher Art hat die wohlmeinende Regierung für ihre Bürger und fremde Besucher angelegt.*

können. Andererseits versichert man, daß die Zahl der Vogelarten, auch die Gesamtzahl der Vögel überhaupt gewaltig zugenommen hat. Gut so, denn sonst würde man den Schädlingen hilflos gegenüberstehen. Die haben sich gleichfalls ausgebreitet, weil ihnen die zahlreichen importierten Pflanzen und Blüten mehr Nahrung bieten als früher. So hat um 1860 eine schauerliche Wespenplage geherrscht, die aber dann durch die rasche Vermehrung fremder Vögel weitgehend beseitigt wurde.

Was aus allen Teilen der Welt nach Neuseeland verpflanzt wurde, ist kaum zu glauben. Eine vollständige Liste aufzustellen, ist nicht möglich. Schon früh kamen der Marder und bald nach ihm das Wiesel, das Hermelin, auch Frettchen und Wühlmäuse. Auch sie haben nach überstandener Weltreise Gefallen an der Langen Weißen Wolke gefunden, haben sich vermehrt und nach allen Seiten hin ausgebreitet.

Nicht immer ist es ihnen so gut gegangen, andere Tiere haben aus unerklärlichen Gründen die Lust an der Paarung verloren und keine Nachkommen verbreitet. Zu solchen Fehlinvestitionen gehören Lama und Alpaka, die 1865 gekommen und bald danach verschwunden sind. Auch dem Zebra, eingetroffen 1870, wurde kein Erfolg zuteil. Seltsamerweise – auch dafür gibt es bisher noch keine plausible Erklärung – sind desgleichen Eichhörnchen und Meerschweinchen nicht heimisch geworden.

Nicht nur Ziegen und Schweine sind verwildert, auch Pferde und Rinder. Sie haben sich aus der Nähe von Menschen zurückgezogen in höhere Lagen und in die dichten Wälder. Sie dürfen eingefangen, ja sogar geschossen werden. Tatsächlich sind Wildrinder eine legale Jagdbeute, und bis vor kurzem waren es auch noch die Pferde. Sie werden aber jetzt durch Verwendung von Spezialgeschossen betäubt, abtransportiert, zugeritten und an Interessenten verkauft.

Bevor die Menschen kamen, hat die Landschaft Aotearoas anders ausgesehen als heute. Schon die Maori haben, soweit es ihnen möglich war, damit begonnen, die Wälder abzubrennen. Die Brandrodung erleichtert ihnen die Jagd auf Vögel, den Anbau ihrer Süßkartoffel und die Fortbewegung über große Entfernungen. So geschah es vor allem auf der Nordinsel, dann auch entlang der südlichen Küste und an den Meeresstraßen der Südinsel. Als zu Beginn des 19. Jahrhunderts die ersten Siedler kamen, haben natürlich auch sie Nutzpflanzen mitgebracht. Zunächst dienten sie der eigenen Ernährung, und als die gesichert war, verkaufte man die Überschüsse unter anderem auch an die Maori. Bald ging man daran, schnell wachsende Hölzer aus Kalifornien, Australien und anderen Regionen einzuführen. Als man nach und nach mehr Land für die Schafe brauchte, wurden weite Flächen des einheimischen Waldes zerstört und der freigewordene Boden mit aus England eingeführtem Weidegras besät.

Auch das überhandnehmende Wild ist importiert, so die Hirsche mit ihrem Kahlwild und den Kälbern. Weil hier alle natürlichen Feinde fehlen, sind sie von ihrer größten Sorge befreit. Sie finden oder fanden bis vor wenigen Jahrzehnten noch weit mehr Futter als sie brauchen und leben zudem noch in einem für sie recht angenehmen, gemäßigten Klima.

Das erste Rotwild hat Prinz Albert von Coburg, Prinzgemahl der Königin Victoria, im Jahr 1851 aus dem Richmond-Park bei London in die neuseeländische Kolonie geschickt. Wenige Jahre später ließ er sechs Stück Rotwild aus dem Windsor-Park der Königin folgen. Sie wurden in die Rimutaka-Berge gebracht und haben sich von dort aus tausendfach vermehrt. Der schon erwähnte Henry Petrie konnte es nicht lassen, im Jahre 1860 nochmals Rotwild, und zwar aus dem schottischen Hochland, in seine neue Heimat zu verschiffen. Genau 100 Tage lang waren die bedauernswerten Tiere unterwegs. Weil überkommende Wogen versuchten, die Transportkisten ins Meer zu schleudern, haben die wahrhaft tierfreundlichen Offiziere ihre Kabinen geräumt, um darin das Rotwild unterzubringen. Zwar sind fast alle in gutem Zustand eingetroffen, waren aber durch ihren täglichen Umgang mit Menschen sowie der Unterbringung in menschlichen Schlafräumen derart zahm geworden, daß sie die ihnen angebotene Freiheit ablehnten. Man mußte sie auf Farmen verteilen, wo sie den Farmern in alle Räume folgten und angeblich auf Betten, natürlich auf Strohbetten, geruht haben.

Der Earl Dalhousie hat keine Kosten gescheut, um das von ihm nach Neuseeland entsandte Rotwild ins vorerst menschenleere Hinterland zu verfrachten. Zu diesem Zweck hat er im Jahr 1870 eine 15 Kilometer lange Schotterstraße gebaut, um seine Lieblinge auf Karren zu befördern. An jener Stelle, wo sie endlich in die neue Heimat entlassen wurden, hat man ein Denkmal mit entsprechender Inschrift errichtet, das ich dort gesehen habe.

Ebenfalls zu den Cerviden gehört das 1875 eingeführte Damwild, auch Sambarhirsche von der Insel Ceylon. Erst 1900 kamen 14 Elche aus Kanada, im gleichen Jahre 20 Wapiti aus den USA. Aus den Beständen des Herzogs von Bedford in Woburn Abbey wurden ursprünglich aus der

Mandschurei stammende Axishirsche nach Neuseeland transportiert, etwa zur gleichen Zeit Sikawild aus Japan. Ein österreichischer Admiral sorgte im Auftrag des Kaisers Franz Joseph für die Einfuhr von ungarischem Rotwild. Ebenso gelangten zwei Gamsböcke und sechs Geißen als kaiserliches Geschenk ins Hochgebirge der Insel Neuseeland. Was der Grund dafür sein dürfte, daß man dort den größten Gletscher nach Kaiser Franz Joseph von Österreich–Ungarn benannt hat.

Die heute im Fjordland und im Mount-Cook-Gebirge zahlreich vorhandenen Thar sind zwar im Himalaya zuhause, aber eine kleine Gruppe hatte im Wildpark des Herzogs von Bedford eine neue Heimat gefunden. Davon hat Bedford sechs Tiere abgezweigt und schon 1897 in die absolute Freiheit von Aotearoa entlassen.

Christchurch, englischer als England

Als seinerzeit Marianne und ich mehrere Tage in Christchurch verbrachten, erschien uns die Stadt noch englischer als England. Wir staunten nicht wenig, wir glaubten uns allen Ernstes in eine mittelgroße Stadt des britischen Königreichs versetzt. Weil ich am Trinity College in Cambridge studiert hatte, glaubte ich aufs neue die dortige Atmosphäre zu schnuppern. In Cambridge war damals die Universität gleichbedeutend mit der Stadt. Die einzelnen Colleges stammten großenteils aus dem Mittelalter und waren gut erhalten. Dahinter breiteten sich – und so ist es noch heute – meilenweite Parks aus, mit uralten Baumbeständen und tiefgrünen Rasenflächen. Mitten hindurch schlängelte sich der nur träge fließende Cam, den viele kunstvoll gebaute Brücken überspannten, keine jünger als etwa ein halbes Jahrtausend. Nach diesem Fluß und seinen Brücken ist Cambridge benannt.

So ähnlich war das Universitätsviertel von Christchurch bei meinem Besuch mit Marianne. Auch hier herrliche Parkanlagen, neoantike Brükken und ein tiefgrüner Fluß, Avon genannt. Wesentlicher noch als die äußere Übereinstimmung mit Cambridge war für mich die Atmosphäre gewesen. Die Studenten mit ihren Mappen, mit ihren Büchern unter dem

Arm, gelegentlich mit Cap und Gown, so wie ich nach Anbruch der Dunkelheit die für Studenten vorgeschriebene Kleidung getragen hatte.

Leider hat man schon seit mehreren Jahren aus praktischen Gründen die Universität vor die Stadt gelegt. Die alten Gebäude beherbergen nur noch Ämter, Institute, die Kunstakademie und Ausstellungen. So kommt die rechte Stimmung nicht mehr auf. Aber der schöne Park, der grüne Avon und die Fassaden der pseudohistorischen Bauten sind geblieben.

Immer noch fahren die für London typischen Autobusse durch Christchurch, vorläufig stehen noch die roten Telefonhäuschen dort, und es fehlt nicht an den knallroten kreisrunden Briefkästen. Auch manche der Verwaltungsgebäude und der Museen zeigen noch den neugotischen Stil des alten Christchurch, vor allem die Kathedrale.

Schon auf den ersten Blick begreift jeder Besucher, daß Christchurch vorgeplant wurde. Dem Eigenwillen der Stadtbewohner blieb nur wenig überlassen. Eine Siedlungsgesellschaft, begründet und geleitet von dem einflußreichen, genialen John Wakefield, der seitens der britischen Regierung, besonders auch von der anglikanischen Kirche kräftig unterstützt wurde, hatte weit vorausblickend den Architekten John R. C. Godley mit der Gesamtplanung beauftragt. So entstand die Stadt, bevor noch ein Mensch dort lebte, zuerst auf dem Reißbrett. So weit hinaus in die Zukunft geplant, daß man Godleys Pläne bis zum heutigen Tag nicht vollständig realisiert hat. Die gesamte Stadt besteht aus Quadraten, alle um die Cathedrale Square gegliedert. So wie es Godley bestimmt hat, darf kein Gebäude den Turm der Kathedrale überragen. Deshalb blieb Christchurch von Hochhäusern verschont. Dem Wunsch seiner Auftragsgeber entsprechend hat Godley alle Hauptstraßen nach 27 Bischöfen, Lords, Baronets und Parlamentsmitgliedern benannt. Die meisten Namen sind heute kein Begriff mehr.

Mit großer Sorgfalt wurden die Siedler ausgewählt. Jeder mußte das Zeugnis seines Pfarrers vorweisen, in dem er zahlreiche, für unsere Begriffe auch streng private Fragen zu beantworten hatte. Wer für würdig befunden war, konnte ab dem Jahre 1850 aus England ausreisen und gelangte nach 90 bis 120 Tagen in den kleinen Hafen Lyttelton, nur wenige Kilometer vom Zentrum der neuen Stadt entfernt. Schon nach fünf Jahren zählte Christchurch 3600 Einwohner. Das bescheidene Holzhaus mit dem Schindeldach des ersten Siedlers blieb bis heute erhalten und kann besichtigt werden. Dieses Ehepaar war mit neun Kindern gesegnet, die in drei Etagen übereinander geschlafen haben, weil sonst der Platz nicht reichte. Aber dennoch sieht die Heimstatt gemütlich aus, sie befindet sich im Schatten weitausladender Bäume auf einer grünen Wiese. Architekt Godley legte großen Wert auf öffentliche Parks und Gärten, außerhalb des Stadtzentrums mußte jedes Haus einen Garten haben. Die Stadt ist wirklich eine Gartenstadt wie kaum eine andere. Wenn Auckland und Wellington von immer höher ansteigenden Bergrücken umgeben sind, so ist Christchurch flach wie eine Tischplatte. Erst in größerer Entfernung erhebt sich die Canterbury-Ebene zu Hügeln, dann zu Bergen und schließlich zu Hochgebirgen.

Weil Lothar eine befreundete Familie besuchen will, steige ich kurzentschlossen auf dem Square, dem für Fußgänger reservierten Zentrum der Stadt, in einen knallroten Touristenbus. Eine Stadtbesichtigung von vier Stunden Dauer ist vorgesehen, und so lege ich mich zurück ins Polster, um das weit ausgebreitete Christchurch in Ruhe zu genießen. Die breiten Straßen ersticken nicht im Verkehr, selbst vor Warenhäusern kann ich freie Parkplätze entdecken. Auffallend ist auch hier die Zahl der Buchläden. Es muß wohl stimmen, daß die Neuseeländer pro Kopf der Bevölkerung mehr Bücher kaufen und auch lesen als andere Völker. Trotz der mittäglichen Stunde eilen unzählige Jogger durch den Hagley Park und durch die Straßen in den Villenvororten.

Hin und wieder halten wir an, unter Führung des Fahrers bummeln wir durch einige der schönsten Straßen und bestaunen einen Teich, auf dem so viele Enten schwimmen, daß sie kaum noch Platz haben zu gründeln. Ein hübsches Theater gibt es hier, von einer Truppe begeisterter Amateure bespielt. Herrlich anzusehen von außen das Canterbury Museum, das wir später auch besichtigen. Es lohnt sich, dies zwei- oder dreimal zutun. Man hat eine Ladenstraße aus der Pionierzeit wiederhergestellt, in den Geschäften sieht alles aus wie vor bald 100 Jahren. Mich bewegen besonders die Exponate zur antarktischen Forschung. Die Ausrüstung von Roald Amundsen ist zu sehen, der im Jahre 1911 den Südpol erreichte, auch Erinnerungen an seinen Rivalen, den Captain John Peter Scott, der knapp vier Wochen später das Ziel erreichte. Auch ein Motorschlitten ist ausgestellt, mit dem andere Forscher versucht haben, den Pol zu erreichen. Aber das Vehikel war technisch so unvollkommen, daß es nach wenig mehr als 100 Kilometern völlig versagte. Was man sonst noch zusammengetragen hat, ist verblüffend. Komplette Pferdekutschen sind aufgebaut, daneben und dahinter die Mitreisenden in Wachs und ihr Gepäck, sogar eine Poststation mit allem Zubehör blieb hier erhalten. Auch die McDougall-Kunstgalerie sollte man besuchen, denn sie bietet einen Überblick über die Entwicklung der Künste von der Mitte des vorigen Jahrhunderts bis in die Gegenwart.

Unser Bus rollt hinaus zum Badestrand am Pazifischen Ozean, wo hübsche Einfamilienhäuser sobald kein Ende nehmen. Zwölf Kilometer weit vom Zentrum breitet sich der Flughafen aus. Wir drehen auch dort eine Runde, und ich meine, daß man so viele schöne Motels, Hotels, Parks und Gärten für den Airport einer Stadt wie Christchurch gar nicht braucht.

Als ich den Fahrer nach der Einwohnerzahl frage, kann ich ihn kaum verstehen, so ausgeprägt ist sein Kiwi-Slang. Ein Großteil der Christchurcher stammt von eingewanderten Schotten ab, deren Sprachmelodie bis heute erhalten geblieben ist. Es mischen sich andere Fahrgäste ein, und so höre ich von einem Nachbarn, daß 132 000 Menschen in Christchurch leben. Worauf ihn eine Frau verbessert und sagt, daß es mindestens 300 000 sind, während verschiedene Reiseführer sich auf 330 000 und einer sogar auf 350 000 versteifen. So ist es oft in Neuseeland, wenn man hieb- und stichfeste Informationen wünscht.

Sodann fahren wir hinauf zu den Snobhills, wie man die vornehmen Villenviertel nennt. Die Luft ist milde in der Gegend von Christchurch. Der vorherrschende Wind nicht allzu lebhaft, und die Niederschläge sind relativ gering. Von Schnee und Frost hat man nur gehört, aber nicht viel gespürt. Als ich den Fahrer frage, wo hier die armen Leute wohnen, schüttelt er den Kopf und behauptet, so etwas gäbe es nicht. Es muß wohl stimmen, denn er zieht weite Runden durch Außenbezirke, ebenso durch die von greller Reklame entstellte Gegend der amerikanisierten Supermärkte. Nirgendwo sieht man schlecht gekleidete Menschen, nirgendwo dreckige Bruchbuden oder graue Baracken. Jeder Bürger Neuseelands bekommt von seinem 60. Lebensjahr an eine Pension. Gewiß nicht hoch, aber sie reicht für bescheidene Ansprüche. Jeder Bürger bekommt sie, auch Familien mit höchstem Einkommen. Allerdings nimmt denen die Steuer den größten Teil wieder weg. Voraussetzung für die »allgemeine Staatspension« ist, daß der Empfänger länger als zehn Jahre im Land gelebt und seit mindestens sieben Jahren in der betreffenden Gemeinde. Das kostet natürlich den Staat eine gewaltige Summe. Deswegen sind auch die allgemeinen Steuern sehr hoch, höher als in der Bundesrepublik. Eine

Rolle spielt dabei auch die ungewöhnlich lange Lebenserwartung der Neuseeländer.

Gewiß gibt es auch reiche und sehr reiche Familien in Christchurch, aber nicht dem äußeren Anschein nach. Gehört es doch zu den noblen Angewohnheiten der Neuseeländer, auch dann keinen Aufwand zu treiben, wenn sie es ohne weiteres könnten. Demgemäß gibt es von der Stewart-Insel im tiefen Süden bis hinauf zum Kap Reinga im hohen Norden kein Haus, das man als Schloß oder Herrenhaus bezeichnen könnte, ausgenommen das angeblich Stein für Stein aus Schottland herangeschaffte Larnach Castle in der Umgebung von Dunedin und das vom britischen Gouverneur Sir George Grey auf der Kawau-Insel im Golf von Hauraki errichtete Herrenhaus. Beide sind heute Museen.

Immerhin bewundern wir des öfteren weiträumige Villen mit Gärten, die man schon als Parks bezeichnen könnte, mit Schwimmbecken und großer Garage. Dennoch wurde der Eindruck von Luxus vermieden. So fehlen schmiedeeiserne Portale, die Zierrate an Balkonen und Gesimsen. Die teueren Luxuswagen, vorzugsweise Mercedes, Rolls Royce und BMW, stehen in Garagen oder in sogenannten Carports. Man will nicht andere Leute übertrumpfen, man will nicht den Unwillen bescheidener Menschen erwecken. Angabe ist nicht in!

Wie es der Zufall will, werden mein Freund und ich von zwei verschiedenen Familien eingeladen. Als wir hinterher den Verlauf des Abends besprechen, sind unsere Erfahrungen fast genau die gleichen. Die Hausherren, beide Arbeitgeber für viele 1000 Menschen und von großem Einfluß im Lande gingen dem Gast mit ausgestreckter Hand und freundlich lächelnd entgegen. Die Hausfrau wundert sich über die mitgebrachten Blumen, weil sie doch selber genug im Garten hat. Weil ich an den Handkuß der alten Schule gewöhnt bin, weicht vor mir die Dame des Hauses verwirrt einen Schritt zurück. Wer von uns ein Abendessen mit mehreren Gängen und passendem Wein erwartet hat, wird enttäuscht. Kein dienstbarer Geist ist zu sehen. Alles, was aufgetischt wird, besorgt die Gattin des Multimillionärs mit eigener Hand. Hin und wieder schaut ein Sohn oder eine Tochter in den Raum, wird flüchtig vorgestellt und verschwindet wieder. Nur sogenannte Kleinigkeiten werden serviert, durchaus schmackhaft und hübsch anzusehen. Der Hausherr fragt, ob Weißwein, Rotwein, Bier oder Whisky erwünscht ist. Die Räume sind gut eingerichtet, aber Kunstwerke fehlen. Beide Familien, in denen wir zu

Gast waren, sind weitgereist und haben Erinnerungen mitgebracht. Aber Möbel, Teppiche, das Geschirr und die meisten Bilder stammen aus dem Warenhaus.

Angenehm ist die zwanglose Unterhaltung, so, als ob man sich schon seit Wochen und Monaten kennt. Schon bald geht man zu Vornamen über. Weil es im Englischen keinen Unterschied zwischen Du und Sie gibt, klingt der Umgangston kameradschaftlich. An Gesprächsthemen fehlt es nicht. Wir sprechen über die Jagd in den Bergen, über das Angeln von Raubfischen, über den Fang von schweren Aalen und ähnliches. Zum Bedauern meiner Gastgeber verstehe ich nichts von Rugby, von Pferderennen und der zur Zeit ausgetragenen Segelregatta. Die liebste Freizeitbeschäftigung der Mehrheit aller Neuseeländer ist wohl die Gartenpflege. Über das Garteln gibt es die lebhaftesten Gespräche.

Meine Gastgeber haben mich auf bestimmte Originale hingewiesen, die vor allem während der Wochenenden auf der Cathedrale Square ein zahlreiches Publikum erfreuen und verblüffen. Solche Typen gab es schon bei meinem ersten Besuch mit Marianne. Unter anderem produziert sich dort der sogenannte Wizard, ein älterer, leidenschaftlich gestikulierender Mann, der für den Zusammenhalt des britischen Empires eintritt. Ein großer Bewunderer der Königin Elizabeth, der britisch-neuseeländischen Geschichte und der tapferen Soldaten. Ganz im Gegensatz zu ihm eine spindeldürre Dame an der gegenüberliegenden Ecke des Platzes. Sie vertritt sozialistische bis linksradikale Thesen, wünscht die Lösung von England, die Abschaffung aller kronengeschmückten Wappen an den öffentlichen Gebäuden und weist daraufhin, daß die reichste Frau der Welt, womit sie die Queen meint, keine Steuern zahlt. Gelegentlich tritt noch eine dritte Dame in Erscheinung, die Bibelstellen vorliest, danach geistliche Lieder auf der Geige spielt und eine hinreißende Predigt hält. Außerdem gibt es auf dem Square noch einen Mann namens Ray Comfort, der mit großem Schwung gegen Rauschgift redet, gegen freizügigen Sex und allzu intimes Verhalten in der Öffentlichkeit. Wer London und den Hyde Park Corner kennt, weiß Bescheid.

Wir erholen uns von diesen Darstellungen beim gemütlichen Bummel durch die Fußgängerzone. Hin und wieder erinnern victorianische Kolonialbauten an das typisch englische Christchurch. Damals gab es noch eine als besonders fein geltende Privatschule für Jungen, deren Schüler eine Uniform mit Strohhut trugen. Sie waren seinerzeit häufig zu sehen, ebenso die uniformierten Mädchen eines Girls Colleges. Ich habe meine Gastgeber gefragt, warum man sie nicht mehr sieht. Sie sagten mit Bedauern, man habe diese Kleidung 1970 abgeschafft. Sie sei der Ausdruck von Klassendenken gewesen. Noch immer aber gilt das ungeschriebene Gesetz, daß die meist älteren Damen und Herren beim Kricket und Bowling die Mode der Jahrhundertwende tragen.

Eine nette Geschichte muß ich noch berichten, die sich in unserem Hotel abgespielt hat. Dort gibt es für die Gäste nicht nur einen ungemein gutausgestatteten Whirlpool, in Neuseeland Spa genannt, sondern auch einen Raum mit sechs oder sieben ultramodernen Waschmaschinen. Weil ich selber noch nie so ein Ding bedient habe, meint Lothar, es sei an der Zeit, es zu lernen. Man habe ja nicht überall die Möglichkeit, mit dem Reinigen der Wäsche andere Leute zu befassen. Daher lasse ich mir die umständliche Bedienung der zischenden, dampfenden, polternden Apparate erklären. Kaum hat mich mein Freund verlassen, folge ich seinen Hinweisen nach bestem Wissen. Soweit geht auch alles gut. Dann lasse ich in der zweiten Trommel meine Wäsche trocknen. Wie nun das Signal ertönt, hole ich das Zeug heraus. Weil ich nicht fähig bin, die Sachen auch noch zu bügeln, stopfe ich alles in meinen Wäschesack. Wer aber beschreibt das schallende Gelächter meiner Frau, als zuhause beim Sortieren auch weibliche Wäschestücke zum Vorschein kommen, Strumpfhosen, Büstenhalter und rosarote Slips!

Die Wege des Grünstein

Die alten Maori konnten nicht lesen und schreiben, hatten weder Pfeil noch Bogen, auch das Rad war ihnen fremd. Aber sie verstanden etwas anderes, das bei uns viele Leute bis zum heutigen Tag nicht gelernt haben, nämlich Landkarten zeichnen. Wobei sie allerdings den Fehler machten, ihnen gutbekannte Regionen größer darzustellen, als sie in Wirklichkeit waren. Wer das wußte und in Rechnung stellte, fand sich dennoch zurecht.

Als im Jahre 1793 der Captain Hanson an Bord seiner »Daedalus« zwei Maori aus der Bay of Islands zur Norfolk-Insel mitnahm, wo erst vor kurzem die britische Regierung eine besonders harte Sträflingskolonie eingerichtet hatte, wurde er von diesen beiden einerseits bitter enttäuscht, andererseits aufs höchste überrascht. Sie sollten den Strafgefangenen auf Norfolk beibringen, wie man den dort vorhandenen Flachs verarbeitet, taten es aber nicht. War doch die Ernte und alle weitere Behandlung von Flachs ausschließlich Frauensache, Männer rührten dergleichen nicht an.

Wie sich aber Hanson nach der Geographie des neuseeländischen Hinterlands erkundigte, die damals noch den Pakeha völlig unbekannt war, wußten die Stammesführer aufs beste Bescheid. Sie zeichneten mit einem Stück Holzkohle die Umrisse der beiden Inseln aufs frisch gescheuerte Deck. Sie entsprachen ungefähr der Küstenlinie der von Cook entworfenen Karte. Aber diese Maori wußten weit mehr als Cook. Sie malten, und zwar in Schraffierungen, hohe Gebirge ins Hinterland und auch die großen Seen. Der ältere von beiden, Too-gee mit Namen, wußte auch gut über das Landesinnere der von ihm Puenammi genannten Südinsel Bescheid. Auch was wir heute die Südalpen nennen, jene mehr als 800 Kilometer lange Gebirgskette, deren höchster Gipfel bis 3764 Meter ansteigt, stellte der Maori dar, besonders klar den Wakatipu-See im südlichen Teil der Insel.

Das weit ausgebreitete Gewässer wird, wie auf modernen Karten zu sehen, auf fast allen Seiten von Bergen, Schluchten, reißenden Flüssen, auch von undurchdringlicher Wildnis gegen die Außenwelt abgeschlossen. Aber für die Einheimischen der voreuropäischen Zeit war der Wakatipu sehr wichtig, weil es an seinen Ufern Grünstein gab. Das harte, glänzende, oft glasige Material wird auch Nephrit, Jade, Obsidian genannt. Für die Eingeborenen von Aotearoa war es das unentbehrliche Material für alles, was schneiden sollte. Nichts Besseres gab es für die Mere genannten Handbeile, die im Kampf als Hauptwaffe dienten. Auch ihre Schmuckstücke, die berühmten Tiki, wurden daraus hergestellt.

So mußten die Maori auf langen, beschwerlichen und gefährlichen Wegen das kostbare Material vom Wakatipu holen. Weil sie weder Tragtiere besaßen noch Transportmittel mit Rädern, wurden die Grünsteinlasten auf Menschenrücken befördert. Dazu dienten Sklaven sowie die Untertanen der Stammeshäuptlinge. Wenn man bedenkt, daß der Grünstein bis droben am äußersten Ende der Nordinsel verwendet wurde, führten die Wege, die Umwege gar nicht mitgerechnet über rund 1500 Kilometer Entfernung. Zwischen den beiden Inseln, über die Cook-Straße

Sogenanntes Hai-Tiki. Es ist nur fingerlang und besteht aus Nephrit, dem sogenannten Grünstein. Es wird von den Maori als Anhänger getragen, oft durch viele Generationen in der gleichen Familie.

hinweg, mußten die Vorräte auf Kanus transportiert werden, vermutlich auf Kanus mit Auslegern oder Katamaranen. Es war offenbar ein Ehrenkodex der Maori, die Träger und Händler mit Grünstein nicht zu überfallen.

Als Christchurch geplant wurde, als man den elf Kilometer langen Ochsenkarrenweg vom Hafen Lyttelton bis zum Platz für die vorgeplante Kathedrale anlegte, schickte die Wakefield-Siedlungsgesellschaft Landvermesser in die Umgebung, um die Ansiedlung für Ackerbau und Schafzüchter vorzubereiten. Sie wurden in der Regel begleitet von Pakeha, die Maori sprachen, oder von Maori, die Englisch verstanden. Ihre Aufgabe war es, den Eingeborenen, soweit diese Ansprüche erhoben, den Verkauf des Grund und Bodens einzureden. Der übliche Kaufpreis belief sich im Durchschnitt auf eine Axt für zehn Acres. Nicht eben viel, wenn man den heutigen Preis einer aus bestem Stahl gefertigten Axt mit dem Bodenpreis für etwa drei Hektar gutem Weideland vergleicht.

Besser war es natürlich, nichts zu bezahlen, sondern sich einfach zu nehmen, was niemandem gehörte. Die Wakefield-Gesellschaft konnte nur Ansprüche erheben auf das schon bekannte, von den Eingeborenen abgetretene Land. Darüber hinaus aber natürlich nicht. Was die ursprünglichen Herren der Langen Weißen Wolke betraf, so hatten sie das Hinterland nur dürftig oder gar nicht besiedelt. Nach ihrer Meinung konnte sich dort jeder nehmen, was er wollte, sogar die Pakeha. Wichtig für sie waren nur die Quellen des Grünsteins, ganz beonders der Greenstone River in der Nähe des Wakatipu-Sees. Einige, wenn auch nur wenige Maori-Pfadfinder kannten die Wege dorthin durch das ganze weite, von den Göttern geschaffene und von Menschen ungestörte Land.

Als in der Nähe der Küstensiedlungen das beste Land vergeben war, machten sich einige Schafzüchter auf eigene Faust auf die Suche. Wenn sie Schafland fanden, was zunächst das wichtigste war, so genügte es, wenn sie nachher in Christchurch oder Dunedin dieses Gelände auf ihren Namen eintragen ließen. »Einen Claim sichern« nannte man das. Eigentlich war es dafür nötig, die Gegend ordentlich zu vermessen. Das konnte begreiflicherweise in der Praxis nur unvollkommen geschehen. Aber in jenen Anfangszeiten der Landnahme war man nicht pingelig. Meistens hatten die landsuchenden Pakeha Maori-Führer. Die mußten bezahlt werden, für ihre Begriffe hochbezahlt. Von einem Maori-Führer wird berichtet, der für seine Teilnahme an einer besonders langen und gefährlichen Entdekkungsreise einen großen Kochkessel verlangte, der auf drei Beinen stand und einen Deckel besaß. Den wollte er im voraus haben, um sicher zu gehen.

Den Anfang machte im Jahre 1851 ein Schafzüchter namens I. C. Aitken. Der entdeckte nach monatelangen Wanderungen den prächtigen Coleridge-See, wo er gutes Schafland fand, das er später im Landbüro von Christchurch für sich eintragen ließ. Noch heute leben seine Nachkommen auf diesem Gelände, ihre Schafzucht blüht und gedeiht. 1855 sah ein anderer Prospektor, der bisher noch keine Schafe besaß, aus weiter Ferne die »Schneeberge«. Es war das Gebirgsmassiv mit dem Mount Cook als höchstem Gipfel. Die schillerndste Persönlichkeit unter den ersten Entdeckern war gewiß ein Schotte namens James Mackenzie. Er war ungewöhnlich groß, hatte flammend rotes Haar und schaute stechend scharf durch seine Wieselaugen. Im März 1855 hatte Mackenzie, nur von einem Hund begleitet, dem Farmer Sidebottom ungefähr 1000 Schafe gestohlen und weit ins Hinterland getrieben. Dies offenbar in der Absicht, für »seine« Wollträger gutes Schafland zu finden, möglichst weit vom Arm des Gesetzes entfernt. Aber ein junger Maori mit Namen Seventeen entdeckte den räuberischen Schotten mitsamt den entwendeten Schafen und informierte Henry Sidebottom. Diese beiden mit noch zwei Gehilfen folgten der Spur, hatten aber große Mühe, den rasch marschierenden Schafdieb einzuholen.

Doch eines Nachts wurde Mackenzie im Schlaf überrascht, gefesselt, und man zog ihm seine Stiefel aus. Mit je einem Bewacher vor und hinter dem Gefangenen kehrte Sidebottom mit Seventeen und den 1000 Schafen nach Christchurch zurück. Weil man bei Nacht und Nebel geheimnisvolle Stimmen hörte und schauriges Hundegebell, fürchteten Sidebottom und Seventeen sich sehr. Mit einem Mal war der Mack weg! Wie es ihm gelungen war, gefesselt und ohne Stiefel davonzukommen, war nicht zu begreifen. Vielleicht hatte der Mann geheimnisvolle Helfer. In Lyttleton aber wurde Mackenzie erkannt, allein schon wegen seiner flammend roten Haare. Das Gericht verurteilte ihn zu fünf Jahren Gefängnis. Was gar nicht so streng war, wenn man bedenkt, daß noch bis zum Ende des Jahrhunderts Pferdediebe ohne weiteres gehängt wurden.

Dreimal gelang dem tüchtigen Mackenzie der Ausbruch. Weil es aber damals noch keine guten Färbemittel für Haare gab, verrieten ihn seine roten Haare, wohin er kam. Letzten Endes hat der Gouverneur den Übeltäter begnadigt. Allerdings mußte der versprechen, Neuseeland für immer zu verlassen. In Anerkennung seiner Pfiffigkeit – so großzügig sind die Neuseeländer – war die Bevölkerung mit der ihm erwiesenen Gnade einverstanden.

Sidebottom, mit dem ihm zugeteilten Weideland, das er billig genug von der Siedlungsgesellschaft erhalten hatte, nicht zufrieden, machte sich auf, um in noch weiter entlegenem Gelände bessere Möglichkeiten zu finden. Bei diesem Vorstoß entdeckte er den großen Ohau-See, und weil sich an dessen Ufern Grasland von der besten Sorte ausdehnte, nahm er sich davon 75 000 Acres. Keine schlechte Belohnung für eine, wenn auch gewiß weite und schwierige Wanderung!

Den Samuel Baker hätte ich gerne gekannt, war er doch auf seine Weise eine hochinteressante Persönlichkeit. Wie so viele Farmer auf der Südinsel stammte auch er aus Schottland, war aber im Unterschied zur Mehrzahl der übrigen Einwanderer ein studierter und außerdem überaus leistungsfähiger Mann. 1860 machte er sich auf ins herrenlose Hinterland der Ostküste, folgte unter sagenhaften Schwierigkeiten dem Rangitata-Fluß stromauf, wanderte durchs Harper-Tal und immer noch weiter. Weil er sein braves, aber lahmendes Pferd nicht verlassen wollte, wurde nicht er, sondern Arthur Dobson der Entdecker des Arthur's-Passes, über den wir unlängst gerollt sind. Stattdessen wandte sich Samuel Baker dem oberen Rangitata zu und war wohl der erste Pakeha, der von Osten kommend die glitzernde Eishaube des Mount Cook erblickte. Schließlich fand er auf weiten Umwegen das, wonach er gesucht hatte: Eine schier endlose, relativ flache, von mehreren Bächen durchzogene Ebene, die bestimmt sehr viele 1000 Schafe tragen konnte. Seine Farm Mesopotamia ist bis zum heutigen Tage eine der größten Schaffarmen Neuseelands geblieben.

Weshalb Mesopotamia, danach habe ich nicht gefragt, aber die Erklärung dafür nach meiner Heimkehr gefunden. Mesopotamien, das historiche Zweistromland zwischen Euphrat und Tigris, heute zum Irak gehörend, ist nach Meinung gelehrter Vorgeschichtler die Urheimat der Schafe gewesen. Wie sich bei Ausgrabungen ergab, hielt man dort um das Jahr 8000 v. Chr. Schafe für die Gewinnung von Wolle, Milch und Fleisch.

Die Herden des Samuel Baker entwickelten sich aufs beste, und da er für einen guten Verwalter sorgte, konnte er sich weiteren Forschungen widmen. Mit nur einem Gefährten erforschte er den Oberlauf des Rangitata, auch den Havelock, den Clyde und den Lawrence River. Jede dieser Reisen war eine Entdeckungsreise, eine harte Prüfung für harte Männer. Er bestieg den Rücken der Jollie-Berge und sah von dort, wenn auch nur im Fernglas, eine Lücke in den Südalpen, vermutlich einen Paß, über den man an die Westküste gelangen konnte. Beide Männer versuchten, die Wasserscheide zu erreichen, aber das Gelände war unpassierbar, sie mußten umkehren und erreichten zu Tode erschöpft wieder die Farm Mesopotamia. Bakers Bericht erreichte das Survey Office in Christchurch. Man beauftragte den Landmesser Ackland, über diesen Paß einen Weg an die Westküste zu finden. Ackland aber wurde beim Durchqueren des reißenden Taramakau vom Pferd gerissen und ertrank. Den Paß hat man nach ihm benannt.

Erst vor wenigen Jahren hat man in den Archiven der Turnbull Library in Wellington handgemalte Karten entdeckt, die von Maori gezeichnet waren. Darin sind auch große Seen enthalten, die seinerzeit den Pakeha unbekannt waren. Um die Mitte des vorigen Jahrhunderts waren nur Gerüchte im Umlauf, die auf eine große Zahl ausgedehnter Wasserflächen hinwiesen. Dr. Julius von Haas suchte in Begleitung des Botanikers Dr. Sinclayr nach ihnen. Sein Hauptquartier dabei war die schon erwähnte Farm Mesopotamia des Samuel Baker. Haas folgte dem Ashburton River und war vermutlich der erste Entdecker von Goldvorkommen in den Bergbächen. In Begleitung eines jungen Maori namens Raua te arroah, dem einzigen Kenner der noch unerforschten Regionen, machten sich sodann Nain und Pharacy auf den Weg. Mit Hilfe ihres Eingeborenen gelangten sie an den Te Anau-See, folgten sodann der Küste dieses stürmischen Gewässers in einem selbstgebastelten Boot, das ständig zu sinken drohte. Pausenlos mußten die Männer schöpfen, litten auch unter scharfem Wind und prasselndem Regen. Einen gangbaren Weg über die Berge hinweg oder um sie herum konnten auch sie nicht finden. Die Kenntnis der Maori reichten nur bis an den Te Anau-See, hinter dem die Berge steil in den Himmel stiegen. Dabei hätten die beiden Forscher nur eine relativ schmale Landbrücke, den Wilmot-Paß überqueren müssen, um an den Doubtful Sound zu gelangen. Der öffnet sich zum Tasmanischen Ozean hin, das heißt zur freien Westküste der Südinsel. Der so lange schon bisher aber vergeblich gesuchte Überlandweg wäre damit entdeckt worden. An sich hätte allein das Überschreiten des Wilmot-Paß zum Doubtful-Fjord aber nicht viel genützt. Es gibt dort weit und breit kein flaches Gelände und kaum einen Fleck, auf dem Schafe weiden könnten.

Liest man in der neuseeländischen Entdeckungsgeschichte die leider nur nüchtern und farblos aufgezählten Versuche und Erfahrungen jener hartgesottenen Männer, so geht das wahre Ausmaß ihre oft lebensgefährlichen Arbeiten nicht daraus hervor. Jede einzelne dieser meist aus eigenen Mitteln finanzierten Expeditionen verdiente ein gutgeschriebenes Buch für sich. Welche Themen für aufregende Filme bleiben da noch ungenutzt! Bedenkt man, daß zu jener Zeit fast alle Regionen der zuvor noch unerforschten Wildnis unserer Erde bekannt waren, so ist das Innere der neuseeländischen Insel einer der letzten »weißen Flecken« gewesen.

Eine andere Expedition, angeführt von Macandrew mit dem schon eisgrauen Captain Cargill und einem Dr. Schmidt, erlebte ein trauriges Ende beim Versuch, die Westküste zu erreichen. Schmidt starb an Erschöpfung, den alten Captain Cargill mußten Maori auf einer Tragbahre zu weit entfernt lebenden Pakeha bringen. Die Herren Chubbin, McFarlan und die Brüder Morrison, geführt von dem Maori Reka, kämpften sich 70 Kilometer weit durch haarscharfes Speergras und glatte Steinblöcke durch, bis sie schließlich den Wakatipu-See erreichten. Aber dessen Ufer waren so dicht bewachsen und so steil, daß sie ihren Weg im eiskalten Wasser fortsetzen mußten. Dabei zogen sie die Pferde hinter sich her, lebten allein von der Jagd und vom Fischfang. Endlich kamen sie ans äußerste Ende der Wasserfläche, fanden aber keinen Weg über das Gebirge.

Der tüchtige Landvermesser Thomson, der in Invercargill das Survey Office leitete, unternahm in Begleitung des schon erwähnten Maori-Häuptlings Reka neue Versuche. Dabei entdeckte er den Lindis-Paß zum Hawea- und Mataura-See. Fast drei Jahre lebte Thomson nach Art der Maori. Er brachte gute Karten mit und erregte damit in Neuseeland wie in Australien so großes Interesse, daß binnen zwölf Monaten die Landsucher ausschwärmten und sich Weidefarmen in der Gesamtausdehnung von vier Millionen Acres zuteilen ließen. Was andere Leute, die privat noch Schafland suchten, schließlich entdeckten, hielten sie geheim. Konnte es doch sein, daß jemand davon hörte, selber so rasch wie möglich hin eilte und sich dann vom Survey Office 100 000 Acres zuteilen ließ, bevor der eigentliche Entdecker bei der Behörde vorsprach. Ebenso geheim wurde zunächst die Entdeckung von Goldadern und von goldführendem Sand behandelt.

D. B. Cameron kaufte einen beträchtlichen Schafbestand in Australien zusammen, mit einem australischen Schafzüchter namens D. Hey. Während vorläufig die Schafe auf Heys Farm verblieben, begannen Cameron und Hey ein gewagtes Unternehmen. Am Wakatipu-See fanden sie ein weitgehend zerfallenes Ruderboot unbekannter Herkunft, aber zweifellos von einem Pakeha hergestellt. Die beiden reparierten das Boot, fertigen Ruder dafür an und folgten der Westküste, bis furchtbare Stürme losbrachen, denen sie nur um Haaresbreite entgingen. Zu Fuß stiegen sie auf bis zur Schneegrenze und sahen einen nördlichen Arm des Wakatipu, von dem bisher kein Pakeha etwas wußte. Weil das Wetter schlechter und immer schlechter wurde, mußten sie wochenlang in einer Höhle leben. Von Hunger geplagt und bis zu Skeletten abgemagert, umrundeten sie den See, wärmten sich des nachts an prasselnden Feuern und krochen über die Strände, um Muscheln oder tote Fische zu finden. Gutes Schafland an vielen Stellen! Soweit es noch in ihren Kräften stand, haben sie davon

Karten gezeichnet. Ein Königreich für zwei Männer, so tröstete der eine den anderen über die Härten des Rückmarschs hinweg. Als sie endlich Invercargill erreichten und ihre Claims dem Vermessungsamt vorlegten, war ihnen ein anderer Entdecker zuvorgekommen. Dem wurde alles zugesprochen.

Die Wunderkugeln von Moeraki

Auch Cook konnte irren! Die bildschöne Halbinsel Banks hielt er für eine Insel. Zwar ist sie kreisrund, hängt aber doch mit dem Festland zusammen. Das war aber nicht der Grund, weshalb wir einen Umweg fast durch die ganze Peninsula gemacht haben, vielmehr hatten uns Freunde den Besuch von Akaroa dringend empfohlen. Eine kleine, bezaubernde Stadt mit gewiß nicht mehr als 1000 ständigen Einwohnern liegt sie an der weit ins Land reichende Akaroa-Bucht, unterhalb des ans Meer grenzenden Akaroa-Hochlandes. Nicht wenige Christchurcher besitzen ein Ferienhaus in Akaroa.

Bemerkenswert ist die Kleinstadt, weil sie eine rein französische Gründung war. Es geschah im Jahr 1838, in einer Zeit, da Großbritannien noch nicht seine Schirmherrschaft übers ganze Land der Langen Weißen Wolke verkündet hatte. Da kamen an Bord eines Walfängers 63 Franzosen mit Frauen und Kinder, um sich an der schönen Bucht niederzulassen. Einige waren selber Walfänger gewesen, hatten früher schon die Bucht besucht und konnten sich nichts Schöneres denken, als für den Rest ihres Lebens dort zu verweilen, Familien zu gründen und sich mit der Zucht von Schafen, Obst und dergleichen zu ernähren. Das Klima der Halbinsel ist feucht und mild und der Boden fruchtbar. Ein ideales Gebiet für den Anbau von Kartoffeln und anderen Kulturpflanzen, neuerdings auch von Kiwi. Kaum hatten sich die Franzosen friedlich niedergelassen und gutes Einvernehmen mit den Maori hergestellt, erschienen die Briten und erklärten ihnen, sie befänden sich auf britischem Boden unter Herrschaft der Königin Victoria. Gerade war nämlich droben auf der Nordinsel der Vertrag von Waitangi geschlossen worden. So mußten die Franzosen ihre Fahnen wieder einziehen, aber es wurde ihnen gestattet zu bleiben.

Ein altes französisches Haus in Akaroa, im Westen der Südinsel, nicht weit von Christchurch entfernt. Hier entstand um die Mitte des vorigen Jahrhunderts eine französische Siedlung. Nachkommen der ersten Siedler leben noch heute in Akaroa.

Es ist nicht viel übrig geblieben aus der Franzosenzeit. Wenn es auch noch Ur- und Ururenkel der ersten Siedler gibt, deren Namen sich erhalten haben. Weil es die Touristen gerne sehen, tragen manche Straßen noch ihre französischen Namen, auch einige Geschäfte und sogar eine Tankstelle geben sich Französisch. In einem kleinen Haus, einem der ersten, das die Franzosen errichtet haben, wurde ein Museum untergebracht. Noch heute wird es nach den Gründerfamilien Langloís und Etevenaux genannt. Die St. Patrick Kirche, eine winzig kleine, aber geschmackvoll gebaute katholische Kirche, war seinerzeit für die französischen und irischen Einwohner der Stadt bestimmt.

Sodann begeben wir uns auf die gutausgebaute, zunächst schnurgerade Hauptstraße in Richtung Dunedin. Eine Landschaft, die sensiblen Menschen zu Herzen geht. In meinen jungen Jahren habe ich von »bukolischen Landschaften« gelesen, ohne mir viel darunter vorstellen zu können. Es dürfte sich um beschauliche Gegenden handeln, wo besondere Schönheiten, hinreißende Blicke in die Nähe oder Ferne gänzlich fehlen. Aber man möchte verweilen, man könnte hier ein friedliches Leben ohne Not und Sorgen führen, umgeben von seiner lieben Frau und reizenden Kindern, inmitten der eigenen Schafherde, der Rinder, des Federviehs und was sonst noch zu einer neuseeländischen Farm gehört. Die Gehöfte liegen vereinzelt, im Abstand von etwa einem halben bis einen Kilometer. Tiefgrüne Grashügel und allenthalben die zum Schutz gegen den Wind angepflanzten Waldinseln. Murmelnde Bäche in sanftgeschwungenen Tälern und das Wohnhaus umgeben von Obstbäumen, von Beerensträuchern und vielen Blumen. Kein üppiges Leben, gewiß nicht, nicht viel Abwechslung, aber jede Familie hat ihr Auskommen und kaum Gefahren zu befürchten. Hier wird keine Umwelt verschmutzt, von Smog haben die Leute schlimmstenfalls in der Zeitung gelesen. Rauschgift, Aids und Atome können die bukolische Landschaft, die weite, fruchtbare Canterbury-Ebene nicht berühren.

Auf dem Weg nach Dunedin liegt Moeraki. Die Freunde in Christchurch hatten uns gesagt, man könne leicht daran vorüberfahren, weil gute Wegzeichen fehlen. Aber was bei Moeraki am endlos langen Strand liegt, würde man sein Leben lang nicht vergessen.

Nach der kleinen Ortschaft Hampden fahren wir langsam und langsamer. So kann uns die windschiefe Stange mit den vom Regen verwaschenen Worten Moeraki Boulders nicht entgehen. Die schmale Seitenstraße führt zu einem knöcheltief überschwemmten Parkplatz, wo wir den Wagen stehen lassen. Nichts aber deutet daraufhin, wo sich die Boulders befinden. Also folgen wir einem von drei ausgetretenen Fußpfaden, stapfen durch die morastige Senke hinab zum Strand, wo in kleinen Wellen der Pazifik anrauscht. Erst durchs Fernglas sehen wir in ziemlich weiter Entfernung die Wunderkugeln von Moeraki.

Weil Größenvergleiche fehlen, können wir noch nicht ermessen, welchen Umfang sie haben. Also im flotten Fußmarsch darauf zu. Einfach ist das nicht, weil von der Uferböschung allenthalben Rinnsale dem Meer zufließen. Wir eilen über Sand, oft auch über schlüpfriges Gestein. An flachen Stellen liegen Muscheln so hoch, daß unsere Schritte knistern.

Die Wunderkugeln von Moeraki! Ihre Oberfläche ist glatt, gleichmäßig die Rundungen, aber sehr unterschiedlich die Größe. Es gibt viele, die ungefähr einem Fußball entsprechen, und nicht wenige, die einem Globus im Schulzimmer gleichen. Die aber sind am Strand von Moeraki gar nicht wert, sie näher zu betrachten. Denn da liegen noch, zum Teil dicht nebeneinander, Kugeln von der Größe eines Kalbes und andere, hinter denen sich ein Mensch verstecken kann. Sie verteilen sich über ungefähr einen Kilometer entlang der Küste. Wenn ich durchs zehnfache Glas schaue, gibt es in ziemlicher Entfernung nach beiden Seiten hin noch mehr dieser auf der Erde einmalige Boulders. Der Umfang der größten beträgt zwischen vier und fünf Metern, das Gewicht reicht an 50 Tonnen heran. Die Masse besteht aus Kalk, und nach Meinung der Experten haben die Riesenkugeln bis zu ihrer heutigen Entwicklung rund 50 Millionen Jahre gebraucht. Wenn auch die Boulders zunächst aussehen wie poliert, erkennt man aus unmittelbarer Nähe doch fingerbreite Rippen und an manchen Stellen tiefe Spalten im Gestein.

Die Maori haben dazu eine Legende: Als hier die ersten Kanus der Landnehmer in einen schweren Sturm gerieten, mußten sie die Körbe mit ihrer Verpflegung über Bord werfen, sonst wären ihre Fahrzeuge gesunken. Diese Opfer aber lohnten sich, alle Kanus hielten sich über Wasser. Schon bald danach konnten die Menschen das Land betreten. Die Körbe mit ihrem nahrhaften Inhalt haben die Götter in die Wunderkugeln von Moeraki verwandelt.

Später erreichen wir die bedeutende Stadt Dunedin. Der Name stammt aus dem Gälischen, das früher vom größten Teil der schottischen Bevölkerung gesprochen wurde. Demnach bedeutet Dunedin Neu-Edingburgh, und wie jeder weiß, handelt es sich bei Edingburgh um die schottische Hauptstadt. Nach Meinung der Neuseeländer ist Dunedin die schottischste Stadt ihres Landes. Insofern dürfte das richtig sein, als die im Jahr 1848 an Bord von zwei Schiffen hier eintreffenden Siedler fast alle Schotten gewesen sind. Auch Dunedin war vorausgeplant, mit dem Octogon genannten Zentrum in der Mitte und den davon ausgehenden Straßen. Am grünen Tisch geplant, ohne Rücksicht auf die Höhenunterschiede im Gelände. Weil aber die Schotten bekanntlich ebenso fleißig wie sparsame und resolute Menschen sind, haben sie die Straßen ansteigend und abfallend so geführt wie vorgesehen. Man zählt heute 100 000 Einwohner, und Dunedin soll seiner Ausdehnung nach die weiteste Stadt auf beiden Inseln sein. Unser erster Eindruck ist der einer altmodischen Stadt, die mit den neuesten Entwicklungen nicht so recht Schritt halten konnte oder wollte. Keine Hochhäuser, was wohl die wenigsten Dunediner bedauern, weil sie noch an der alten Überlieferung hängen, wonach stets die Kirchtürme bestimmen, wie hoch sich profane Bauten erheben dürfen.

Wir besuchen Professor Obermaier, einen deutschen Philologen, der sich seit mehr als 25 Jahren an der Universität dem Unterricht der deutschen Sprache widmet. Fast alle gut Deutsch sprechenden Neuseeländer, die wir getroffen haben, haben bei Obermaier gelernt. Unsere Botschaft in Wellington hat uns auf Obermaiers Bedeutung hingewiesen und uns angemeldet. Obermaier, schlank, hochgewachsen und vielleicht über die Mitte der Fünfzig hinaus, ist besonders freundlich. Er weiß über uns Bescheid, hält uns vermutlich für weit bedeutender, als wir sind. Zuerst gehen wir Teetrinken in der Uni, wo es nach landesüblicher Sitte auf jeder Etage einen Tearoom gibt.

In seinem schon betagten Wagen rollen wir gemächlich durch Dunedin, mit dem bestinformierten Fremdenführer, der sich denken läßt. Jawohl, er hat eine Frau, aber keine Kinder. Seine Frau ist in einem großen Krankenhaus tätig. Sie ist geborene Neuseeländerin, beide haben gemeinsam ein älteres Haus mit sehr großem Garten oberhalb der Stadt. Wir werden nachher dorthin fahren. Die Ehepartner überlegen sich, ob sie nicht in Dunedin bleiben, wenn Obermaier in den wohlverdienten Ruhestand tritt.

Jeder Professor kann dozieren, ein guter Professor kann das sehr lebendig und humorvoll. Wie es sich gehört, fängt unser Begleiter beim Anfang an. Da war ja noch um 1800 die Südinsel von den Maori weit dünner besiedelt und ihnen weit weniger bekannt als die Nordinsel. Fast alle eingeborenen Stämme lebten ziemlich verstreut an der Ostküste, mehr vom Fischfang und den Krebstieren als von ihrem bescheidenen Anbau der Feldfrüchte. So tief im Süden herrschte kälteres Klima als droben im Norden. So konnte die polynesische Süßkartoffel, die Kumara, hier kaum gedeihen.

Wie sich denken läßt, war es wieder einmal Captain Cook im Jahr 1769 bei seiner ersten Weltreise, der die Küste von Otago, wo sich heute Dunedin befindet, entdeckt und kartographiert hat. In sein Tagebuch schrieb er: »An der Küste erhebt sich ein grünes, dichtbewaldetes Land ohne Zeichen der Besiedlung.«

Wie gesagt, gab es doch Menschen, auch in dieser Gegend, aber offenbar nur wenige und weit verstreut. Knapp 30 Jahre, nachdem Cook die Küste erkundet hatte, nur zwei Jahrzehnte, nachdem auch andere Seefahrer hier gewesen waren und daheim vom Reichtum an Säugetieren des Meeres berichtet hatten, erschienen die Robbenschläger, um ihr blutiges und geldgieriges Gewerbe zu betreiben. Weil das meist Leute waren, die kaum Lesen und Schreiben konnten, fehlen Berichte aus jenen Tagen. Während noch die Abschlachtung der Robben in vollem Gange war, erschienen die Walfänger, um ihrerseits das Meerwassser mit Blut zu färben. Da gab es unter den Kapitänen auch einige, die den Ehrgeiz hatten, etwas Neues zu entdecken. So wurde die Hafenbucht von Otago erkundet und mit ihren sturmgeschützten Ankerplätzen vermessen. Bald kam die New Zealand Company auf den Gedanken, hier eine Siedlung anzulegen, die vorwiegend aus Schotten bestehen sollte. Schon zuvor hatte die Company für Tauschwaren im Wert von 2400 damaligen Englischen Pfund den Häuptlingen eine weite Landfläche abgekauft. Es müssen friedfertige Verhältnisse zwischen den Eingeborenen und den Pakeha geherrscht haben, denn die Landnahme verlief unter, man möchte fast sagen, halbwegs gerechten Verhältnissen.

Das war nicht immer so gewesen in der Otago-Bucht, hatte doch im Jahre 1813 eine Gruppe von Maori vier Männer eines Walfangschiffes ermordet. Als betrunkene Matrosen einen hochgestellten Maori beleidigten, wurden sie ohne weiteres erschlagen. Der mit Kanonen bestückte Segler, zu dem die Matrosen gehört hatten, feuerte daraufhin in eine am Strand versammelte Menge, wobei 70 Maori den Tod fanden.

Erst später trafen Siedler ein und bauten sich die notwendigsten Unterkünfte, wo bald Kinder auf die Welt kamen und heranwuchsen. Die ersten harten Jahre gingen vorüber, die Gehsteige wurden befestigt und eine Reihe von öffentlichen Gebäuden im victorianischen Stil gebaut. Schon 1860 zählte Dunedin 12 000 Bewohner. Damit war Neu-Edinburgh die größte Stadt von ganz Neuseeland und natürlich das Zentrum der Provinz Otago. Hier in Dunedin entstand die erste Universität des Landes, hier wurde die erste Tageszeitung herausgegeben, und wie behauptet wird, hatte Dunedin die beste Schule Aotearoas und das am besten eingerichtete Hospital.

Noch wichtiger wurde Dunedin, als im Jahre 1860 der neuseeländische Goldrausch begann. Binnen weniger Jahre verdreifachte sich die Bevölkerung, weil hier alle Wege über Land zusammenliefen und von Dunedin die Schiffe ins ferne Europa und hinüber nach Amerika segelten. Handel und Wandel nahmen zu, große Vermögen wurden verdient. Was gewöhnlich dem Goldrausch folgte, machte sich auch in Dunedin breit, Spielhöllen, Bordelle, Betrug, zuweilen auch Mord und Totschlag. Aber immer noch müssen genügend Leute einen klaren Kopf behalten haben, denn gerade während jener wilden Zeit entstand die große Kathedrale, wurde die Universität ausgebaut, wurden Parks angelegt und Denkmäler errichtet. Hier in Dunedin entstand nach einem Text von Thomas Bracken die Nationalhymne »Gott schütze Neuseeland«. Allerdings nicht länger als 15 Jahre dauerte die goldene Zeit, dann war der kostbare Rohstoff erschöpft.

Obermaier zeigt uns einen interessanten Laden, wo Kilts und der sonstige Zubehör echt schottischer Kleidung zu haben sind. Die Farben und Muster eines jeden Clans sind vertreten, großenteils werden die Sachen im Lande hergestellt. Zu Dunedins Spezialitäten gehört auch Whisky nach altschottischen Rezepten, und es gibt auch Dudelsäcke zu kaufen. Wir besuchen nach vorheriger telefonischer Anmeldung das Olveston House. Dabei spricht man hier von einem Schloß oder Palast, doch handelt es sich um eine hochherrschaftliche Villa, im Jahre 1904 fertiggestellt, ganz und gar im Geschmack der Jahrhundertwende eingerichtet. Erbauer war einer der erfolgreichsten Geschäftsleute der Zeit, David Theomin mit Namen, der sich aus aller Welt sehenswerte Möbel, Teppiche und sonstige Einrichtungen kommen ließ, um damit 35 Räume zu füllen. Bis 1962 hat eine Tochter des David Theomin das Haus bewohnt, es aber testamentarisch der Stadt Dunedin hinterlassen.

Den Bahnhof von Dunedin, der 1870 begonnen und 1885 fertig wurde, müssen wir sehen, darauf besteht der Professor. Es ist ein Bahnhof, wie man ihn auf der Welt kaum noch einmal finden kann, auf kleinem Raum so raffiniert gestaltet und mit einem Luxus ausgestattet, wie man das in Neuseeland nur selten erlebt. Georges Troupe, der verantwortliche Architekt, der sich an die flämische Renaissance gehalten hat, wurde für seine Glanzleistung mit dem Sir belohnt. Der Fußboden besteht aus flimmerndem, glitzerndem Mosaik mit haargenau 750 760 000 Porzellanblättchen der Königlichen Manufaktur von Doulton, England. Vor dem Bahnhof die pompöse Auffahrt für zwei- und vierspännige Kutschen, war doch die Eisenbahn anfangs die beste und schnellste Verbindung durch die ganze Insel, sogar bis nach Auckland hinauf, denn die damaligen Dampfzüge wurden auf einem Fährschiff über die Cook-Straße gebracht. Heute verkehren pro Tag gerade noch zwei Personenzüge in diesem sehenswerten Bahnhof.

Riesengroß ist die Kirche am Moray-Platz, die sich die Dunediner bereits im zweiten Jahr des Goldrausches leisten konnten. Noch größer vielleicht die Leistung, um die Innenstadt herum einen riesigen Park anzulegen, der eine Ausdehnung von rund 200 Hektar und eine Länge von fast acht Kilometern hat. Dort in der Nähe auch die Bowling greens sowie die Kricket-Spielplätze für ältere Herrschaften.

Nun hinauf zum Wohnhaus des Professors, zu seinem weitläufigen Garten mit herrlicher Aussicht über die gesamte Otago-Bucht. Für nur zwei Menschen sehr viel Platz, aber das ist ja keine Seltenheit in Neuseeland. Was der Professor und seine Frau in dem Garten geschaffen haben, können wir nur bewundern. Da gibt es verschiedene Ebenen, eine Anlage für Gewürze, für Beerenobst auch der seltensten Art, ebenso für Obstbäume, die zu verschiedenen Jahreszeiten blühen, und zwei Gewächshäuser, das eine für Kakteen, das andere für Orchideen. So können wir gut verstehen, daß sich die beiden nicht mehr nach Europa sehnen.

Der folgende Tag ist der langen Fahrt um die Otago-Bucht gewidmet. In Kilometern ausgedrückt eine nicht gar so große Entfernung, aber es gibt dafür eine Uferstraße und einen Höhenweg, der nach jeder Kurve eine andere Aussicht bietet.

Als unser Führer meint, er wolle uns noch ein ganz besonderes Kuriosum zeigen, weiß ich sofort, es kann nur Larnach Castle gemeint sein. Mit Marianne bin ich vor rund 25 Jahren dort gewesen, und es hat uns schon damals gründlich mißfallen. Professor Obermaier läßt den Wagen langsam rollen und will genau wissen, was ich meine.

Weil wir mehrfach gelesen hatten, daß es sich bei Larnach um das »einzige Schloß in Neuseeland« handle, und man habe den altersgrauen Kasten Stein für Stein, Stück für Stück aus Schottland hier auf die Otago-Halbinsel transportiert, waren wir skeptisch. Beim ersten Anblick tauchten schon Zweifel auf, ob es sich allen Ernstes um einen Transplantat aus Old Scotland nach Neuseeland handelte.

Der Transporteur des angeblich mittelalterlichen Gebäudes war ein äußerst energischer und erfolgreicher Finanzier namens William Larnach. Der führende Finanzmann in Dunedin ist er gewesen, zeitweise auch neuseeländischer Minister und Abgeordneter im Parlament. Er soll ein Mädchen aus dem höchsten französischen Adel, angeblich verwandt mit den Bourbonen, geheiratet haben und wollte sie deshalb in einem echten Schloß unterbringen. Englische, italienische, französische und sonstige Handwerker ließ er kommen, die Wiederaufrichtung des Schlosses hat 15 Jahre gedauert, und Larnach ging in Konkurs. Daraus zog er die Konse-

Nur dieses eine Schloß gibt es in Neuseeland, nicht viel älter als 100 Jahre, das Larnack Castle bei Dunedin.

quenz, sich eine Kugel durch den Kopf zu schießen – in den Räumen des neuseeländischen Parlaments.

Nachdem Larnach Castle eine Weile dem Verfall überlassen blieb, denn Mrs. Larnach war nach Frankreich zurückgekehrt, gelangte es schließlich in den Besitz eines leicht verschrobenen Ehepaares. Jedenfalls waren es jene beiden Leute, die für relativ hohe Gebühren viele Besucher durch die Räumlichkeiten des Schlosses führten. Marianne und ich hatten damals den Eindruck, daß der »Hausherr« etwas zu sehr mogelte. Er redete von allen möglichen Spitzen der damaligen Gesellschaft, von Multimillionären, von Lords und Botschaftern, die hier im Frack oder in Paradeuniform das Tanzbein geschwungen hätten, mit bildschönen, von Brillanten übersäten Damen. Alle möglichen Bilder, vermutlich aus Magazinen geschnitten, hingen in goldbronzierten Rahmen an der Wand.

Schließlich überraschte uns der Anblick der deutschen Kaiserfamilie aus der Zeit um die Jahrhundertwende. Darauf zeigte der Fremdenführer und behauptete, das auf dem Bild dargestellte etwa zwölfjährige Mädchen mit den langen blonden Haaren, dicht an die Kaiserin Auguste geschmiegt, sei die Tochter des Mr. William Larnach, hier in Larnach Castle geboren. Wegen ihrer Schönheit, Intelligenz und Würde habe sie Kaiser Wilhelm II. adoptiert! Das Mädchen auf dem Bild war jedoch keine andere als die Prinzessin Viktoria Luise von Preußen, spätere Großherzogin von Oldenburg. Ich kannte sie recht gut, was ich dem Hausherrn sagte, worauf er sich erboste. Ich solle sofort sein Schloß verlassen und mir an der Kasse das Eintrittsgeld zurückgeben lassen.

Wie dem auch sei, nach so langer Zeit liegt Larnach Castle aufs neue vor meinen Augen. Es ist renoviert worden, und man hat eine Veranda aus Glas und Blech angebaut, die absolut nicht dazu paßt. Älter und echter geworden ist es dadurch in keiner Weise.

Ziemlich weit vom Haus entfernt, müssen wir den Wagen parken und werden gleich an einer Sperre zur Kasse gebeten. Der Garten ist gut gepflegt, angeschlossen ist eine größere Gärtnerei, wo man eine gute Auswahl von Pflanzen, Samen und Gartengeräten kaufen kann. Nun aber hinein in das kuriose Schloß, dessen Empfangsraum zu einem Souvenirladen ausgestaltet ist. Aller möglicher Krimskrams, Schnickschnack und Firlefanz für Touristen ist zu haben. Aber weit bin ich noch nicht gekommen, als wiederum eine Kasse vor uns steht. Zuerst einmal sollen wir bezahlen, bevor wir uns hier umschauen.

Da tun wir das, was auch Sie getan hätten, wir machen kehrt, eilen zu unserem Wagen und fahren davon.

Neuseelands dritte Insel

Die Stewart-Insel hat einen Umfang von 172 000 Hektar, ihre größte Breite beträgt 40 Kilometer, die größte Länge 65 Kilometer. Ein paar Dutzend größere und kleinere Inseln umgeben Stewart Island, und nicht wenige der Buchten greifen tief ins Land. Drei Flüsse bewässern das Hinterland.

Die einzige Ortschaft ist Oban und damit die Hauptstadt von Stewart. Gewiß nicht mehr als 300 ständige Bewohner leben auf Stewart fest, alle in dem als niedlich zu bezeichneden Oban. Während der schönen Jahreszeit kommen noch etwa 200 Menschen hinzu, die hier Ferienhäuser besitzen und sich am Fischreichtum erfreuen. Es gibt nur ein Hotel, das sich South Seas nennt. Meines Erachtens nicht zu empfehlen, weil die Bar eine Disco hat und Treffpunkt fast aller Inselbewohner ist. Abgesehen davon gibt es noch die gewissermaßen exklusive Lodge, ein wunderbar gelegenes, von Blumenbüschen umgebenes Privathaus mit sechs Fremdenzimmern für maximal zwölf Gäste. Man muß sich lange vorher anmelden und dazu noch empfohlen sein, entweder von Stammgästen oder von dem schon mehrfach gelobten Tourist and Publications Department in Wellington. Der Chef des Hauses, Sam Wilcox, erkennt sogleich Lothar und mich. Nicht gerade flink, aber doch locker steigen wir aus der schwankenden »Acheron« auf den regenglatten Landesteg. Wir tauschen die Vornamen aus, denn mehr ist nicht nötig, steigen in den geländegängigen Wagen des Gastgebers und durchfahren in weniger als fünf Minuten die Hauptstadt von Stewart Island. Der eben neugewonnene Freund erklärt, was sich alles um den Landeplatz gruppiert. Die kleine Post, das noch kleinere Rathaus, zwei oder drei Ladengeschäfte und jenes Büro, worin zwei schon ältere Stewart Islander die Polizei, den Stadtrat, das Visitor Center, überhaupt alles in einem verkörpern. Dann knapp 100 Meter steil hinauf, und schon haben wir die Lodge erreicht. Man sieht dem gepflegten Landhaus nicht an, daß es im Kleinformat ein hübsches Hotel enthält. Vier Zimmer sind schon besetzt, aber für Lothar und mich hat man noch zwei freigehalten. Die sind gut und gemütlich, aber nicht elegant. Jeder Raum hat seine Terrasse mit einem Blick ins Märchenland, nach drei Seiten breitet sich vollkommene Schönheit aus. Bewaldete Hänge bis hinab zum hellsandigen Strand, mit Blick auf Inseln jeder Form und Farbe. Noch weiter hinaus

Oban, die winzig kleine Hauptstadt der Insel Stewart.

blicken wir auf den Pazifischen Ozean, der sich bald schon mit den südpolaren Gewässern mischt. Drunten die bunten Dächer der winzigen Ortschaft, jedes Haus von einem Garten umgeben. Hoch darüber die Hügel, die Berge, das Gebirge. Ganz droben die waldfreie Zone, wo nur Gras und Gestrüpp gedeiht.

Wir trinken Tee an einem großen runden Tisch im Wohnzimmer, dessen weite, breite Fenster uns die gleiche Aussicht bieten. Die freundliche, gepflegte Hausfrau trägt außer dem Tee noch eine Menge hübscher Kleinigkeiten auf. Alles im Haus gebacken, ohne Haushaltshilfe. Da ist noch ein Sohn von etwa 14 Jahren, und gleich erscheinen die übrigen Gäste, vier Personen. Ebenfalls kultivierte Leute, die wie üblich nur ihre Vornamen nennen. Es handelt sich um den Arbeitsminister mit seiner Frau, mit einer Tochter von etwa 17 und einem Sohn von zwölf oder 13 Jahren. Der Minister gehört zur Labour-Regierung, ist also bestimmt ein Sozialist und führender Gewerkschaftler. Man würde es bei diesem umgänglichen, heiter gestimmten Mann und seiner lächelnden Frau kam vermuten. Aber in Neuseeland ist eben alles anders, für fremde Besucher sind politische Gegensätze kaum spürbar. Während unserer Anwesenheit haben sich die Führer der konservativen Opposition darüber beschwert, daß die Labour-Leute sich so verhielten und Programme aufstellten, als wären sie über Nacht erzkonservative Kapitalisten geworden.

Weil die Sonne noch hoch am Himmel steht, denn hier sind die Tage besonders lang, rät uns der Hausherr zu einer Rundfahrt mit dem Minibus. Der verlangt sechs NS-Dollar pro Person und garantiert, daß er keinen Kilometer der fahrbaren Wege auslassen wird. Darüber vergehen nicht mehrere Stunden, sondern schätzungsweise 40 Minuten. Denn alle Straßen und irgendwie befahrbaren Wege erreichen lediglich eine Gesamtlänge von 21 Kilometern. Was man fürs tägliche Leben braucht, kann man ganz gemütlich zu Fuß erreichen. Aus diesem Grund verkehren auf der Stewart Insel nur elf Pkws, drei Lkws, vier bis fünf Motorräder und ein Minibus. Nur die Hälfte davon tragen Kennzeichen. Die anderen rollen ohne Nummer, brauchen sie auch nicht, denn jeder weiß, wem welcher Wagen gehört und wer ihn fährt. Was die Polizei dazu sagt? Praktisch hat man hier nur einen halben Polizisten, und der ist mehr ein Mann der praktischen Vernunft als ein Hüter des Gesetzes. Wenn hier etwas passiert, handelt es sich um Keilereien zwischen Betrunkenen. Deswegen gibt es keine Anzeige, sondern schlimmstenfalls einen beruhigenden Kinnhaken. Wirklich, hier herrscht noch Ordnung, hier braucht niemand einen Schlüssel. Auch für unsere Zimmer ist keiner vorgesehen, nicht einmal ein Schlüsselloch.

Es war nicht immer so, erst vor 30 bis 40 Jahren hat auf der Stewart-Insel wohltuende Ruhe, der totale Naturschutz und die allgemeine Ehrlichkeit eingesetzt. Nicht lange, nachdem James Cook (man entgeht ihm nicht) beim Durchsegeln der Foveaux-Straße die Rakiura-Inseln entdeckt hatte, wie sie von den Maori genannt werden, erschienen die Robbenschläger, Walfänger, entflohene Sträflinge und wilde Abenteurer. Deren Treiben war von solcher Art, daß sich die nur wenigen Maori nicht wehren konnten. Sie begaben sich deshalb auf die verschiedenen Inselgruppen der näheren und weiteren Umgebung, wo sie vom Fischfang lebten, von den Langusten, von den Seevögeln und besonders von den jungen Sturmseglern. Wenn sie noch jung sind, gelten sie als eine der feinsten Delikatessen der Inselwelt im Pazifik. Man konnte sie zu Tausenden erbeuten, und die Maori wußten auch Methoden, ihre Lieblingsspeise für mehrere Monate haltbar zu machen. Noch heute sind die Muttonbird-Inseln nicht nur gesetzlich geschützt, sondern allein den Maori vorbehalten. Nur sie dürfen Sturmseglern die Jungvögel wegnehmen.

Einige der Walfänger erkannten die Vorzüge des Landlebens auf einer solchen Insel, sie holten sich entweder Pakeha-Frauen oder taten sich mit Maori-Mädchen zusammen. Jedenfalls entstanden schon um das Jahr 1820 relativ große Siedlungen auf der Stewart-Insel, die recht gut florierten. Der Reichtum an Fischen, an Krebstieren ist noch heute unerschöpflich, der gute Boden läßt Feldfrüchte und verschiedene Obstarten aufs beste gedeihen. Mochte auch für die Maori im Winter zu kalt sein, den robusten Walfängern und Robbenschlägern machte es nichts aus.

Aber nach den Goldfunden auf der Südinsel hielten es Leute mit unruhigem Blut auf der Insel nicht mehr aus. Die meisten von ihnen zogen fort und kamen nicht wieder. Als unser Jahrhundert begann, entstand das heutige Oban, und es entwickelte sich jener Menschenschlag, der heute auf Stewart maßgebend ist.

Der Hausherr fragt beim Frühstück, ob wir Lust hätten, mit ihm und seinem Sohn zu fischen. Natürlich haben wir Lust, auch der Sohn vom Arbeitsminister will nicht zurückstehen. An Bord seines kleinen Motorkutters stehen Angelgeräte bereit. Lothar ist nur gelegentlich Angler gewesen, ich habe es nur einige Male im hohen Norden von Kanada versucht. Aber Vater Wilcox und Sohn Nichol verstehen das Geschäft.

Wir tuckern etwa eine halbe Stunde weit hinaus ins Paterson Inlet, da stoppt schon der Chef und wirft den Anker aus. Hier sei es ganz gut, meint er, schiebt jedem von uns einen Köder zu, wir sollten die Angeln auswerfen. Als Köder dient ein kleines Stück eines Fischs. Was nun geschieht, wird fast jeder für unverschämtes Anglerlatein halten. Kaum hat der Hausherr die Angel ausgeworfen, vibriert sie schon, und er holt einen gewiß kiloschweren Fisch aus dem Wasser. Gleich hat sein Sohn den nächsten Fisch am Haken. Schnell muß er die Beute ausnehmen, weil der Vater schon wieder Messer und Holzhammer braucht. Nicht lange danach hat Lothar einen gut meterlangen Barrakuda am Haken, der sich noch lange wehrt. Weil aber ich so ungeschickt bin, rutscht mir ein fetter Meeresbewohner von der Angel. Alsdann gelingt es auch mir, Beute zu machen, aber wie das Schuppentier heißt, hat mir niemand gesagt. Nicht mehr als 20 bis 25 Minuten sind vergangen, da ruft der Chef: »Genug für heute, gut 30 Stück sind im Eimer, mehr als genug fürs Abendessen. Hunde und Katzen bekommen den Rest.«

Später geht es zur Ulva-Insel, einem zu 100 Prozent geschützten Naturpark, der vor allem einigen seltenen, sonst ausgestorbenen Vogelarten dient. Schmale Wege wurden gebahnt, und, weil sie morastig sind, mit Bohlen ausgelegt. Weil sie infolge des häufigen Regens dem Fuß keinen Halt geben, hat man sie mit Maschendraht umwickelt. Ziemlich tief dringen wir ein in den verwirrenden Urwald. Vogelstimmen überall, hier und da sehen wir auch einen Tui-Vogel, einen Bienenfresser.

Von einem Kakopo genannten Papagei werden wir laut beschimpft, weil wir nicht in seine Welt gehören. Einen anderen Papagei, den ich nach so vielen Jahren zu gern wiedergesehen hätte, den Kea, kann ich nirgendwo erblicken. Sie sollen aber hier auf der Insel vorkommen.

Nachdem wir uns im Kaufladen neben der Tankstelle Tüten mit Fisch und Chips besorgt haben, legen wir uns am Hafen ins grüne Gras, verzehren einiges davon und spenden alles übrige den eilfertig herbeisegelnden Möwen. Danach ein Fußmarsch ins Landesinnere. Zu diesem Zweck holen wir uns gratis eine Wanderkarte im Visitor-Büro. Die beiden schon weißhaarigen Männer sind derart freundlich, daß es ihnen fast gelingt, uns für eine Wanderung von zehn Tagen zu überreden. Welch schöner, verlockender Gedanke, aber die Zeit, jene Zeit, die wir gestreßten Mitteleuropäer nicht haben.

So gangbar, wie die beiden Freunde behauptet haben, ist der empfohlene Pfad allerdings nicht. Man hat nur das Unterholz knapp einen halben Meter breit beseitigt und querliegende Stämme durchsägt. Sonst aber patschen wir durch Blubber und Matsch, durch eklige Schlinggewächse und tiefbraune Murmelbäche. Farnbüsche sind so hoch wie bei uns gestandene Bäume. Bis zu den Knien versinken wir in tiefe Moospolster, alles wächst kreuz und quer durcheinander. Nur wenig Sonnenlicht fällt in das grüne Gewölbe, und wo sich eine Lichtung öffnet, glaubt man, in der Sonne selbst zu sein.

So gehen, schwanken, stampfen und schreiten wir zwei bis drei Stunden tiefer und immer tiefer hinein. Dann erst beginnt sich der Boden zu heben, und wir können ahnen, daß schon bald die Steilhänge des Gebirges beginnen. Also meinen wir, es wäre nun die Zeit für den Rückweg gekommen. Dabei sieht alles wieder ganz anders aus als beim Eindringen in die grüne, raschelnde, verfilzte Welt.

Die Hausfrau und ihre Tochter haben keine Mühe gescheut, die von uns gefangenen Fische auf verschiedene Weise zu bereiten. Ich kann nicht sagen, was sie dazu gebraucht haben, jedenfalls bedeutend mehr Gewürze als sonst in Neuseeland üblich. Der weiße, relativ leichte neuseeländische Wein ist eine ideale Begleitung für Fische. Munter rollt die Unterhaltung. Wir haben uns viel zu erzählen. Auch wenn wir aus ganz anderen Welten stammen, ganz andere Erfahrungen hinter uns liegen, hier sind wir Freunde. Anders, so glaube ich, kann es auf der Stewart-Insel nicht sein.

Jetzt noch ein Rundflug. Nicht nur über die ganze Rakiura-Insel, sondern über die Höhen hinweg und möglichst weit hinaus zu den unbewohnten Inseln, schon hart am Rande des südlichen Eismeers. Der Hausherr hängt sich ans Telefon, bestellt eine viersitzige Cessna und verhandelt über den Preis. 50 Dollar für 30 Minuten, 70 Dollar für eine Dreiviertelstunde, wobei immer neuseeländische Dollar gemeint sind, die zur Zeit einer D-Mark entsprechen. Damit sind wir einverstanden. Der Hausherr läßt es sich nicht nehmen, uns auf den Flugplatz zu befördern. Die Bezeichnung Flugplatz ist allerdings stark übertrieben, es handelt sich höchstens um ein begrenztes Rollfeld. Der Pilot und wir tauschen die Vornamen aus, erhalten jeder einen kräftigen Händedruck, und schon schiebt uns Freddy in die Maschine. Weil Lothar Major der Bundesluftwaffe war und Testpilot bei zwei Nationen muß er neben Freddy Platz nehmen.

Die Stewart-Insel ist fast lückenlos mit Wald bedeckt. Nur die beiden Gipfel ragen darüber hinaus und machen den Eindruck von Almen bei uns in den Alpen. Aber Weidevieh oder Schafe sind nicht zu sehen. Dafür erfreuen wir uns an drei oder vier herrlich grünen, im Sonnenschein blitzenden Bergseen. Unterdessen erklärt der Pilot die in den Wäldern verborgen lebende Tierwelt. Alles eingeführtes Schalenwild, nämlich Rothirsche, Virginiahirsche, Sikahirsche, dazu völlig verwilderte Schafe und vielleicht wenige Gemsen. Wer sich beim Visitor-Büro eine Erlaubnis holt, kann auch hier so viel und so lange jagen wie es ihm beliebt. Aber es ist nicht leicht, jagdbares Wild vor die Augen zu bekommen.

Alle Buchten fliegen wir ab, felsige, sandige und senkrechte Küstenstriche haben wir im Blickfeld. Dann hinweg über die Rugged Islands, über Codfish-Island, wo in der Frühzeit eine aus Pakeha und Maori gemischte Kolonie bestand. Weiter hinweg über die südliche Muttonbird-Inseln und hinauf zu den nördlichen Muttonbird-Inseln. Dreiviertelstunden sind verstrichen, aber der Pilot ist noch lange nicht mit dem zufrieden, was er uns gezeigt hat. Er fliegt weit hinaus nach Süden, und mit Staunen

In den Bergwäldern blieb zum großen Teil die ursprüngliche Natur erhalten. Zahlreiche, bis über 100000 Hektar große Schutzgebiete garantieren den Fortbestand der ursprünglichen Landschaft.

Oben: *Die Takeha-Ralle galt bereits als ausgestorben. Heute wird sie in Reservaten gezüchtet.*
Unten: *Der Kiwi ersetzt den Neuseeländern Känguruh und Koala-Bär. Nach diesem Vogel nennen sie sich selbst und ihren Slang.*

Der Kea wird mitunter lästig. Er sucht die Nähe des Menschen und ahmt seine Sprechweise täuschend ähnlich nach.

Ein Geschöpf der Urzeit, die etwa 30 Zentimeter lange, selten gewordene Tuatara-Eidechse.

Oben: *In keinem Land der Welt rauschen so viele schäumende Wasserfälle durchs Gebirge wie auf den neuseeländischen Inseln. Hier ein Blick auf den Huka-Fall.*
Unten: *Bei der Fahrt hinauf zum Wilmont-Paß im Fjordland der Südinsel sind manche der Felsen auf unvergleichliche Art von verschiedenfarbigem Moos bewachsen.*

betrachten wir aus der Luft die großenteils kahlen, in viele Teile zerrissenen Inseln. Tiefe Fjorde, furchterregende Schluchten in nie besuchten Inselgruppen.

Bis heute nicht erforscht

Früh am folgenden Morgen verbringen wir nur 20 Minuten in der Luft, da haben wir schon die Foveaux-Straße überquert und rumpeln mit der kleinen Maschine über die Graspiste am Rande der Stadt Invercargill. Zum Mount Cook wollen wir nun, zum höchsten Gebirge der Langen Weißen Wolke. Aber nicht ohne den Milford Sound, die grandiose Einsamkeit des Fjordlandes erlebt zu haben. Unser erstes bedeutendes Ziel ist Manapouri, ein winziger Ort, den man nicht auf jeder Karte findet. Aber ein See, an dessen östlichem Ende die bezaubernde, nur aus Gartenhäusern bestehende Ortschaft liegt, dieser Manapouri-See ist riesengroß. Von den vielen Seen Aotearoas ist er der tiefste. Alle Hydrographen der Welt stimmen außerdem überein, daß sich hier im Manapouri-See das gesündeste Wasser der Welt befindet. Neuerdings werden viele 1000, man spricht von über 100 000 Liter des Manapouri-Wassers, in Flaschen abgefüllt und in die USA verkauft.

Manapouri und sein See gelten heute noch als Geheimtip der Neuseeländer. Die Lage unseres Motels ist unbeschreiblich schön, der Balkon öffnet sich zu einem von Blüten und Blütenduft erfüllten Garten. Darüber hinweg fällt der staunende Blick auf die ganze Weite und Breite des Manapouri-Sees. Dahinter erheben sich die Berge höher und immer höher, steigen nach allen Seiten hin bis an die Grenze der Unendlichkeit. All dies und noch viel mehr gehört zum Fjordland-Nationalpark. Zur Zeit beträgt sein Umfang 13 000 Quadratkilometer. Damit verglichen ist der weltberühmte Yellowstone-Nationalpark in USA auf gerade 8855 Quadratkilometer beschränkt. Alle Jahre wieder wird der Fjordland-Park seitens der naturliebenden Regierung ausgedehnt. Gerade sind wieder Bestrebungen im Gange, weitere 3000 Quadratkilometer unter Schutz zu stellen.

Aotearoa, das Land der Langen Weißen Wolke, wird Neuseeland von den Maori genannt. Wirklich ziehen fast immer Wolken am Horizont vorbei.

So einsam wie das Fjordland sind wohl nur große Wüsten auf der Welt, aber keine Region, die von grünen Wäldern bedeckt, von zahlreichen Wasserläufen durchschnitten und von einer vielseitigen Tierwelt belebt wird. Bis zum Jahr 1953 hat es gedauert, daß endlich eine Straße fertiggestellt wurde, die den Nationalpark durchschneidet und am Milford Sound einen Fjord erreicht, der sich zum Weltmeer hin öffnet, zur Tasmanischen See.

Wer sich nach kühnen Abenteuern sehnt, nach unwiederholbaren Erlebnissen, und wer dazu genügend Kräfte aufbringt, um schwere Lasten zu schleppen, kann sich in Te Anau, nur 19 Kilometer von Manapouri-See entfernt, ans Hauptquartier des Fjordland-Nationalparks wenden, wo er alle Informationen erhält, und auch einen landeskundigen Führer anheuern kann. Gelegentlich werden für wagemutige Gruppen Wildwanderungen organisiert, die bisweilen wochenlang dauern. Einige der Trecks sind markiert, aber man sollte sich nicht darauf verlassen.

Der Naturschutz in dem grenzenlosen Gebiet erlaubt nicht nur die Jagd auf Rotwild, auf Wapiti, auf Bergschafe, auf Gams und Rehwild, sondern die Jagd gehört, so seltsam es klingt, ganz besonders zum Naturschutz. Weil das zur einheimischen, zur ursprünglichen Natur nicht gehörende Wild die Vegetation erheblich schädigt, vor allem die Naturverjüngung in Wäldern, sind Jäger sehr willkommen. Da aber jetzt zunehmend das Rotwild eingefangen wird, großenteils mit Hilfe von Helikoptern, um die kommerziell betriebenen Wildfarmen mit neuem Blut aufzufrischen, ändern sich die Bestimmungen von Jahr zu Jahr. Wer jagen will, erkundige sich beim eben genannten Hauptquartier in Te Anau.

Wir haben vorgesorgt, wir haben uns schon von Wellington aus für eine ganze besondere Fahrt mit Motorboot und Geländebus angemeldet. Rechtzeitige Reservierung ist unbedingt nötig. Nur auf dieser Fahrt gelingt es, einen Fjord zu erreichen, abgesehen vom Milford Sound, der mit dem weiten Tasmanischen Meer jenseits der Westküste in Verbindung steht.

Schon früh am Morgen verläßt unser Motorboot die Landungsbrücke von Te Anau, und was nun der Rundblick erfassen kann, ist wieder einmal mit Worten nicht zu schildern. Der Te Anau-See, der auf schmalen, gurgelnden Wasserwegen mit dem Lake Manapouri in Verbindung steht, dürfte an Ausdehnung den Bodensee übertreffen. Auch seine nach Westen gerichteten Arme finden so bald kein Ende. Inseln und Inselchen, eine vielgestaltete Küste und mangrovenähnliche Waldungen. Über allem die Stuart-Berge zur rechten und die Kepler-Berge vor uns. Wer sie getauft hat, weiß ich nicht, aber sie heißen nach Johannes Kepler, dem deutschen Astronomen. Rechts und links des Motorkutters grüne Wildnis auf hohen Hängen, die steil und immer steiler werden. Wasserfälle rauschen durch Schluchten oder stäuben wie wehende Schleier an den Wänden hinab. Wer das Fotografieren oder Filmen nicht lassen kann, verbraucht schon während der ersten ein oder zwei Stunden sein gesamtes Material.

Am Ende des Westarmes befindet sich eines der größten Wasserkraftwerke in Neuseeland. Von hier aus wird der Strom zum Tiwai Point in der Nähe von Bluff geleitet, wo sich ein Aluminiumwerk befindet. Beruhigend für Natufreunde ist die Tatsache, daß man in der Landschaft von dem Kraftwerk nichts weiter sieht als einen Tunnel. Regierung und Unternehmen haben keine Kosten gescheut, unter dem Druck der Öffentlichkeit versteht sich, um die Anlagen zu tarnen. Wir besteigen dort einen geländegängigen Bus, der sich auf einer überaus steilen, in vielen Kurven verlaufenden Bergstraße zum Wilmot-Paß hinauf bewegt. Ein Höhenunterschied von ungefähr 1000 Metern, gut zwei Stunden brauchen wir dafür. Die Landschaft ist atemberaubend. Urwald, dichtester und oft sehr dunkler Urwald auf beiden Seiten und stellenweise Felswände, die fabelhaft von dichtem, in allen nur möglichen Farben erscheinenden Moos bedeckt sind.

Endlich erreichen wir die Paßhöhe, von hier schauen wir rückwärts hinunter auf den Lake Te Anau mit seinen vielen Verzweigungen. Wir wenden uns nach Westen und blicken in den endlos langen Doubtful Sound. Ein grandioser Fjord, der alles übertrifft, was man vielleicht schon in Norwegen gesehen hat. Der Fjord teilt sich in zahlreichen Arme, treibt Nebenfjorde tief ins Hochgebirge und ist natürlich auch von dichtbewaldeten kleinen und großen Inseln übersät. Im ersten Gang geht es in zahlreichen Kurven hinunter zum östlichen Ende des Fjords. Unglaublich eng sind diese Kurven, der Fahrer ist aufs höchste zu bewundern, das ist kein reines Vergnügen.

Wenn der Gang herausspringt, wenn die Bremsen versagen oder sich der Mann nur um Haaresbreite irrt – manch einer schließt die Augen beim Gedanken, was dann passiert!

Auf beiden Seiten nehmen die Wasserfälle zu, sowohl an Höhe wie an Gewalt und Dauer. Drunten am schmalen, steilen Ufer wartet auf uns ein Motorkutter. Die Fahrt führt in den Hall-Arm, einen der zahlreichen Ausläufer des Doubtful Sound. Etwa drei Stunden lang in der einen und dann wieder drei Stunden in der anderen Richtung gleiten wir hindurch. Vergleiche ich den Hall-Arm auf meiner Karte mit der Ausdehnung des ganzen Doubtful Sound, ist das nur ein kurzes Stück.

Natur, nichts als Natur. Keine noch so kleine Hütte, kein aufsteigender Rauch, kein Boot und keine Barke erinnern an die Existenz von Menschen. Nur nördlich und südlich des Polarkreises habe ich ebenso fühlbar totale Einsamkeit erlebt. Dort alles weiß und fast nur Eis, hier stattdessen öffnen sich Täler, alle dicht bewachsen und kaum zu durchdringen. Gewiß reichen sie viele Meilen weit und verengen sich zu Schluchten, wo nie ein Mensch gewesen ist. Oft hängt die Vegetation so tief ins Wasser, daß man beim besten Willen nicht auf festen Boden gelangen könnte. Dann wieder sehen wir angenehme Buchten mit kiesigem Strand, wo es gut möglich wäre im Zelt zu kampieren. Feuer könnte man entfachen und frischgefangene Fische braten. Dann sieht es so aus, als würde eine senkrechte, in unendliche Höhe aufsteigende Felswand keine Maus mehr durchlassen. Aber der Fjord dreht und wendet sich, trotz allem bietet er uns eine Durchfahrt, danach wieder eine und so weiter und so fort. Ganz wunderbar muß es sein, dem Doubtful Sound bis zu seiner Öffnung ins Meer zu folgen. Einen vollen Tag bis dorthin und einen weiteren zurück würde man brauchen.

Schon Abel Tasman, Neuseelands erster Entdecker, ist weit draußen, in sicherer Entfernung vor den Gefahren des Landes, an diesem Fjord vorübergesegelt, lange Zeit später auch Captain Cook. Andere Entdecker sind sogar eingefahren, haben Boote ausgesetzt und den Sound bis etwa zur Hälfte erkundet. So weit haben sich später die Robbenschläger nicht getraut, erst recht nicht die auf viele Tonnen schwere Beute angewiesenen Walfänger. In neuerer Zeit geht gar nichts mehr. Obwohl der Reichtum an Fischen, ebenso an Wild in den Wäldern kaum zu übertreffen ist, die Wege sind zu weit, und das Wetter kann von einer Stunde zur anderen umschlagen. Alle Küsten Neuseelands bieten den Fischern mehr als genug, sie haben es nicht nötig sich in die unheimlichen Fjorde zu wagen.

Solche Fjorde wie den Doubtful Sound gibt es viele an der Westküste, an die 20 und noch mehr. Meine Unterhaltung mit dem Bootsführer, ob es denn nicht möglich sei, in die anderen Fjorde zu fahren, mit einem robusten Motorkutter von der Tasmanischen See aus, führt zu einem Ergebnis. Er wird mir nachher, wenn wir zurück sind, ein nicht mehr ganz neues Motorboot zeigen, das in drei Schlafkabinen fünf Personen befördern und beherbergen kann. Es heißt »Waverley« und gehört dem Ehepaar Barnes in Manapouri. Der Mann selber führt das Boot, seine Frau amtiert als Köchin. Die beiden vermieten das Boot an kleine Gruppen für einen erstaunlich niedrigen Tagespreis. Die Gäste können selbstverständlich angeln, wenn sie wollen, und wenn sie Beute entdecken, können sie auch Rotwild jagen, desgleichen Gams, Thar, Sika und Elch. Immer vorausgesetzt, man entdeckt diese Beute in der meist sehr dichten Vegetation. Sofern es die Gäste wünschen, werden Lagerfeuer am Strand entfacht, um Fisch oder Wildbret mundfertig zu bereiten. Die beste Jahreszeit für solche Ausflüge ist erstaunlicherweise der neuseeländische Winter, die Zeit von Ende Juni bis Ende August. Nur dann erlaubt eine relativ ruhige See die Küstenfahrt entlang der Fjorde bis zur nächsten Meeresbucht. Wer sich dafür drei Wochen Zeit nimmt, dürfte ein Abenteuer erleben, das bisher keinem seiner Freunde gegönnt war.

Ein Wagnis war schon die Busfahrt, wie sich am Ende herausstellt. Angesichts des Motorboots, das uns nach Te Anau zurückbringen sollte, springt im Bus der erste Gang aus dem Getriebe, und die Bremsen quietschen fürchterlich. Nur unter Aufbietung aller Kraft gelingt es dem Fahrer Schrittgeschwindigkeit zu halten. Zum Stehen aber bringt er das Fahrzeug nicht. Einer nach dem anderen springen wir heraus und überwinden den kurzen Weg zum Boot im flotten Fußmarsch. Erst am flachen Ufer gelingt es dem Fahrer den Bus zu stoppen. Wäre das Mißgeschick zehn Minuten früher geschehen, könnte ich vermutlich nicht darüber berichten.

Das achte Weltwunder

»Was die Mona Lisa für den Louvre ist das Fjordland für die Südinsel«, erfährt der Leser aus einem Neuseelandführer. Ein stark übertriebener, vor allem ein hinkender Vergleich. Die Mona Lisa hat ein Mensch gemalt, das Fjordland dagegen ist ein Geschenk der Schöpfung.

Hier geht es besonders um den Milford Track, den knapp 60 Kilometer langen Fußweg vom nördlichen Ausläufer des Te Anau-Sees zum Sandfly Point am Westende des Milford Sound. Rudyard Kipling, dem wir bewegende Romane aus der britischen Kolonialzeit verdanken, drückte sich weniger geschwollen aus, indem er die Viertagestour lediglich das Achte Weltwunder nannte.

Mrs. Blanche Baughan, eine aus Akaroa stammende Schriftstellerin, die schon im Jahr 1898 den gesamten Milford Track begangen hat, was zu ihrer Zeit mit lebensbedrohlichen Schwierigkeiten verbunden war, beschreibt ihn als den »schönsten Wanderweg der Welt«. Ein anderer neuerdings erschienener Reiseführer meint, man genieße dort die »herrlichste Landschaft« dieser Erde. In diesen Superlativen steckt ziemlich viel Wahrheit. Was meine Frau und mich betrifft, möchten wir diesen Superlativen noch hinzufügen, daß unsere Wanderung über diesen Weg die feuchteste unseres Lebens gewesen ist. Damals wurde der Milford Track noch nicht so viel bewandert wie heutigentags mit rund 7000 Trekkern im Jahr. Man mußte Schlafsack, Proviant und allen anderen Kram noch selber schleppen. Bei vielen der oft reißenden Wasserfälle fehlten die heute vorhandenen sicheren Brücken, und die bereits bestehenden Unterkünfte enthielten nur das einfachste Meublement. Zwei große Schlafräume gab es, für weibliche und männliche Wanderfreunde getrennt, und Feuerstellen als Treffpunkt für alle. Später hat man zum Transport der Verpflegung, des privaten Gepäcks, des Brennstoffes und so weiter Packpferde eingestellt, neuerdings haben statt dessen Helikopter diese Beförderung übernommen. Die heutigen Ausflüge werden von der Verwaltung des Fjordland-Nationalparks aufs beste vorbereitet.

Bis zu 40 Personen gehören zu einer geführten Gruppe. Per Sprechfunk werden die Essen im voraus bestellt und zubereitet, und natürlich gibt es nun kleine Gästezimmer. Wem während des Wanderns die Füße weh tun, wird vom Hubschrauber abgeholt. Natürlich kostet das eine Kleinigkeit, aber man kann bei jedem Wind und Wetter auf sein frisch überzogenes Bett und eine warme Mahlzeit rechnen. Wer nicht in einer Gruppe marschieren möchte, kann den weiten Weg auch allein oder mit Freunden zurücklegen. Aber das eigene Zelt aufzustellen, im Freiland kampieren und womöglich ein Lagerfeuer zu entfachen, das ist kategorisch verboten. Nichts anrühren, nichts mitnehmen und nichts wegwerfen, lautet die Devise.

Weil ich den Milford Track noch in naturnahem Zustand erleben durfte, habe ich kein Interesse, mich dem geschniegelten und gebügelten Wanderweg neuester Machart anzupassen. Stattdessen rekonstruiere ich anhand meiner Aufzeichnungen den rauhen Wanderweg vergangener Zeit:

Der schöne Te Anau-See ist mit seinen 350 Quadratkilometern der zweitgrößte See auf beiden neuseeländischen Inseln und mit 276 Metern einer der tiefsten. Die Ufer rücken näher und immer näher zusammen, die Vegetation ist an Dichte und Vielfalt kaum zu übertreffen. Eine gute Stunde schwimmen wir mit dem Motorboot über das grüne, reine Wasser zur anderen Seite und erreichen dann den Beach River, dessen Maori-Name viel schöner klingt, nämlich Waitawai. Unsere Rucksäcke enthalten nur das notwendigste, da sehr steile und steinige Strecken zu überwinden sind. An Verpflegung nur das notwendigste und was am wenigsten Platz benötigt. Aber warme Sachen haben wir mit, weil droben bei schlechtem Wetter sogar im Sommer die Temperaturen bis unter den Nullpunkt sinken. Das wichtigste ist ein Regenmantel mit Regenhut. Noch wichtiger sind Abwehrmittel gegen Moskitos. Die Sandfliegen gehören zu den schlimmsten, nach Millionen zählenden Plagegeistern.

Nach etwa einem Kilometer durch moosbehangenem Wald erreichen wir den Ausgangspunkt des Milford Track, genannt Glade House, eine schon lange verlassene Farm. Buchfinken flattern neben uns her, wir sehen Meisen und hören Rotkehlchen. Die Vögel sind an Menschen gewöhnt, sie lassen sich von uns nicht stören. In den Bächen huschen Forellen und andere Fische. Einer Gruppe von drei Wanderern und ihrem landeskundigen Führer haben wir uns angeschlossen. Der Zufall wollte es so. Wir kamen ins Gespräch und blieben dann beisammen. Das wäre auch besser für uns, meint der freundliche Ranger, mit Nebel und Regen sei bald zu rechnen. Der Wald, großenteils aus den einheimischen Rimo-Bäumen bestehend, wo auch das Unterholz mehrere Meter hoch wächst und Farnkräuter die Ausdehnung von Kugelbäumen erreichen, wirkt düster und geheimnisvoll. Wenn unser Anführer vom »Schwarzwald« spricht, hat er vollkommen recht.

Wenn man nur die Marschzeit berechnet für die 60 Kilometer Länge des Milford Track, so braucht ein gesunder Mensch dafür 17 Stunden. Er kann, mit Pausen und Übernachtungen das Achte Weltwunder in drei Tagen zurücklegen. Ein Marathon-Wanderer hat alles an einem Tag binnen elf Stunden geschafft. Ein anderer, der die gesamte Strecke binnen sechs Stunden und neun Minuten hinter sich brachte, gehört unseres Erachtens in eine Gummizelle. Wir wollen die Schönheiten des »herrlichsten Wanderwegs der Erde« genießen. Weshalb wir uns vorgenommen haben vom Start beim Glade House nur bis zur Pomplona-Hütte zu wandern, eine Entfernung von 15 Kilometern Luftlinie. Das sei binnen fünf Stunden zu schaffen, meint der Ranger. Für den Waidmann und »des Waidmanns Weib«, wie ein berühmtes Buch meiner Frau heißt, beide gewöhnt an unser Gamsrevier in Tirol, ist das kein Problem.

Von Blicken, die an die Mona Lisa im Louvre erinnern, kann keine Rede sein. Aus der Tiefe steigen Nebelwolken empor, aus den dunklen Wolken rieselt beharrlich der Regen. Damit ist die Weitsicht verhängt, wir können uns nur in der Nähe umschauen. Immerhin entdecken wir auf einem rasch fließenden Wasserlauf drei oder vier »blaue Enten«, die außerhalb des Nationalparks selten geworden sind. Erstaunliche Geschöpfe, denn sie fühlen sich am wohlsten in schnell fließenden Bächen. Unterhalb von Wasserfällen und wo sonst noch rege Bewegung herrscht, rudern sie herum. Wir durchwaten den Neal River. Man hat von Ufer zu Ufer ein geriffeltes Seil gespannt, an dem wir uns festhalten. Mehr und noch mehr Vögel umschwirren uns, wir hören sie pfeifen, schwätzen und krakelen. Paradiesenten, Kuckucks sind zahlreich, in ganz seltenen Fällen haben Wanderer Glück gehabt und ein Takahe-Huhn erblickt.

Vor uns erscheint ein Kea, ein Papagei von grauer Farbe mit scharfgebogenem Schnabel und einer Geschwätzigkeit ohnegleichen. Er hat keine Scheu vor Menschen, hält sich ganz im Gegenteil gern in deren Nähe auf. Man gewinnt den Eindruck, als wollte er kontrollieren, was die fremden Geschöpfe in seinem Jagdrevier tun. Dauernd stellt er Fragen und das hört sich an, als interessiere er sich für unsere Personalien, unsere Vorstrafen und andere private Angelegenheiten. Man sagt, daß er ohne weiteres in Zelte und sogar in Wohnhäuser eindringt, um zu klauen. Keine Wertsachen, auch nicht immer eßbare Gegenstände, sondern einfach zur Befriedigung seiner unersättlichen Neugier. Eulen soll es hier geben, wir werden später ihre Rufe hören. Gelegentlich tauchen sogar Kiwi auf. Zwar sind sie überaus selten geworden, vermehren sich aber wieder in den Nationalparks. Sie stehen den Herzen der Neuseeländer nahe, die sich nach diesen Vögeln Kiwi nennen und es gerne hören, wenn man sie so anredet.

Es regnet immer stärker. Über das wassertriefende Moos, das kniehohe Gras steigt die Kälte an unseren Beinen hoch. Der Clinton-Fluß, den wir begleiten, teilt sich, und jener Arm, dem wir folgen, steigt allmählich höher und immer höher heran. Wir rutschen aus und fallen oft auf die Hände.

Pari-Roa, die lange Steilwand, wird die eine Seite der Schlucht von den Maori genannt. Wenn vorübergehend die Wolken weichen, können wir zahlreiche Wasserläufe bewundern, die von hoch droben in die Luft hinausschießen und im freien Fall den für uns nicht sichtbaren Boden der Schlucht erreichen. Wir überqueren den Schutt von Steinlawinen.

Ein Wasserfall folgt dem anderen, die Kaskaden lösen sich in feuchte Schleier auf, die gegen den dunklen Hintergrund der Felsen aussehen wie wehende Schleier. Nur wenige Meter vom Track entfernt liegt der Hidden Lake, aber wie dessen Name sagt, ist das eine »verborgene Wasserfläche«. An heißen Tagen wenden sich viele Trekker dorthin, um im kühlen Wasser zu schwimmen.

Die Wanderung macht uns keine besondere Mühe. Wieder steigt der Weg durch einen Birkenwald in Windungen nach oben. Weil wir uns in einem der regenreichsten Gebiete von Aotearoa befinden, hängen von den Ästen meterlange Moosbündel herab. Ganz unwirklich sieht das aus. Hier gibt es eine Lichtung im Wald mit dem unzutreffenden Namen Bushaltestelle. Bald danach müssen wir uns mithilfe eines langen, aber tief herabhängenden Strickes durch den Marlene Creek bemühen. Der soll nach langen und heftigen Regenfällen so furchtbar toben, daß kein Mensch hinüberkommt.

Unsere Begleiter sind auf der Pomplona-Hütte vorgemerkt, aber weil die eigentliche Saison noch nicht begonnen hat, können Marianne und ich in einem separaten Raum auf Strohbetten unterkommen. Eine ältere Frau kocht und versorgt die Hütte. Sie hat Spaghetti mit Pilzen, Semmelbröseln und reichlich Butter vorgesehen.

Hier fallen pro Jahr im Durchschnitt 6260 mm Regen aufs Land, genau die Hälfte aller Tage am Milford Track sind Regentage. Hin und wieder teilen sich die Nebel, und der Regen legt Pausen ein. So können wir den Mintaru-See bewundern, der je nach der Beleuchtung in verschiedenen Farben schimmert. Ein spanischer Name, der vom Entdecker des Milford Track stammt, von Quintin Mackinnon, der halber Spanier gewesen ist. Die Maori nennen den See Te Hapuawhio, was Lagune der Blauen Enten bedeuten soll. Das Wort wunderschön paßt nicht recht zu dieser Landschaft, sie ist unerhört wechselhaft, eindrucksvoll, großartig, sogar heroisch. Paradiesenten tauchen auf und die großen Kanadagänse, seinerzeit auch von den Siedlern in Neuseeland eingeführt. Unser Weg windet sich, umgeht Hindernisse, senkt sich und steigt wieder auf. Wir sind nun schon am Oberlauf des Clinton River und sollen bald den 1200 Meter hohen Ballonberg sehen, aber er wird von wallendem Nebel verdeckt. Was uns jetzt bevorsteht ist der Anstieg zum Mackinnon-Paß, 1154 Meter hoch. Der Wanderweg führt im Zickzack hinauf, über einen Höhenunterschied von rund 500 Metern. Die Strecke selber beträgt rund vier Kilometer, und dabei wird das Steigen recht mühsam. Nun fühlen wir das Gewicht der Rucksäcke und hoffen bald droben auf dem Paß zu sein.

Was wir als erstes sehen, als wir die Höhe erreicht haben, ist ein aus rohbehauenen Steinquadern errichtetes Denkmal zu Ehren der Entdeckeer dieses Paßes, Quintin Mackinnon und Ernest Mitchell. So geschehen am 17. Oktober des Jahres 1888. Was die beiden Forscher suchten, war nicht der »schönste Wanderweg« auf Erden, sondern ein gangbarer Pfad über das wilde, unwirtliche, menschenfeindliche Gebirge zu einem jener Fjorde, die an der Westküste in die Tasmanische See münden. Bis dahin kannte man keinen solchen Übergang, die Gebirge des Fjordlandes bildeten Sperrgürtel. Wie es scheint, war aber den Maori ein Paß aus älteren Zeiten bekannt, als man noch geheime Handelswege für den Grünstein brauchte. Mackinnon und Mitchell waren an jenem 17. Oktober 1888 so erschöpft, daß sie schon die Umkehr beschlossen hatten. Nur noch über den nächsten Hügel wollten sie nach Westen schauen. Als sie aber dann, auf dem Höhenrücken angekommen, nach drüben schauten, erblickten sie in der blauen Ferne den Schimmer des Milford Sound. Dessen Umrisse waren bekannt, von der Tasman-See waren Robbenschläger hineingefahren. Also wußten Mackinnon und Mitchell, wo sie waren. Schließlich gelang es ihnen, ein Ende des Fjords zu erreichen, wo sie bald auf einen weißen Mann stießen, der sie gastlich aufnahm.

Ein hübscher See, nach einem Mädchen namens Ella genannt, erfreut unsere Blicke. Diese Ella war eine Tochter des Landvermessers T. W. Adams und hat schon im zarten Alter von elf Jahren ihren Vater über den Milford Track begleitet, zwei Jahre nach dessen Entdeckung. Wie uns der Ranger erklärt, hat ein anderer im reifen Alter von 90 Jahren gleichfalls den Milford Track bezwungen.

Marianne und ich sind froh, daß jetzt der Weg nach unten führt, aber der Abstieg hört so bald nicht auf. Die Knie schnackeln, die Sohlen brennen im Stiefel, und wir müssen verdammt aufpassen, nicht vornüber zu fallen. Die Spuren von Erdrutschen, Felsbrüchen und Gletscherschliffen sind nicht zu verkennen. Weit droben sehen wir den schimmernden Jervois-Geltscher.

Als wir die Trümmer der Krähennest-Hütte erreichen, sinken wir erschöpft auf eine nasse Bank. Der Ranger schlägt vor, daß wir trotz des schlechten Wetters einen Umweg machen zur ersten Stufe der Sutherland-Fälle. Wir folgen seinem Rat, und mein Leben lang werden wir das nicht bedauern. Die Sutherland-Fälle, die in drei Stufen über insgesamt 320 Meter in die Tiefe stürzen, sind fantastisch. Es soll sich um den dritthöchsten Wasserfall der Welt handeln. Man kann die Fälle auch von unten sehen und bei entsprechendem Wagemut von der Seite her ansteuern. Aber ich meine, daß man von hier oben aus, wo die erste Kaskade über die Felsen rauscht, wohl die beste Aussicht genießt. Gerade jetzt, wo nach den starken Regenfällen das Wasser mit besonders weitem Schwung ins Freie schießt.

Der Ranger marschiert im Schnellschritt weiter, unsere bisherigen Begleiter wollen den Sandfliegenpunkt, das Ende des Milford Tracks, noch heute erreichen. Marianne und ich haben uns zu lange aufgehalten. Auf das Verschwinden des Nebels haben wir gewartet, um das Naturwunder ohne grauweiße Vorhänge zu betrachten. Deshalb bleiben wir in der Quintin-Hütte, wo wir eine ruhige Ecke für uns allein finden.

Am nächsten Morgen ziehen noch immer Wolken über den Himmel, einige davon sind dunkel und mit Regen gefüllt. Aber sie wandern in westlicher Richtung, hinaus auf die Tasman-See. 22 Kilometer sollen es sein von hier bis zum Ende des Wanderweges, das muß binnen eines Tages zu schaffen sein. Wir wandern weiter bergab oder über ebenen Boden. Keiner der Wasserfälle ist durch einen anderen zu übertreffen, alle sind gleichermaßen wundervoll. Ein Schauspiel der Natur offenbart sich neben dem nächsten. Wir spüren keine Müdigkeit, sondern sind dankbar für so viele Geschenke. Wir beschleunigen unsere Schritte, denn es steht uns noch der Milford Sound bevor, und da soll es wieder einen Ausblick geben, der zu den wunderbarsten der Welt zählt. Schade nur, daß er einen so häßlichen Namen führt, nämlich Sandfly Point. Diese Tierchen sollen gerade hier bei warmen Wetter die schlimmste aller Plagen sein.

Wir sehen die Wasserfläche des endlos langen, von steilen Wänden eingerahmten Fjords, vor allem sehen wir in der Mitte den knapp 1700 Meter hohen Mitre-Gipfel. Ein genialer Bühnenbildner könnte die Felsenpyramide geschaffen haben, so haargenau paßt sie an diese Stelle.

Wir warten nicht lange, die Sandfliegen müssen auf uns verzichten, da erscheint schon der Motorkutter, der zweimal täglich den Sandfliegenpunkt mit dem Milford-Hotel verbindet. Bei so vielen Superlativen wird man nicht auf Anhieb glauben, wenn wir beide sagen, das schönste und am schönsten gelegene Hotel auf dem ganzen Erdenkreis ist das Milford-Hotel. Es war nicht nötig, hier ein Doppelzimmer mit Aussicht zu reservieren, denn erstens hat jedes Zimmer eine gute Aussicht, zweitens hat die Saison noch nicht begonnen.

Am folgenden Tag steigen wir wieder an Bord eines Motorkutters. Die Fahrt führt in gemäßigtem Tempo vom Hotel an zahlreichen Inseln, unglaublich vielen Wasserfällen und Seitenschluchten bis zur Öffnung des Fjords in den Ozean. St. Anne Point nennt man diese Stelle. Langsam, mit gedrosseltem Motor, nähert sich unser Kutter einer von der Brandung glattgeschliffenen Felsengruppe. Dort auf den Steinbuckeln ruhen zwölf bis 20 Pelzrobben, die zwar ihren runden Kopf erheben, aber keineswegs die Flucht ergreifen. Sie stehen unter Naturschutz und wissen das auch. Langsam beginnen sich auch diese Säugetiere des Meeres von der nahezu völligen Vernichtung durch Robbenschläger zu erholen. Seitdem hat sich die Kolonie verschiedener Robbenarten auf viele 1000 Stück vermehrt, so daß sie wieder eine ganze Reihe von Stellen entlang der Westküste bevölkern. Der Kutter kann bis auf wenige Meter an die Kolosse heranfahren, das Klicken zahlreicher Kameras kann keine der Robben aus der Ruhe bringen.

Sehr früh schon, im Jahr 1835, hat sich ein Robbenschläger namens John Gron von seinem scheußlichen Geschäft abgewandt und sich an passender Stelle des Fjords niedergelassen. Länger als 20 Jahre hat er dort, so wird berichtet, allein gelebt. Ein Eremit, der vermutlich mit sich und der Welt zufrieden war. Nach seinem Heimatort in Wales, nach Milford Haven, nannte er den Fjord.

Donald Sutherland, Entdecker der Sutherland-Fälle, hat schon gegen Ende des vorigen Jahrhunderts in der heutigen, nur aus wenigen Gebäuden bestehenden Ortschaft Milford Sound eine Gasthütte eröffnet und sie zu einem kleinen Hotel ausgebaut. Im Jahr 1952 ist das bescheidene Hotel abgebrannt, worauf die Regierung das jetzige Milford Sound-Hotel errichten ließ. Aber die Straße dorthin bereitete große Schwierigkeiten, denn man mußte erst einen langen Tunnel durch Felsen hindurchführen. Allein dessen Bau hat fünf Jahre gedauert, viele Millionen gekostet und mehrere Menschenleben gefordert.

Allenthalben heißt es, im Milford-Hotel befinde sich »das schönste Fenster der Welt«. Aber auch ich möchte sagen: Es stimmt tatsächlich. Nur müßte man in der Mehrzahl davon sprechen, denn sowohl von der Halle aus wie vom Aufenthaltsraum für Gäste, ebenso durch die Fenster im Speisesaal schaut man auf ein Bild wie kein zweites denkbar ist. Könnte ein begaber Maler ähnliches auf die Leinwand pinseln, man würde sagen, er habe zu viel Phantasie entwickelt und sich dem Kitsch ergeben. Man schaut über den grünschimmernden Fjord hinüber auf das Hanging Valley, auf das hängende Tal. Wobei der Name durchaus den Tatsachen entspricht, denn es hängt mehrere 100 Meter hoch und wohl einen Kilometer tief zwischen gewaltigen Bergrücken, unterhalb des Mitre-Gipfels. Aus dem Hängenden Tal ergießt sich ein Sturzbach, der nach Regenfällen enorm viel Wasser führt. Man glaubt, sein Rauschen auch durch verschlossene Fenster zu hören und bestaunt den herrlich kühnen Schwung, bewundert dazu die Nebelschleier vor dem Hintergrund tiefgrün bemooster Felsen.

Weil Marianne heute Geburtstag hat, bestelle ich ein für unsere Verhältnisse üppiges Abendessen mit einer Flasche Rotwein aus Neuseeland, einem damals noch seltenen und ziemlich teuren Getränk. Wir sind dem Schicksal dankbar und beginnen mit der erlesenen Vorspeise. Die nach unserem Geschmack ausgewählten Gänge bestehen fast nur aus Meerestieren. Gerade sind wir bei den frischgefangenen Langusten, als die junge, hübsche Kellnerin an unseren Tisch tritt, verlegen lächelt und darum bittet, schneller zu essen.

Weil wir nicht gleich den Sinn der Sache verstehen, wiederholt sie: »Darf ich Sie bitten schneller zu essen?«

Dabei schaut sie auf ihre Armbanduhr.

Ich erkläre ihr, daß meine Frau heute Geburtstag hat und wir ein wenig feiern wollen.

»Nun ja, ich gratuliere zum Geburtstag, aber bitte haben Sie Verständnis. Ich bin um acht mit meinem Freund verabredet, ein neuer Freund. Ich fürchte, er wird davonlaufen, wenn ich nicht um acht Uhr bei ihm bin.«

Marianne und ich haben Verständnis, sind wir doch die einzigen Gäste dieser Kellnerin. Aber wir lassen uns nicht hetzen.

»Ich stelle Ihnen alles auf die Anrichte«, lächelte das Mädchen, »da bleiben die Sachen warm, und Sie können sich dann abholen, was Sie wollen. Wenn Sie am Ende so freundlich sind, halten die Gläser dort unter den Wasserhahn und stellen sie zurück in den Schrank dort drüben.«

So wahr ich hier sitze, genau so ist es gewesen. Wir konnten der netten Person nicht einmal böse sein. Sie hat sich noch bedankt und lächelnd verabschiedet. Gerne wüßte ich, was aus ihr und dem »neuen Freund« geworden ist. Schon möglich, daß sie von ihren Kindern inzwischen schon Enkelkinder haben.

Auf Jagd im vergessenen Tal

Aus Queenstown ist während der letzten Jahre eine Drehscheibe des Tourismus geworden. Freund Lothar und ich haben nicht die Absicht, hier länger als unbedingt notwendig zu bleiben. Wir wollen über Cromwell und den sehenswerten Lindis-Paß und noch weiter über Clearburn, entlang dem Pukaki-See, ins vielgelobte Hotel Hermitage am Fuß der gewaltigen Cook-Berge mit all ihren sagenhaften Gletschern.

Sowohl meine Freunde aus Christchurch wie Lothars Freunde besitzen Ferienwohnungen auf den Höhen oberhalb von Queenstown. Wir haben abgemacht, sie noch heute abend dort zu treffen. Einfacher gesagt als getan, denn es handelt sich um völlig neue Straßen, die man beim Touristikbüro in Queenstown noch gar nicht kennt. Erst nach mehreren Telefonaten erfahren wir, daß Lothars Freunde nicht hier sind und zweitens, auf welchen gewundenen Wegen wir das Apartment meiner Freunde erreichen. Sie wollen uns für morgen einladen zu einem Jetboot-Ausflug auf dem Shotover River, an dessen Ufern um die Mitte des vorigen Jahrhunderts der Goldrausch am wildesten getobt hat. Heute verlocken die Wildwasser zum Hinunterjagen in Spezialbooten. Sie werden danach auf einen Lkw verfrachtet und wieder hinauf zum Start gebracht. So herrlich der Ausflug wäre, wir haben keine Zeit, wir wollen in die Cook-Berge.

Kaum zu glauben, Queenstown ist bereits von Touristen überfüllt, obwohl gerade erst die Saison beginnt. Es bedarf mehrerer Anrufe der hilfsbereiten Gastgeber, um außerhalb von Queenstown gute und bequeme Unterkunft zu finden.

Weiß der Himmel, Queenstown hat sich verändert. Ich erkenne nur noch die Gegend an den Landungsbrücken, wo nach wie vor das uralte Dampfschiff namens »Earnslow« seinen Dienst versieht. Der breite, altgediente Kasten genießt heute das Ansehen eines Veterans. Wenn es nicht 100 Jahre sind, die er mit sich herumschleppt, sind es zumindest 80 Jahre. Mit Wehmut gedenke ich der schönen Tage, als wir auf seinen Planken nicht weniger als zwölf Stunden von Queenstown zum nördlichen Ende des Wakatipu geschwommen sind, am folgenden Tag von Queenstown zum südlichen Ende. Das Innere der »Earnslow« gleicht einem Museum der Jahrhundertwende.

Wir gehen zu Fuß, in einem guten Restaurant wollen wir speisen, dem besten in Queenstown. Unsere Freunde haben zum Glück einen Tisch für uns bestellt, aber bevor uns die Empfangsdame dorthin begleitete, müssen wir Namen und Adressen in einem Gästebuch verewigen. So streng sind in Queenstown die Bräuche. Gerade haben wir alles bestellt, eine Fischsuppe, danach einen Grillfisch und zum Schluß ein Fischdessert, und hoffen, bald etwas zu bekommen, da wird es dunkel im Saal. Es bleibt dunkel, abgesehen von einigen Kerzen, die man aufstellt, und der Geschäftsführer erklärt, bis zum folgenden Morgen wäre mit Licht wohl kaum zu rechnen. Irgendeine Überlandleitung ist zusammengebrochen, die Schadstelle muß erst gefunden werden. Also hungrig zurück ins Motel, wo man uns freundlicherweise Kerzen zur Verfügung stellt. Knäckebrot und Hartkäse müssen uns vorerst genügen.

Der Stadtbummel am folgenden Tag wird zum Alptraum. Ein Gewimmel von Menschen, ein Gewusel von Fahrzeugen, schreiende Reklame allenthalben und neben scheinbar eleganten Lokalen Bruchbuden der übelsten Art. Was ich suche, kann ich nicht finden, nämlich jenes angenehme Motel, wo damals Marianne und ich für längere Zeit gewohnt hatten. Es befand sich auf einem bewaldeten Abhang mit freiem Blick über den See und die grünen Ufer der anderen Seite. Nun keine Spur mehr davon. Entweder hat man es abgerissen und einen neuen Kasten an die gleiche Stelle gebaut, oder es ist wegen Erweiterung und Erhöhung für meine Augen nicht mehr zu erkennen. Schade, denn jenes Ehepaar, das dort die Wirtschaft geführt hat, war besonders nett gewesen. Sie machten uns gleich mit den Honoratioren von Queenstown bekannt, nahmen uns mit zu einem Bazar des Damenvereins, baten Marianne an ihren Bridgetisch und machten mich bekannt mit einem gewissen Humphrey.

Dieser war leidenschaftlicher Wanderer abseits von Weg und Steg, also gerade das, was ich selber so liebe. Wir hatten Zeit damals, wenn ich etwas schreiben wollte, konnte ich das überall tun, am Wakatipu-See ebenso wie am Tegernsee oder am Ufer der Isar bei uns zuhause. Mit diesem Humphrey stieg ich hinauf in die Garvie-Berge, auf die Höhen des Eyre und in Richtung des Centaur Peaks, allerdings nicht bis auf den Gipfel. Die Einsamkeit war überwältigend, auch das Erstaunen, nach stundenlangen Wanderungen plötzlich auf das Wohnhaus einer Familie zu stoßen, die auf grünem Weideland lebte inmitten einer vieltausendköpfigen Herde grauweißer Schafe.

Wo wir auch hinkamen, gleich wurden wir ins Haus gebeten, mit Tee und Gebäck bewirtet. Alle diese Farmer waren außerdem Jäger, in erster Linie Rotwildjäger, nicht aber aus Passion, auch nicht um Wildbret zu erbeuten, vielmehr »zur Vernichtung des Ungeziefers«. Waren doch all die aus fremden Ländern eingeführten Paarhufer, insbesondere das Rotwild, eine bedenkliche Konkurrenz für Schafe und Rindvieh. Ich erinnere mich an eine Farm, deren weitläufiger Garten von einem etwa anderthalb Meter hohen Wildzaun umgeben war. Die Länge jeder Seite betrug 100 Meter. Auf jeden Pfahl, nicht einen ausgenommen, hatte der Farmer ein Hirschgeweih gesteckt. Da waren Sechsender, Zehnender, Zwölfender und sogar Sechzehnender. Mit anderen Worten: eine Sammlung von Kapitalen, nach denen sich jeder rechte Waidmann bei uns alle Finger abgeschleckt hätte.

Bei anderer Gelegenheit, wir waren schon lange unterwegs, entdeckten wir in menschenleerer Gegend ein hellgrünes Tal. Wieder eine Farm für Schafe mit dem Wohnhaus der Besitzer. Freund Humphrey schritt darauf zu und meinte, wir würden hier guten Tee und vielleicht auch etwas zu essen erhalten. Er rief zwei oder dreimal mit lauter Stimme »Helloh the House«, die übliche Art, sich bei den Bewohnern bemerkbar zu machen. Als darauf keine Antwort erfolgte, trat Humphrey ohne weiteres in das unverschlossene Haus. In der Küche holte er alles, was für eine Teestunde notwendig war, entfachte den Herd, ließ Wasser aufkochen und deckte den Tisch. Als der Teekessel dampfte, und er eine große Büchse mit selbstgemachten Gebäck entdeckt hatte, ließen wir es uns gutgehen. Auf meine Fragen, wann wohl die Bewohner zurückkämen und wer sie seien, erhielt ich die Antwort: »Keine Ahnung wer die Leute sind«, bin noch nie hier gewesen.«

Ich muß wohl ein entgeistertes Gesicht gemacht haben, aber Humphrey beruhigte mich: »Das ist hier so üblich, wenn hier ein Fremder vorbeigeht, ohne sich zu bedienen, würde man das übelnehmen!«

Weil die Jagd damals vollkommen frei war und man Jäger sogar begrüßte, wollte ich mein Waidmannsheil versuchen, natürlich auf kapitale Tophäenträger. Die waren aber in der Nähe von Queenstown nicht mehr so zahlreich. Man mußte schon hinauf in die echte Wildnis. Meine Waffe hatte ich mitgenommen, eine Ferlacher-Büchse, Kaliber 7,6 cm. Der Zollbeamte in Auckland hatte nur gesagt: »Schon gut, hoffentlich legen Sie möglichst viele Schädlinge damit um!«

Im Distrikt Queenstown, dessen Ausdehnung in etwa dem Land Tirol entspricht, hatte man das Forstwesen einem Superintendenten namens Jonathan Philby anvertraut, ein liebenswürdiger, meist lächelnder, überaus vergeßlicher Mann. Auf ihn dürfte zutreffen, was ich seinerzeit in der Personalakte eines Kollegen im Auswärtigen Amt gelesen habe: »X. Y. sucht die Arbeit nicht, aber wo sie ihn findet, wird er das Unvermeidbare erledigen.«

An diesen Philby hatte ich eine Empfehlung vom zuständigen Minister in Wellington. Überaus zuvorkommend ist der Empfang in seinem weitläufigen Dienstraum: »Äußern Sie nur Ihre Wünsche, my dear Sir, mit größtem Vergnügen werde ich alle erfüllen. Da ich selber zu meinem Bedauern von dringender Arbeit überhäuft bin, darf ich Sie dem guten Steve anvertrauen. Er ist der beste meiner Leute.«

Tatsächlich macht Steve den Eindruck eines echten, an Strapazen gewöhnten Waldläufers. Von Kopf bis Fuß ist der Mann in löchriges Loden und abgeschabtes Leder gekleidet, trägt eine ausgefranste Oppossumkappe auf dem Kopf und mehrfach geflickte Stulpenstiefel an den Füßen, wie Lederstrumpf in den Büchern von James Fennimore Cooper.

»Alles, was Sie brauchen, Dr. Mais . . ., Mass . . ., Muss . . ., oder wie Sie heißen, steht zu Ihrer Verfügung, Landrover, Pipercub, Helikopter, Pferde, Mulis, Ochsenkarren und Packhunde, Sie brauchen's nur zu sagen.«

Ich danke, weiß aber, daß nicht selten gerade hinter den schwungvollsten Redensarten eine nur dürftige Realität steckt.

»Erst mal auf Sika«, meint Steve, als wir allein und zum Vornamen übergegangen sind, »das geht am einfachsten, Häns, und ich werde sehen, ob Sie laufen können.«

Es gab keine Art von Schonzeit damals, der Wildvernichter konnte tragende Tiere umbringen, auch führende Tiere, Kitze, Kälber und was ihm sonst vor den Schießprügel kam. Jedes Paar Lauscher wurde von der Forstverwaltung mit barem Geld vergütet, in jenen Jahren war es der Gegenwert von 20 Mark. Nicht wenige junge Leute, schon ab 16 Jahren, machten aus der behördlich empfohlenen Schadwildbekämpfung ein Geschäft. Vater Staat half mit durch Ausrüstung mit Schießgewehren, Patronen, Fallen und sogar mit Giftbrocken. Es kam nicht im geringsten darauf an, wie man das »Ungeziefer« zu Tode brachte. Sogar Minihütten aus Wellblech wurden von Helikoptern in der Wildnis abgesetzt, mit

Proviant und Munition für die Wildtöter. Die reisten gleichfalls durch die Luft zu den Schauplätzen des Massakers. Nach einigen Wochen holte man sie ab, zählte die Lauscher und zahlte den Killern ihren Lohn. Wo keine rasche Möglichkeit des Transportes bestand, blieb das Wildbret liegen. Die Kadaver verfaulten oder wurden von Vögeln gefressen.

Ich muß zugeben, die Folgen des zu hohen Wildbestandes waren stellenweise deprimierernd. Der Jungwuchs im Wald und, sofern erreichbar, auch die Triebe älterer Bäume waren abgefressen. Manche Koniferen wurden durch ständigen Wildbiß vernichtet, hier und dort stand nur noch toter Wald.

Nach dem erlegten Sikahirsch geht es ab zur Jagd auf Thars, die großen, imponierend gehörnten Antilopen aus dem Himalaya. Sie ziehen ihre Wechsel oberhalb des Lochnage, einem nur selten besuchten Bergsee. Auch Gemsen, Nachkommen Tiroler Auswanderer, soll es in dieser rauhen Wildnis droben geben. Unsere Transportmittel sind zwei Landrover mit geländekundigen Fahrern. Erst eine halbe Stunde auf guter Straße in östlicher Richtung, dann doppelt so lange auf schmalen, nur geschotterten Wegen nach Norden. Zur Linken die Richardson-Berge, zur Rechten die Harris-Höhen.

Als der Fahrweg aufhört, stoppen die Landrover, und wir steigen aus. Er müsse auf die andere Seite, erklärt mir Steve, um sich eine Blechhütte anzuschauen. Weil die Überwindung der Schlucht kaltes Blut und starke Nerven verlangt, soll ich mit den Fahrern bei den Wagen bleiben. Aber ich glaube, genügend Nerven zu haben, und bestehe darauf mitzukommen. Allerdings ohne zu ahnen, wie man die Schlucht überqueren muß.

Ein Drahtseil verbindet unsere Seite mit der anderen. Straff gespannt ist es nicht, sondern schaukelt bogenförmig über dem Abgrund. Beiderseits befinden sich Aufhänger aus Eisenhaken, die man in den Fels zementiert hat. Gleich daneben auf unserer Seite hängt jenes Ding, das Steve Gondola nennt. Sie besteht aus einem Sitzbrett mit Holzgriffen und schmaler Rückenlehne. Die Beine des Passagiers pendeln im Freien. Zur Fortbewegung zieht der Benützer an einem Hanfseil, um Halbmeter für Halbmeter voranzukommen. Seine Gondel hängt an einem kleinen Rad, das oben auf dem Drahtseil läuft. Steve gondelt als erster davon, so daß ich sehen kann, was ich zu tun habe. Aufregend ist das tiefe Durchhängen des Vehikels in der Mitte, wobei ich sehr bemüht bin, nicht hinab in den schäumenden Wildbach zu sehen. Am Tiefpunkt gilt es mit aller Kraft wieder höher zu kommen. Eine Kurbel mit der richtigen Übersetzung müßte man haben. Aber es gelingt auch so, und mit jedem Meter wird es einfacher. Steves lobende Worte bei meiner Ankunft freuen mich sehr.

Eine knappe Stunde über bemoostes Gestein bringen uns zu der von Steve angesteuerten Hütte. Ein scheußliches, rostzerfressenes Ding in schönster Landschaft. Zwei Feldbetten mit schmutzigen Matratzen, vergammelter Herd, ein wackliger Tisch mit zwei Hockern sowie eine Petroleumlampe mit verrußtem Zylinder, ein paar Töpfe, Pfannen, Becher, Messer, Löffel, Gabeln, alles total verdreckt und verbogen, bilden das komplette Inventar. So sei das immer, bemerkt Steve, und wir sollen gar nicht versuchen, etwas zu reinigen. Außen, um die Hütte herum, sieht es, wenn möglich, noch schlimmer aus: Müll, Abfall, leere Flaschen und Konserven, Fetzen von Stoffen, Schachteln und menschliche Fäkalien. In einem Plastiksack hängen am nächsten Baum die Lauscher. Steve schüttelt den ekligen Inhalt auf den Boden, um sie zu zählen. Es sind ungefähr 200 Ohrenpaare. Dann verbrennen wir die Lauscher, was so übel stinkt, daß wir rasch den Rücktritt antreten.

An sich ist drüben die Straße zu Ende, aber nicht für unsere Landrover, die ohne zu streiken die Fahrt fortsetzen, höher hinauf ins Tal, weiter ins Gebirge hinein. Landrover sind mir nichts Neues, ich besitze selber einen Range Rover für mein Revier. Erstaunliche Leistungen sind uns bekannt. Marianne und ich haben sowohl in Australien wie auf verwegenen Fahrten im Herzen Afrikas tolle Fahrten erlebt. Aber so wie in dieser Schlucht der neuseeländischen Südinsel wurde in meinem Beisein noch kein Fahrzeug geschunden. Auf Staatskosten fällt es den Fahrern leichter als wenn sie schon nach Jahresfrist aus eigenen Mitteln den Wagen wechseln müssen. Beide Fahrzeuge sind mit mechanischen Winden versehen, so kann der eine den anderen herausziehen. Endlich halten wir vor einer Hütte aus Blech, nur zwei mal zwei Meter breit, aber gepflegt, dazu knallrot gestrichen, um sie leicht aus der Luft zu erkennen. Ein Stützpunkt der Forstverwaltung, auch wenn es in dieser Höhe weit und breit keine Forsten gibt. Von Zeit zu Zeit haust in dieser Hütte ein Eddy genannter Mann, der durch Massenabschüsse verhindern soll, daß sich Thar, Gams und Wildziegen noch weiter vermehren.

Eine ähnliche Unterkunft, die letzte im Tal, ist auch am nächsten Tag unser Ziel. Dort ist auch für unsere Kletterwagen das Ende gekommen. Hinter unserem Quartier steigt die Wand erschreckend steil nach oben.

Gerade haben wir draußen im Freien ein prasselndes Feuer entfacht, als vom Waldrand her irgend jemand zu schimpfen beginnt. Wie kommt diese beleidigt klingende Stimme in das angeblich nicht von Menschen betretene Tal? Steve scheint nicht überrascht, er zuckt mit den Schultern und ruft dem unsichtbaren Krakeler zu, er solle gefälligst den Schnabel halten. Es folgen mehrere Minuten der Stille. Dann aber geht es wieder los, merkwürdigerweise nicht in englischer oder Maori-Sprache, sondern in einem völlig anderen Idiom. Trotzdem läßt sich aus dem Tonfall ungefähr der Sinn entnehmen.

»Ein starkes Stück, so einfach herzukommen, ohne sich anzumelden. Nicht mal vorgestellt haben sich Herren! Man scheint nicht zu wissen, wem dieses Tal nebst Umgebung gehört. Unsereins wird überhaupt nicht gefragt!«

Steve lacht nur, er ruft mehr spaßeshalber als im Ernst, der Flegel möge sofort verstummen, oder er bekäme den Hals umgedreht. Als ich seiner Blickrichtung folge, wird mir klar, mit wem wir das Vergnügen haben. Da sitzt ein Kea. Kein schrulliger Mensch schimpft mit uns, sondern ein großer, grauer Vogel mit gekrümmten Schnabel. Genauer gesagt gehört der nur in Neuseeland lebende, die menschenleere Wildnis bevorzugte Kea zur Familie der Papageien und ist, soviel mir bekannt, der Größte seiner Art.

Jeder männliche Kea besitzt und verteidigt sein angestammtes Revier. Weibchen werden geduldet, die herangewachsenen Jungvögel aber vertrieben. Man sagt von den Kea, daß sie zu den klügsten Vögeln der Schöpfung gehören. Ihre Laute erwecken wirklich den Eindruck, da rede und rufe ein Mensch in fremder Sprache. Weil ich kein Spaßverderber bin und Steve amüsieren will, gebe ich dem Vogel die Antwort im entsprechenden Tonfall: »Wollen Sie gütigst entschuldigen, Mister Kea, daß wir aus Unkenntnis des hier geltenden Benehmens versäumt haben, ihre Erlaubnis fürs Verweilen zu erbitten. Es handelt sich nur um zwei, drei Tage, besser gesagt um Nächte.«

Die Wirkung ist verblüffend. Der Kea schreitet auf dem Ast näher an uns heran, legt den Kopf erst nach rechts, dann nach links, dabei durchdringend erst mich, dann Steve betrachtend. Sodann klingt seine Stimme ebenso sanft wie versöhnlich.

»Nun ja, das erklärt ihr Verhalten, wenn auch reichlich spät, also gut Sie können bleiben.«

Doch wenige Sekunden später wird sein Blick wieder strenger. »Aber mit wem habe ich die Ehre?«

Ich bitte Steve, sich zu erheben, nenne erst seinen Namen und alsdann den meinen, mit korrekter Verbeugung natürlich. Ich glaube zu verstehen, daß uns der Kea gute Nacht wünscht, worauf er sich würdevoll auf einem Ast entfernt.

»Der tut nur so, als ob er weit fort wäre«, meint Steve, »in Wirklichkeit beobachtet er aus dem Verborgenen jede unserer Bewegungen.«

Gerade will ich einschlafen, da höre ich links neben mir ein kratzendes Geräusch. Ich drehe mich um und schaue direkt in ein Auge des neugierigen Vogels. Entweder traut er uns nicht, oder er will in die Hütte, um sich irgendeine Erinnerung an uns zu holen. Wie dem auch sei, er schaut mich an, und ich blicke auf knappe Entfernung in das vertrauliche Gezwinker der Vogelaugen. Dann sagt er ein paar Worte, die so ähnlich klingen wie: »Na ja, ist ja alles gut. Dann können wir ja beide schlafengehen!«

Schon beim ersten Morgengrauen stehen wir auf. Rein in die Klamotten, die Stiefel hochziehen bis unters Knie, Regenmantel umgehängt, Jagdbüchse über die linke Schulter gehängt, die Patronen in der Hosentasche, das Fernglas auf der Brust. Der Kea ist schon da, erkundigt sich nach unserem Vorhaben, erhält die passende Antwort, worauf er sich entschließt, uns zu begleiten.

Er muß ja aufpassen, was in seinem Revier geschieht, und so lange kennt er uns noch nicht. Als wir ein paarmal auf unsicheren Beinen durch Wildbäche schwanken, findet er das komisch. Hin und her fliegt er über den Bach, lacht dann von einem Ast herunter: »Ja, fliegen muß man können, Ihr armen Zweibeiner braucht viel zu lange durchs Wasser. Da könnt ihr noch viel von mir lernen.«

Sein Gequatsche geht uns allmählich auf den Wecker. Also geben wir keine Antwort mehr, und das paßt ihm auch wieder nicht. Er meint, daß wir ganz arme, auf den Boden hinschleichende Würmer sind, die sich verdammt anstrengen müssen, so daß sie kaum noch ein Wort aus der Kehle bringen. So geht das ein paar Stunden höher und noch höher hinauf, bis wir droben auf einem Felsriegel ankommen. Wir suchen die Gegend mit dem Fernglas ab, und natürlich ist es Steve, hier an natürliche Erscheinungen weit besser als ich gewöhnt, der ein paar Hirschkühe mit Kälbern erblickt. Er stößt mich an und zeigt auf eine Kette von Steinbök-

Hoch droben im Forgotten-Valley, dem vergessenen Tal, ist es mir gelungen, einen starken Berghirsch zu erlegen.

ken. Dort muß nach seiner Ansicht früher oder später der Leithirsch erscheinen.

Aber nicht so bald, ein Stündchen vergeht nach dem anderen, die Kühe und Kälber verziehen sich wieder, äsen friedlich weiter drunten, ziehen auf der gegenüberliegenden Seite wieder hinauf. Da, plötzlich, ich sehe den Kapitalen als erster, nicht ein gewaltiges, aber doch ein beachtliches Geweih trägt er auf dem Haupt.

Rascher als man es berichten kann, habe ich den Schaft an der Wange und das Auge hinterm Zielfernrohr. Der Wind steht günstig, im Bruchteil der nächsten Sekunde kann der Hirsch verschwinden. Einen Hauch von uns hat er gespürt und setzt an zum Absprung. Meine Kugel ist raus!

»Fehlschuß«, sagt Steve neben mir. Er hat das Glas am Auge, stampft mit beiden Füßen auf den Boden: »Nein! nein!« ruft er dann, »der Hirsch hat's, liegt hinter dem Fels und rührt sich nicht mehr!«

Der Kea hat alles beobachtet, und es gefällt ihm nicht. Laut schimpft der Vogel und flattert mit den Flügeln. So eine Gemeinheit, den harmlosen Hirsch umzulegen! Hat denn so ein verfluchter Mensch kein Gefühl fürs Lebensrecht der Tiere. Im Grunde hat er recht, der Kea. Aber hier im Land ist doch alles anders, ich habe doch nur einem Schädling, einem Zerstörer des Waldes, die Freßlust genommen.

Also steigen wir hinab zum erlegten Wild, und weil ich die Gewohnheit habe, es selber zu versorgen, hole ich mein Waidmesser aus dem Gürtel und öffne vorsichtig den Leib.

»Der Arme ist doch tot«, höre ich hinter mir den Kea, »warum dann noch mit dem Messer in den Körper stechen? Schämen sollte sich der Unmensch, und das noch in meinem Revier!«

Schon habe ich die Innereien herausgeholt und beiseite geworfen. Der neugierige Kea will's ganz genau wissen. Er flattert zur Stelle, zupft an den blutigen Eingeweiden, bekommt einen Teil der Niere zu fassen und, siehe da, er fängt an zu fressen. Nimmt sich mehr und noch mehr von der Leber und auch von der Niere. Bleibt dann auf dem Steinblock sitzen und äugt wieder zu uns hin.

»Nun ja, gar nicht so übel, wie mir scheint. Ich meine, wenn schon der arme Hirsch sterben mußte, dann kann es ja nicht schaden, wenn ich versuche, wie seine Innereien schmecken.«

Wir schärfen das Haupt ab, und Steve will es tragen, trotz meines Protestes. Aber er hat recht, auf dem rutschenden, nassen, steinigen Boden würde ich damit nicht lange aufrecht gehen.

Der Kea ist zurückgeblieben, es ist ja noch viel von meiner Beute übrig. Er ruft hinterher: »Na ja, wenn es schon sein muß, meine Herren, habe ich nichts dagegen, wenn Sie wiederkommen. Gar nicht so übel, man kann sich direkt daran gewöhnen!«

Jedem Neuseeländer ist bekannt, daß manche der Kea sich aus unerklärlichen Gründen daran gewöhnt haben, harmlose Schafe auf der Weide auf übelste Weise anzugreifen. Sie öffnen ihnen mit ihrem scharfen Schnabel den Leib und holen Nieren oder Leber heraus. Es sind Leckerbissen für die Kea, wenn sich auch nicht jeder zu der Unsitte verleiten läßt. Das arme überfallene Tier muß auf elende Weise sterben. Das ist der Grund, weshalb es heute noch den Schafzüchtern erlaubt ist, Kea mit solchen Eigenschaften zu töten, in Fallen zu fangen oder mithilfe von Gift umzubringen. Davon abgesehen sind die Kea gesetzlich geschützt.

Am nächsten Tag kann ich einen enggestellten Gamsbock erlegen und danach einen Thar, ein sehr breites und schweres Tier.

Als ich dann vor unserem Motel in Queenstown den Landrover verlasse, weiß Marianne zu berichten, daß ihr der Queenstowner Gemeinderat eine gut dotierte Stellung angeboten habe, mit freier Wohnung in einer schönen Villa am See. Der Vertrag auf Lebenszeit dazu liege droben, wir brauchten ihn nur zu unterschreiben.

Ein Scherz? Durchaus nicht, die Sache ist ernst gemeint, weil die Eigentümer des Motels gesehen und probiert haben, was sich Marianne auf unserer Terrasse mit dem Campingkocher als Mittagessen zurechtmachte. Es waren nur Spaghetti mit Tomatensoße, einigen Gewürzen und Reibkäse. Mrs. Mitchell hatte aber noch nie so etwas gesehen, geschweige denn verzehrt. Natürlich wurde sie von Marianne eingeladen. Danach die schüchtern vorgebrachte Bitte, ob vielleicht auch ihr Gemahl solche Köstlichkeit versuchen dürfe. Worauf Marianne das Ehepaar zum Abendessen einlud – was nicht ohne Folgen blieb. Mehr Damen und Herren meldeten sich, sogar mit der Absicht zu bezahlen. Daraufhin bereitete Marianne das sonntägliche Mittagessen im Country Club vor. Zwei Dutzend weibliche Gäste nahmen daran teil. Gegen Abend erschienen im Motel der Bürgermeister, der Chef des Touristikbüros, die Vertretung beider Reisebüros sowie andere Honoratioren. Sie hatten beschlossen, unter Leitung meiner Frau ein Institut für Kochkunst zu eröffnen. Zur Verfügung stand eine unbewohnte, recht weitläufige, allerdings ältere Villa am See. Sie war der Gemeinde als Vermächtnis einer vor kurzem kinderlos verstorbenen Dame zugefallen.

Auch an mich hatte man gedacht, freundlicherweise.

»Als ich erwähnte, was du alles kannst, meinte der Bürgermeister, sein Bruder wäre ein hohes Tier in Wellington. Deshalb sei es möglich, dem Doktor Juris einer Professur, zumindest eine Dozentur für Völkerrecht an der Universität in Christchurch, anzubieten.«

Zwei Jahrzehnte früher, als ich nach dem totalen Zusammenbruch verzweifelt bemüht war, eine Existenz zu finden, wären wir mit Freuden auf diese Chance gesprungen. So aber waren die sympathischen Queenstowner zu spät auf ihre Idee gekommen.

In einer der letzten Ausgaben der Monatsschrift des New Zealand Tourist and Publication Departement hat dessen Leiter, Neil Plimmer, den Vorschlag gemacht, man solle doch, um die Qualität der Mahlzeiten in den

Restaurants zu verbessern, eine Kochschule einrichten, möglicherweise von ausländischen Kennern der Kunst geleitet. Ließe doch die Qualität der allgemeinen neuseeländischen Speiselokale noch immer einiges zu wünschen übrig. Von diesem Vorhaben lese ich schwarz auf weiß ein ganzes Vierteljahrhundert nach unserem Besuch in Queenstown. Wenn hierfür noch immer Bedarf besteht, ist das nicht zuletzt unsere Schuld.

Rot glühen die Gletscher am frühen Morgen

Als ich mir das selber bereitete Frühstück schmecken lasse, kommt mein Freund vom Joggen zurück. Während seines Laufes am grünen Ufer des Wakatipu hat er sich überlegt, daß wir noch einen Tag in Queenstown zugeben sollten, um den »Shotover zu machen«, die rasante Fahrt im Jetboot durch die Strudel und Stromschnellen jenes reißenden Flusses, an dem sich seinerzeit die Goldgräber um die schimmernden Körner bemüht haben. Weil er noch keinen Morgenkaffee hat, hänge ich mich ans Telefon und versuche die Fjordland-Nationalpark-Verwaltung zu bewegen, uns zwei Plätze im Jetboot einzuräumen. Aber für heute und die folgenden Tage ist alles ausgebucht, dazu hängt es auch immer vom Wetter ab. So packen wir unseren Krempel ein, ab mit Volldampf starten wir zur Hermitage am Fuß der gewaltigen, von Schnee und Eis bedeckten Cook-Berge.

Wie das im Land der Langen Weißen Wolke häufig geschieht, ist aus dem strahlend blauen Himmel zunächst ein grauer, dann ein trüber geworden. Dieser Grauschimmer erlaubt keine weite Sicht, dabei haben wir gehofft, schon bald die weißen Gipfel des Hochgebirgs zu sehen, vor allem den majestätischen Cook-Berg selber mit seinen 3764 Metern. Nur wenige Kilometer, bevor wir The Hermitage erreichen, lenkt uns ein schiefes Schild zum Tasman-Gletscher. Wir beide wissen, daß es sich um einen der größten Gletscher der hiesigen Alpen handelt, der sich drunten im Tal noch über vier bis fünf Kilometer durch die Gegend schiebt. Also weg von der Hauptstraße. Der anfangs erträgliche Fahrweg wird schlechter von Kilometer zu Kilometer. Mit kopfgroßem Gestein bedeckt, verengt

Urwald und Gletscher begegnen sich an der Westküste Neuseelands.

er sich zur Wagenbreite, führt steil hinauf, dreht ein paar Schleifen, sinkt wieder hinab. Weil auf unserer Karte nur eine Entfernung von 15 Kilometern genannt ist, muß der scheußliche Weg demnächst sein Ziel erreichen. Zwei oder dreimal ein Schild am Wagenrand mit der Warnung: Nicht anhalten, Lawinengefahr!

Endlich erreichen wir die Andeutung eines Parkplatzes. Dort befinden sich drei oder vier Geländewagen und sogar ein großes Wohnmobil, worin sich eine Familie mit kleinen Kindern zum Schlafengehen bereitmacht. Vom Kühler bis zum Dach hat man eine Leine ausgespannt, um Windeln zu trocknen. Der Familienvater deutet auf einen Bergrücken und erklärt, von dort aus habe man einen großartigen Blick über den Gletscher. Der Aufstieg in dem losen Gestein ist äußerst mühsam. Alles, was wir betreten, rollt oder rutscht davon. Aber aufgeben wollen wir auf keinen Fall. Endlich stehen wir keuchend droben auf dem Bergrücken.

Vor uns keine Spur eines Gletschers! Stattdessen ein endlos breites Tal, ähnlich einem Urstromtal, das von Felsgeröll, Kieselsteinen und körnigem Sand bedeckt ist. Welch eine Enttäuschung, wo ist der Tasman-Gletscher geblieben?

»Darunter, unter diesem Geröll, liegt der Gletscher«, sagt jemand hinter uns. Seinem Finger folgend entdecken wir erst einen, dann zwei und mehr hellblauche Teiche. Gletscherseen sind es! Die Kanten bestehen aus Eis, aus reinem, blaßblauem Gletschereis.

Im Laufe unzähliger Jahre hat der Tasman auf seinem Rücken das von droben herabrollende Gestein mitgeschleppt. Aber nicht weiter als bis hierher konnten es die Eismassen trotz ihrer Durchschnittsgeschwindigkeit von einem Meter pro Tag nicht befördern. So hat sich denn alles auf dem Rücken des Gletschers niedergelassen und ist dort geblieben bis zum heutigen Tag.

Danach in das schöne, seit vielen Jahrzehnten schon berühmte Hotel Hermitage mit all seiner Kultur und luxuriösen Einrichtung. Wir parken den Wagen und bitten bei der Rezeption um zwei Zimmer oder ein Apartment, erhalten zur Antwort aber nur ein Kopfschütteln. Warum haben wir denn nicht schon früher bestellt, Wochen und Monate im voraus, wie das hier üblich ist.

Nach längerem Hin und Her wird uns eine sogenannte Hütte zugewiesen. Wir können sie erst nach längerem Herumtappen finden. Es handelt sich um ein scheußliches Gebilde aus angerostetem Wellblech, das vom First bis auf den Boden reicht. Drinnen befinden sich zwei Schlafkammern, eine Wohnkammer sowie Küche und Duschbad mit WC. Soweit läßt sich das gut ertragen, aber mit der Heizung ist das so eine Sache. Strahlt doch die Wärme nicht nur aus seitlich angebrachten Elektroleisten, sondern auch von droben herab auf Tisch und Betten. Ohne das eine läßt sich das andere nicht machen. Also schlafen wir, der Wärme halber, unter gleißendem Licht. Nach schlechter Nacht höre ich, daß sich Lothar erhebt. Sogar hier will er joggen. Aber es wird nichts daraus, stattdessen ruft er, ich solle sofort hinauskommen. Ich fahre in meine Stiefel und tappe ins Freie.

Keine noch so gewandte Feder kann beschreiben, was sich draußen meinen Augen bietet. Die gesamte Kette der Cook-Berge im denkbar herrlichsten Licht der aufgehenden Sonne. Tiefrot bis hellrosa die beschneiten Gipfel, tiefblau bis nachtdunkel die Hänge darunter. Es ist fabelhaft, man kann sich etwas Schöneres nicht vorstellen. Mount Sefton, der an 3200 Meter heranreicht, und der La Perouse mit über 3000 Meter, der Elie de Beaumont, 3100 Meter hoch, und ebenso hoch der Malte Brun. In ihrer Mitte, alle übrigen majestätisch überragend, der Mount Cook, 3764 Meter hoch.

Wir holen die Kameras und machen den Versuch, diese Wunderwelt auf den Film zu bannen. Herrlich sind unsere Bilder, aber sie reichen an die Wirklichkeit nicht heran. Es gehört die Atmosphäre dazu, der eiskalte, belebende Morgenwind, die tiefschlafende Umgebung und die würzig duftenden Nadelbäume über uns. Sie rahmen das Bild der Berge ein, als hätten es Künstlerhände getan.

Jede Miezekatze hätte sich besser gewaschen als wir an jenem Morgen. Alles zusammenraffen, in die Tasche stopfen und hinein in den Wagen. An die Rezeption brauchen wir nicht mehr, es ist hierzulande üblich, gleich bei der Ankunft zu zahlen. Wir planen einen Flug über die Südalpen, möglichst in einer kleinen Maschine. Auf der Karte haben wir gesehen, daß es mehrere Rollfelder gibt, wo Maschinen für Rundflüge zu haben

Im Anflug zu den Cook-Mountains am frühen Morgen.

sind. Wer zuerst kommt, fliegt zuerst, das ist klar. An einem Tag wie diesen werden wir gewiß nicht die einzigen sein.

Auf dem ersten Rollfeld kein Mensch. Bei der zweiten Möglichkeit, wenige Kilometer weiter, ist bereits alles ausgebucht, da steigen gerade vier Personen in eine fünfsitzige Piper. Der Pilot ist so freundlich, in Pukaki anzurufen, wo ihm gesagt wird, es sei auch dort nichts zu machen. Immerhin erhalten wir den Rat, an den Tekapo-See zu fahren, und die Pukaki-Leute sind so freundlich, uns anzumelden. Von der Hermitage bis zum Tekapo sind wir eine ganze Stunde unterwegs, finden dann aber ein nettes australisches Ehepaar, das auf uns wartet. Eine kleine Maschine zum Glück, und für eine gute Stunde haben wir vorausbezahlt.

Schon hebt unsere fliegende Kiste ab, und vor uns liegt in all ihrer Pracht die Gipfelkette der Südalpen. Was wir in der kommenden Stunde erleben, läßt sich in keiner Schilderung nachvollziehen. Wir haben nicht genügend Augen, um nach allen Seiten zu schauen. Man muß gleichzeitig auch nach drunten blicken und nach drüben auf die Tasman-See. Hinterher habe ich drei Filme mit je 36 Aufnahmen verknipst. Lothar hat fotografiert und gefilmt, daß ihm die Hände zittern. Wir umrunden den sagenhaften Mount Cook, der wahrlich dem großen Kapitän alle Ehre macht. Wir gleiten über fünf, sechs Skipisten und herrliche Gipfel, gehen tief hinunter auf den Franz-Joseph-Gletscher, so tief, daß wir in die aufgerissenen Spalten des Ewigen Eises blicken. Ganz anders erleben wir den in drei Arme geteilte Fox-Gletscher, und sehen den Tasman-Gletscher von hoch droben, dort, wo sein eisiger Strom noch nicht von Geröll bedeckt wird. Hier und dort Skispuren, dann auch mit einem roten Dach die deutlich sich abhebende und mit Drahtseilen fest verankerte Mount-Cook-Hütte.

Schon viele hinreißend schöne Landschaften habe ich gesehen, bin im Gasballon von Mürren über das Berner Oberland gefahren, vorbei am Finsteraarhorn und der Eigernordwand. Aber das Panorama um den Mount Cook ist noch gewaltiger, noch eindrucksvoller, weil es sich in seiner Gesamtheit aus einer relativ flachen Landschaft erhebt und man im Westen stets die blauen Wogen der Tasman-See überschaut.

Danach beschließen wir Christchurch noch am gleichen Abend zu erreichen. Für Lothar die letzte Nacht in Neuseeland. Mir bleiben noch zehn, vielleicht sogar zwölf Tage in den Antipoden, davon die eine Hälfte für einen Besuch der Chatham-Inseln, 800 Kilometer weit draußen im südpazifischen Ozean.

Wild brandet das Meer gegen die Chatham-Inseln.

Die Chatham-Inseln

Die Safe Air Limited, die immerhin über eine Boing 737 älteren Datums mit 30 Sitzen verfügt, ist ein besonderer Verein. Erstens finde ich keinen Schalter mit diesem Namen, weil er sich für so wenige Passagiere nicht lohnt. Eine andere Airline hat für die Chatham-Maschine den Dienst übernommen, ohne sich das durch irgendeinen Hinweis anmerken zu lassen. Dort weiß man nichts von meiner Vorbestellung. Aber weil erst acht Personen gebucht haben, kann ich ohne Reservierung unterkommen. Der Preis allerdings ist beträchtlich, und bares Geld will man haben. Nichts da mit Kreditkarten! Sonst sind in Neuseeland Kreditkarten das übliche Zahlungsmittel. Fast ist es so, daß sich ein Barzahler verdächtig macht. Aber die Safe Air will Bargeld sehen, gar nichts anderes. So muß ich erst zu einer Bank im Flughafen, wo man auf Anhieb weiß, daß ich nichts anderes sein kann als ein Passagier der Safe Air.

Man kann von Christchurch auf der Südinsel wie auch von Wellington auf der Nordinsel zu den Chathams fliegen. Wer von Christchurch kommt und wieder dorthin will, muß das entweder mit der gleichen Maschine noch am selben Tage tun oder eine Woche warten. Das gleiche gilt für die Flüge von Wellington, wobei es sich stets um ein und dieselbe Maschine handelt. Nach scharfer Überlegung bin ich auf den einzig richtigen Gedanken gekommen, nach dem Aufenthalt auf den Chathams direkt Wellington anzufliegen, um mir den Weg von Christchurch nach Wellington zu ersparen. Aber zweckmäßig ist es dann, meinen umfangreichen Koffer per Luftfracht nach Wellington zu schicken. Mit einer Tasche kann ich gut die wenigen Tage auf den Chathams verbringen. Gut und schön, nur brauche ich bei den Entfernungen im Airport ein Taxi. Auch sonst macht das Kofferaufgeben viele Umstände.

Meine Maschine befindet sich weit draußen, aus dem einfachen Grund, weil sie zum größten Teil als »fliegender Güterwagen« gedacht ist. Was da alles verladen wird, ist kaum zu glauben. Kisten und Kästen, Ballen, Maschinen, Motorräder, auch Käfige mit Geflügel. Es geht immer noch mehr hinein. Als man damit fertig ist, wobei der auf meinem Ticket angegebene Zeitpunkt schon überschritten ist, dürfen wir Passagiere über eine schmale Treppe an Bord. Alles nette Leute, entweder geborene Chathamer, oder sie erledigen auf den Chathams geschäftliche oder technische Pflichten. Niemand ist dabei, den man als Touristen verdächtigen kann. Alle reden miteinander, sind offenbar samt und sonders gute Freunde. An mich wird kein Wort gerichtet, mit so einem Außenseiter will man nichts zu tun haben.

Die zehn Chatham-Inseln umfassen gut 900 Quadratkilometer, zählen aber nicht mehr als 750 Einwohner. Davon leben knapp 50 auf der Insel Pitt, alle übrigen auf der Hauptinsel. Direkt oder indirekt werden alle Insulaner von rund 22 000 Schafen ernährt, außerdem noch von Fischen. Im übrigen verdienen die Chathamer gut am reichen Vorkommen des Crayfish, der neuseeländischen Hummern, entlang den Küstenstrichen.

Wie ein Faltblatt der Safe Air Limited zu melden weiß, sind die Chathams ein »bisher vom internationalen Tourismus noch nicht entdecktes Ferienparadies«. Man kann dort Haifischzähne am Strand finden und auch seltene Muscheln. Mit Ponies weit übers Land zu reiten, macht Vergnügen und sogar das Wandern über weite Strecken. Wer den Tauchsport liebt, wird aufs beste bedient.

Oben: *Der weite und breite Tekapo-See ist nur eine der vielen fischreichen Wasserflächen im Bereich der Cook-Berge.*
Unten: *Die Seen in den Südalpen sind oft von einer unwirklichen Schönheit.*
Nächste Seiten: *Der Mitre-Peak am Milford-Sound, dem wohl schönsten Fjord im Westen der Südinsel.*

Oben: *Die Gletscher haben sich kilometerweite, flache Täler geschaffen. Hier der Franz-Josefs-Gletscher.*
Unten: *Ein Teil des Franz-Josef-Gletschers im Felsenlabyrinth der Cook-Berge.*

Einen Neun-Löcher-Golfplatz soll es bei der Hauptstadt Waitangi geben. Desgleichen einen Tennisklub und das Museum mit Erinnerungen an die Moriori-Ureinwohner. Als Unterkunft wird ein Chatham-Hotel vorgeschlagen, sowie das Tuaniu-Motel mit Gemeinschaftsküche. Wenn beide besetzt sind, machen sich Chathamer Familien ein Vergnügen daraus, Gäste aufzunehmen. Vom Flugplatz fahre man die knapp 20 Kilometer bis nach Waitangi an Bord eines Busses, und zum Schluß heißt es: »Außerdem werden sich die Inselbewohner glücklich schätzen, Besucher in ihrem Wagen mitzunehmen.« Das Tourist Office von Wellington hat mein Zimmer im »Chathams« bestellt und dafür gesorgt, daß mich ein Wagen am Flugplatz abholt.

Indessen erscheinen die Chathams in meinem Blickfeld, und wirklich ist deren Anblick imponierend. Überaus hohe und steile, fast ganz aus Felsen bestehende Inseln, gegen deren Küste die Brandung hochschäumend anrollt. Danach sehe ich nicht ganz so hohe Halbinseln, die mit tiefgrüner Weide und zahlreichen Schafen bedeckt sind. Auch dort vorwiegend steile Küste, hin und wieder aber senkt sich das Land bis zum Meer hinab, und weite Sandstrände breiten sich aus. Außerdem weite Lagunen, teils mit dem Meer in Verbindung stehend, teils durch Landrücken abgetrennt.

Polternd setzt die Maschine auf. Ich schaue mich um, aber da ist kein Wagen vom Hotel zu sehen, und im Airport Office gibt es niemanden, der irgend etwas davon weiß. Ich möchte ins Hotel telefonieren, aber Privatgespräche sind nicht gestattet. Ein besonders hübsches, schlankes, blondes Mädchen meint kurz und bündig, draußen stehe ein Bus, und mehr brauchte ich nicht.

So gehe ich zum Bus und will einsteigen. Der Fahrer läßt es nicht zu, erst müsse das Hinterteil seines Fahrzeuges mit Fracht beladen werden. Das könne noch eine halbe bis eine Stunde dauern. Dann wird sich wohl, so stand es ja in dem erwähnten Faltblatt, einer der Insulaner das Vergnügen machen, mich nach Waitangi mitzunehmen. Diesen Versuch unternehme ich zweimal, aber ohne Erfolg. Am Steuer des ersten Wagens sitzt eine Frau mittleren Alters, sonst sind alle Plätze frei. Auf meine Bitte hin schüttelt sie den Kopf mit den Worten: »We don't do this on the Chathams«, tritt aufs Gas und fährt weg. Mein zweiter Versuch richtet sich an ein Ehepaar, hinter dem sich zwei freie Plätze befinden. Nachdem der Fahrer mir erklärt hat, man wünsche hier keine Touristen, kurbelt er das Fenster hoch und fährt davon.

Der Busfahrer erlaubt mir, beim Beladen zu helfen. So tragen wir vom Heck des »fliegenden Güterwagens« ein Stück nach dem anderen in den Bus, für schwere Lasten steht ein Rollwagen zur Verfügung. Am Ende grinst der Fahrer und nickt. Ich darf einsteigen, und wir rollen die knapp 20 Kilometer durch relativ flaches Land auf einer festen, schmalen und nur am Ende asphaltierten Straße durchs grüne Land. Es hebt und senkt sich, ohne große Unterschiede. Zu meiner Linken tauchen Binnenseen auf und weite Meeresbuchten. Ich sehe draußen eine große Zahl von schwarzen Schwänen und höre vom Fahrer, daß es zu viele wären. Die Jagd ist frei. Im übrigen Schafe, viele Schafe, eine unabsehbare Menge von Schafen. Mir zuliebe macht der Fahrer einen Umweg bis zum Eingang des Chatham-Hotels. Es liegt unmittelbar an der Hafenbucht, sieht bescheiden aus und ist draußen mit Wellblech verkleidet. Ich trete ein, rufe ein paarmal »Hello the House«, sodann erscheint eine Pakeha mittleren Alters, die mit einem Maori verheiratet ist. Von einer Vorbestellung auf meinen Namen hat man nichts vernommen. Aber genügend Zimmer sind frei, was ich denn gern hätte? Ich schraube meine Erwartungen hoch, bitte um Bad und WC für mein Einzelzimmer. Das ginge in Ordnung, wird mir versichert. Aber mein schlichter Schlafraum schaut nach hinten hinaus, wo sich Abfälle türmen und ein Generator brummt. Bad und WC liegen zwar auf dem gleichen Flur, aber ein paar Zimmer weit entfernt. Macht nichts, ich kann zufrieden sein.

Schon dröhnt der Gong zum Mittagessen, und die Chefin des Hauses führt mich in den Speiseraum. Es ist hier üblich, daß alle Gäste am gleichen Tisch essen. Vorstellungen sind nicht üblich, zwanglos werde ich zu drei anderen Herren plaziert, die sich mit kurzem Kopfnicken begnügen. Auch untereinander sprechen sie wenig oder nichts. Der Gast hat zu essen, was auf den Tisch kommt, kann aber stehenlassen, was ihm nicht zusagt. Knochenhart sind die Kotletts, aber die Suppe und das Gemüse kann ich ohne weiteres verzehren. Danach folgt ein ungemein süßer Pudding, den mir mein Arzt nicht erlaubt. Ich sehe aber, man kann sich von der summenden Kochstelle nach Belieben Tee und dazu noch Gebäck holen. Soweit ist alles in Ordnung.

Als nächstes möchte ich mir die Ortschaft Waitangi ansehen. Viel zu sehen gibt es nicht, weit weniger noch als in Oban auf der Stewart-Insel. Eine hübsche Post, gegenüber das Rathaus mit der gesamten Verwaltung der Chatham-Inseln. Dazu gehört auch das Museum, bestehend aus einem

Das Chatham-Hotel, einfach, gemütlich und preiswert, ist die einzige Unterkunft für fremde Besucher auf den Chatham-Inseln.

mittelgroßen Raum. Links von meinem Hotel, aber ziemlich weit davon entfernt, die lange, hölzerne Landungsbrücke, wo gerade die »Holmsdale« angelegt hat. Sie soll einmal alle vier Wochen eintreffen, allerdings mit dem in Klammern gesetzten Vermerk: bei Bedarf. Ein Dutzend oder mehr kleine Fischkutter dümpeln an ihren Ankerketten, können oder wollen aber wegen der rollenden Dünung nicht auslaufen. Es sind durchweg Langustenfänger, denn berühmt sind die Chathams für ihre schmackhaften, Crayfish genannten Hummern. Gleich hinter meinem Hotel der vollgefüllte Kaufladen für alles Notwendige. Daneben die einzige Tankstelle von Waitangi. Jedes Familienhaus ist umgeben von einem großenteils verwilderten Garten. Auf freien Grundstücken sind an langen Leinen Pferde angepflockt, einen Stall für sie gibt es nicht.

Als es fünf Uhr geworden ist, und ich annehmen darf, es sei die landesübliche Zeit für Besuche gekommen, mache ich mich auf zum Wohnhaus des wahrscheinlich ältesten Einwohners der Chatham-Inseln, zu David Holm. Diesen ehrwürdigen Greis hat mir in Wellington Jim Frazer empfohlen. Selber kannte er Holm allerdings nicht, wußte aber viel von seiner Vergangenheit und Bedeutung. Schon seine Großeltern waren als frühe Siedler nach Waitangi gekommen, und David selber war Landbesitzer mit Schafen. Weil ihm das nicht genügte, war er lange Zeit der einzig amtierende Polizist der Inselgruppe gewesen, hatte dabei auch das Standesamt geleitet und war zum Bürgermeister gewählt worden. Nunmehr, an die 80 Jahre alt oder älter, hat er sich noch immer ein unwahrscheinliches Gedächtnis bewahrt und seine Schubladen mit vielen 100 Seiten Notizen gefüllt. Er will, wenn ihm genügend Zeit dafür bleibt, ein mehrbändiges Werk über die Geschichte der Chathams verfassen.

Man hat mir gesagt, das Ehepaar Holm bewohne ein hundertjähriges Haus, so kann ich es durch Lücken im Wald und über andere Gärten hinweg am Giebel erkennen. Weil es keine Klingeln gibt, rufe ich »Hello the House«. Schon öffnet mir eine freundliche Frau mit weißen Haaren. Ein hochgewachsener Mann mit noch weißeren Haaren tritt hinzu, und beide sind erstaunt, einen völlig Fremden vor sich zu sehen. Dennoch ist bald das Eis gebrochen, ich werde hereingebeten und erhalte als erstes, wie sich das unter wohlerzogenen Neuseeländern gehört, ein paar Tassen Tee, hausgemachtes Gebäck und dazu noch, was ich bisher nie erlebt habe, eine Schale mit hartgekochten Möweneiern.

Alsdann bittet mich der alte Herr in sein Arbeitszimmer, weist mir einen tiefen Sessel zu, und bevor ich noch eine Frage stellen kann, spricht er von der Geschichte der Chatham-Inseln. Ursprünglich waren die Chathams, die Wharekauri-Inseln, allein von Moriori bewohnt. Was das für ein Volk war, darüber streiten sich nicht nur Fachgelehrte, sondern auch die Führer der Maori. Polynesier waren sie auf jeden Fall, und ihre Sprache war und ist mit jener der Maori verwandt. Aber sonst hatten sie miteinander nichts zu tun, wie die Moriori alle Zeit behauptet haben. Ihr Glaube, ihre Vorstellungen vom künftigen Leben in einer anderen Welt, sind, besser gesagt, waren vollkommen verschieden. Sehr zahlreich können die Ureinwohner der Wharekauri nicht gewesen sein, denn sie lebten allein vom Fischfang, von der Jagd auf Seevögel und vom Sammeln der Vogeleier.

Von der Außenwelt entdeckt wurde die Inselgruppe im November 1791, von dem Leutnant zur See Broughton, dem Kommandeur des kleinen Kriegsschiffs »Chatham«. Weil es so am einfachsten war, nannte Broughton die Inselgruppe nach seinem Schiff. Dieses wiederum hatte man in England nach dem Earl of Chatham getauft, dem damals Ersten Lord der

Admiralität. Im übrigen zögerte Broughton nicht, die Inselgruppe im Namen König Georges III. für Großbritannien zu annektieren.

Die Moriori, so haben später deutsche Missionare berichtet, hielten das Schiff der hellhäutigen Männer für ein geisterhaftes Ungeheuer, waren im übrigen der Meinung, daß die Fremden innerlich brannten, weil Rauch aus ihrem Munde kam. Ein weiterer, schwer zu erklärender Irrtum: Die Moriori hielten die seltsamen Besucher für Frauen. So kam es, daß sie bei passender Gelegenheit einige der Seeleute entführten, um sich mit ihnen zu paaren. Das wurde an Bord bemerkt und eine Kanone abgefeuert, so unglücklich übrigens, daß ein Insulaner, durch Splitter getroffen, tot zusammenbrach. Um diese unfreundliche Haltung wieder gut zu machen, ließ Broughton einige Geschenke am Strand zurück.

16 Jahre ließ sich kein fremdes Segel blicken, bis im Mai 1807 HMS »Cornwallis« erschien, das zum ersten Mal die gesamte Gruppe umsegelte, bei dieser Gelegenheit auch die Insel Pitt, von den Moriori Rangiauria genannt, im Logbuch erwähnte.

Weil den Briten der Reichtum an Robben, Seehunden, Walen und See-Elefanten nicht entgangen war, begann in den ersten Jahren des vorigen Jahrhunderts auch hier die Invasion der Robbenschläger und Walfänger. Da die Moriori so friedlich waren, konnten es die Fremden ohne weiteres wagen, sich in den Buchten der Chatham-Inseln niederzulassen. Hinzu kamen entflohene Sträflinge aus Tasmanien und Australien, schiffbrüchige Seeleute und andere, die ihren brutalen Kapitänen entlaufen waren. Ein gesetzloses Treiben herrschte, wie man es zur gleichen Zeit auch von der Stewart-Insel weiß, von der Bay of Plenty, von den Anfängen in Wellington und Auckland. Aber schon bald begann auch hier der Anbau von Kartoffeln und anderen Kulturpflanzen. Die Einfuhr der ersten Schafe und die Ausfuhr der mit Robbentran gefüllten Fässer ließ nicht auf sich warten.

»Den Leuten ging es viel besser als sie das verdient hatten«, berichtet mir der Hausherr, »sie nahmen sich Frauen und Mädchen der Moriori, setzten Mischlinge in die Welt und ließen es sich gutgehen auf den grünen Inseln. Aber so richtig erschlossen wurden die Chathams nicht, mehr als 80 Prozent des Landes blieben noch weiter dem Urwald, dem Torfmoor, den Sümpfen und den Felsen überlassen.«

Weil die Pakeha verschiedene Krankheiten einschleppten, gegen die es bei den Insulanern keine Abwehr gab, ging ihre Zahl schon bald zurück.

Das Volk der Moriori bewohnte früher allein die Chatham-Inseln. Aber im Jahr 1839 wurden die friedfertigen Menschen von rund 500 Maori aus Neuseeland überfallen, versklavt und nach und nach bei Festlichkeiten verspeist. Schon 1933 ist mit Tom Solomon der letzte echte Moriori gestorben. Hier sein Sohn, der als einziger noch die alte Sprache beherrscht. Seine Mutter war eine Maori.

Dafür vermehrten sich die Mischlinge. Das größte Unglück brach über die Moriori im Jahr 1835 hinein, als völlig überraschend in zwei Schüben rund 500 Maori aus Neuseeland auftauchten. So viel Gutes hatten sie von den Wharekauri gehört, daß sie dort ein irdisches Paradies vermuteten. So überfielen sie eines Tages in Port Nicholson die Dreimastbark »Lord Rodney« und zwangen Captain Hawkins unter Androhung eines grausamen Todes, zunächst 250 Männer, Frauen und Kinder ihres Volkes auf die Chathams zu bringen. Damit Captain Hawkins auch die zweite Hälfte der Invasoren nachholte, behielten sie den Maat und noch ein paar Leute des Schiffes als Pfand auf den Chathams zurück. Alles hervorragend geplant und exakt durchgeführt, denn nicht lange danach erschien die »Lord Rodney« zum zweiten Mal mit allen Nachzüglern und Vorräten. Anständig war es von dem Maori-Führer, daß er Captain Hawkins und seine

Mannschaft für all seine Mühe und Ängste bezahlte, in englischen Goldmünzen, die man irgendwo geraubt hatte.

Bei den Moriori hob sich keine Hand zum Widerstand, hatte doch einer ihrer Großen Häuptlinge, der von tiefer Sehnsucht nach ewigem Frieden erfüllt war, seinem Volk jede Art von Waffengebrauch gegen Menschen geboten. Die Moriori glaubten das, hielten es für eine göttliche Vision ihres Anführers, dem sie auch nach seinem Tode noch blindlings folgten. So wurden denn alle Moriori von den Maori versklavt, zur Fronarbeit gezwungen und dienten als lebende Reserve für kannibalische Festlichkeiten.

Deutsche Missionare waren es, die als erste von diesen schrecklichen Zuständen berichtet haben. Gelegentlich einer großen Feier töteten und verspeisten die Maori, so bezeugten die Missionare, an die 200 Moriori.

Für das Jahr 1838 schätzte man auf den Chathams noch rund 1400 Moriori unter der Herrschaft von nur 900 Maori. Die Weißen wurden von den Maori verschont. Im Jahre 1842 meldete der anglikanische Missionar Reverend Aldral nur noch 300 Moriori gegenüber 600 Maori, aber immer bleibt zweifelhaft für jene relativ frühe Zeit, ob solche Ziffern stimmen. Die erste offizielle Zählung wurde 1863 durchgeführt, sie ergab 300 Maori und 132 Moriori. Im Jahre 1933 ist mit Tommy Solomon der letzte, wirklich echte Moriori verstorben.

Obwohl bereits Leutnant Broughton die Chathams für England in Besitz genommen hatte, erklärte sich die Londoner Regierung erst im Jahre 1840, nach dem Vertrag von Waitangi, zur Übernahme der Verantwortung und Verwaltung bereit. Es war auch dringend notwendig, denn nicht lange zuvor hatte ein deutscher Großkaufmann aus Hamburg mit eingeborenen Häuptlingen über den Kauf der gesamten Inselgruppe verhandelt. In dem schon unterzeichneten Vertrag war allerdings die Ausdehnung der Chathams in doppelt so vielen Acres ausgedrückt worden, als die Insel tatsächlich hatte. Wie sich von selbst versteht, haben die Briten das Dokument cool und lässig in den Papierkorb geschoben.

Inzwischen hat Mrs. Holm nebenan den Tisch für Teatime gerichtet. Es handelt sich diesmal um ein warmes Abendessen mit Fisch, Huhn, Seevogeleiern und noch verschiedenen Gemüsen, dazu neuseeländischem Weißwein der besten Sorte.

Weil ich Deutscher bin und mich deshalb besonders für Deutsche auf den Chathams interessiere, berichtet mir der Hausvater nun von den fünf

Missionaren, die seinerzeit aus Berlin auf die Inselgruppe gekommen waren. Die Gossener Mission Berlin hatte sie ausgesandt. An Bord des Walfängers »Juliano« sind die fünf Glaubensboten im Juli 1842 aus Hamburg abgesegelt. Sie hießen: Engst, Bauke, Schiermeister, Müller und Baier. Wo auch immer die Namen genannt werden, die Schreibweise ist nicht immer die gleiche. Sie stammten aus Sachsen, aus Bayern und Preußen, sollten erst auf der Südinsel tätig sein, wurden aber dann von dem Methodistenprediger Ironside kurzerhand auf die Chathams geschickt.

Zu ihrem Glück hatte jeder ein praktisches Handwerk gelernt. Gleich gingen sie an die Arbeit, sich wetterfeste Unterkünfte zu verschaffen. Unter größten Mühen haben sie am Whakaru Point solide Steinhäuser gebaut und dafür Muschelkalk verwendet. Für die Qualität ihrer handwerklichen Künste zeugen die Reste ihrer Bauwerke noch heute, nach 150 Jahren. Die fünf Männer lernten die Maori-Sprache, bauten eine Schule und erteilten Unterricht. Dann jedoch erschienen die Eltern und verlangten gebieterisch ihr Geld. Mit gutem Recht stand ihnen eine Bezahlung zu, weil sie doch ihre Kinder in die Schule der Pakeha geschickt hatten. Da die Missionare nicht zahlen wollten und konnten, blieben die Kinder zuhause, und die Schule wurde geschlossen.

Als brave Christenmenschen konnten sich die Missionare nicht mit Eingeborenenfrauen verbinden, auf der anderen Seite wollten sie auch nicht lebenslang auf eine Gefährtin und Kinder verzichten. Dies meldeten sie ihrem Mutterhaus in Berlin, und man verstand ihre Nöte. Fünf rechtschaffene Mädchen wurden ausgewählt und Anfang Oktober 1845 auf einem schon betagten Windjammer auf die Reise geschickt. Allerdings nur vier der fünf Bräute, denn einer wurde die Sache zu unheimlich. Sie blieb in Deutschland, die anderen vier wurden von dem gleichgültigen Schiffsführer nach einer Seefahrt von knapp 150 Tagen mit all ihren Habseligkeiten irgendwo an der Küste ausgesetzt. Der Windjammer entfernte sich, so schnell es ihm möglich war, weil ein Gewitter heraufzog. So blieb den weitgereisten Frauen nichts anderes übrig als mit ihrem Gepäck auf dem Rücken 25 Kilometer bis nach Whakaru zu wandern, dem Mittelpunkt des missionarischen Eifers. Wild dreinschauende Maori zeigten ihnen den Weg, halfen jedoch nicht beim Tragen, weil das allein Frauensache war.

Wie das Berliner Missionshaus den Mädchen versichert hatte, stand es ihnen frei, sich den für sie passenden Mann zu bestimmen. Weil aber nur vier Bräute eintrafen, mußte einer der Missionare vorerst aufs Eheglück verzichten. Die anderen durften eine Braut, die sie vorher nie gesehen hatten, in ihre Arme schließen. Der leer ausgehende Pfarrer Engst vollzog die Trauungen.

Mein Gastgeber konnte mir die Namen aller Kinder nennen, auch der Enkelkinder, der Schwiegersöhne und weiterer Nachkommen. Er wußte auch, wer in welchem Alter und wo gestorben war. Trotz allem, so scheint es, war das entbehrungsreiche Leben der fünf Glaubensboten gesund gewesen. Pfarrer Engst starb 1910 im gesegneten Alter von 97 Jahren, sein Kollege Bauke folgte ihm wenig später, auch 96 Jahre alt geworden.

Eine Tochter des Missionars Bauke ehelichte John Penderville und ist mit ihm, mit ihren Kindern und den Enkelkindern auf den Chathams geblieben. Sie lebt hier in Waitangi, nur fünf Minuten Fußmarsch von David Holm entfernt. Gleich morgen will er mich hinbringen und mit der Familie bekanntmachen. Die nun etwa 60 Jahre alte Nachkommin des Missionars Bauke verwahrt noch das in deutscher Sprache geschriebene Kirchenbuch der Glaubensboten. Es enthält nur wenige Seiten, alle Eintragungen, die Taufen, die Hochzeiten, die Beisetzungen sind mit der Hand geschrieben.

Ich erzähle David Holm ganz nebenbei, wie unfreundlich die Leute gleich nach meiner Ankunft gewesen seien. Der Hausherr nickt einige Male und erklärt: »Bitte verstehen Sie, das hier ist eine Insel ganz für sich, ein isolierter Ort weitab von der übrigen Welt. Einem Fremden ist nicht zu trauen. Also ist es besser, daß man sich zurückhält. Weiß man doch nicht, wer das ist, und was er hier will, aber irgendeine Absicht steckt dahinter. Wenn niemand den Fremden am Flugplatz abholt, ist das ein Beweis, daß er nicht hergehört!«

Bei den Pendervilles die üblichen Autowracks im Hof, teilweise von Hühnern bewohnt. Meckernd begrüßt uns ein dreibeiniges Schaf. Drei oder vier Hunde sowie ein paar Katzen gehören zum Anwesen. Ohne zu Klingeln oder zu Klopfen treten wir ein, überraschen das Ehepaar beim schlichten Abendmahl. Gleich holt die Frau noch zwei Teller, zwei Gläser und gebackenen Fisch. David Holm stellt mich vor als seinen Freund Häns, nennt den Hausherrn schlicht John und dessen Frau Mabel. Damit sind kurz und schmerzlos die Formalitäten erledigt.

Weil John Penderville nichts anderes zu tun hat, könne er mich doch während der nächsten Tage auf der Hauptinsel herumfahren, mir alles zeigen und erklären. Da aber bei den Pendervilles kein fahrbarer Untersatz betriebsfähig ist, schlägt David vor, bei Bertie einen soliden Landrover zu mieten. Ich wäre nämlich so ein komischer Vogel, betont der alte Holm, der nicht auf der linken Seite fahren könne. In Old Germany sind die Leute noch so rückständig, stets auf der rechten Seite zu fahren.

Der John schaut mich an, von oben bis unten, denkt eine Weile nach, ist aber dann mit allem einverstanden. Morgen früh gegen 9 Uhr will er mich abholen, um zuerst bis zur Nordspitze der Insel zu fahren, am folgenden Tag können wir die andere Hälfte der Insel vornehmen und am dritten Tag die Gegend bei Peikomagenta, wo der Wild Life Found eine Station eingerichtet hat. Vor allem dürfe ich am vierten Tag nicht den großen Wettkampf der Schafscherer versäumen. Ein sportliches wie gesellschaftliches Ereignis, das unter Beteiligung der gesamten Bevölkerung nur einmal im Jahr stattfindet.

Als ich wenige Stunden später mein Hotel betrete, werde ich von lächelnden Gesichtern begrüßt. Kaum habe ich fürs Abendessen Platz genommen, tauen die Mitesser auf, und gleich kommt eine gemütliche Unterhaltung in Gang. »Ich höre, David ist ein guter Freund von Ihnen«, sagt mein Nachbar. »Ich bin der Charles, und der da drüben nennt sich Bert. Sie wollen sich die Insel ansehen, höre ich, der Johnny weiß gut Bescheid und wird Ihnen alles erklären.«

Woher sie schon wissen, daß ich bei den Holms und den Pendervilles gewesen bin, ahne ich nicht. So schnell wie ein Funkenflug hat sich alles über mich und meine Hintergründe ausgebreitet. Nach dem Essen muß ich meinen Tischgenossen in den Billardraum und in die Bar des »Chatham« folgen. Gut die Hälfte der männlichen Bevölkerung steht hier herum oder lehnt an der Bar. Sie rauchen, sie reden, gestikulieren mit den Händen und lassen fast pausenlos alkoholische Getränke durch ihre Kehlen rinnen. Billardbälle rollen im Hintergrund, wieder andere Leute kommen herein, aber keiner geht raus. Vornamen schwirren durch die Gegend, darunter auch der »Häns«. In Minutenschnelle werde ich ein Mitglied der hiesigen Gesellschaft. Wie mir später meine Freunde erklären, sind die Nebenräume meines Hotels der Treffpunkt aller Familienväter der Chatham-Inseln. Wilde Gestalten in salopper, verwahrloster Kleidung. Ein Vollblut-Maori mit Afrofrisur, zerzaustem Hängebart und rollenden Augen packt mich an der Schulter und ruft strahlenden Angesichts: »Häns, du gefällst mir, du kannst mich fotografieren, sogar mit Blitzlicht.«

Draußen vor dem Etablissement stehen kreuz und quer geparkt ein Dutzend Pkw. Eine solche Ansammlung von Rostlauben habe ich noch nirgendwo gesehen. An manchen fehlen alle Kotflügel, andere müssen mit nur einer Tür auskommen, Lampen hängen tief herunter, und auf Nummernschilder, so scheint es, wird hier wenig Wert gelegt.

Nachdem ich mehr Bier in mich hineingeschüttet habe als mir der Hausarzt für einen ganzen Monat gestattet, falle ich todmüde, aber recht zufrieden ins Bett. Pünktlich neun Uhr stehe ich mit Kameras, Marschverpflegung und der Straßenkarte von Chatham vor dem Hotel, um John samt Mietwagen zu erwarten. Er kommt aber nicht, es wird 9.30 Uhr und schont steht der Zeiger auf 10 Uhr, ohne daß sich etwas rührt. Die Zeitbegriffe in Neuseeland sind halt so, und ganz besonders auf den Chathams.

Ich will telefonieren. Neben dem Apparat hängt das Telefonbuch, zehn bis zwölf Seiten umfassend. Ich suche die Nummer des Hauses Penderville. Danach muß ich erst an der Kurbel drehen, worauf sich die Chefin des Postamtes persönlich meldet. Ich nenne ihr die Nummer und bitte um die Verbindung. »Wer soll denn das sein?« fragt die Dame. Ich sage es ihr, und sie meint, das hätte ich gleich sagen können. Nun ja, ich habe John am Draht, der beruhigend meint, gleich werde er kommen. Er kommt dann auch, lächelt vergnügt und meint, er habe für uns den besten Wagen seines Freundes Bertie beschafft, der als einziger auf Chatham Mietwagen verleihe und im übrigen weit und breit als bester Automechaniker bekannt sei.

Inzwischen habe ich mir noch das Vergnügen gemacht und mit Marianne in München telefoniert. Nachdem ich dreimal die Nummern für Deutschland, München-Stadt und meine Wohnung genannt habe, ist Marianne im Handumdrehen am Draht. Der Preis dafür: DM 6,50 und keinen Pfennig mehr.

Als erstes fahren wir zum Hause Holms, weil David mitkommen möchte, und seine Frau braucht noch ein halbes Stündchen, um den Freßkorb für drei Männer zu füllen. Auf meine Frage, was unser erstes Ziel sei, brummt David so etwas ähnliches wie Toroni-Reservat.

Verglichen mit den einmaligen Naturwundern, den sagenhaften Küsten, den Hochgebirgen, Inseln und Fjorden, die ich bisher in Neusee-

Idyllische Küstenlandschaft auf den Chatham-Inseln.

land genießen durfte, haben die Chathams nicht viel zu bieten. So jedenfalls mein erster und, was die äußeren Erscheinungen betrifft, auch mein letzter Eindruck. Welliges Land, ganz von der ursprünglichen Vegetation befreit, um den Schafen als Weideland zu dienen. Schmal sind die Straßen und glatt gewalzt, aber nur in der Nähe relativ großer Ortschaften asphaltiert. Erstaunlich die riesengroßen Seen mit Süßwasser, von denen ich jeweils glaube, sie seien Meeresbuchten. Dann wieder Lagunen, mit zahlreichen Inseln bedeckt, die wegen ihrer Verbindung mit dem Ozean salziges Wasser enthalten. Sehr viele Seevögel, Wildenten und Scharen von schwarzen Schwänen. Weil hier jeder jagen kann, weil keine

Schon- und Schußzeiten bestehen (von Ausnahmen abgesehen), kann jeder Insulaner mit seiner Familie, wann er will und so lange er möchte, wilde Enten, Gänse und Schwäne verspeisen. So dünn besiedelt ist die Inselgruppe, daß die Tiere nicht darunter leiden. Die schwarzen Schwäne haben sich derart vermehrt, höre ich von David, daß die Futtergrundlage nicht mehr reicht. Also geht die Zahl so lang wieder zurück, bis sich die Futterpflanzen und Futtertiere erholt haben, mit der Folge, daß sich auch die schwarzen Schwäne wieder vermehren, sogar an Körpergewicht zunehmen.

Die Chatham-Inseln mit der Pitt-Insel sind trotz ihrer geringen Einwohnerzahl in staatsrechtlichem Sinn ein County, ein Landkreis von Neuseeland. Unmittelbar der Regierung in Wellington unterstellt, haben die Chathamer gewisse Rechte, aber nur wenige Pflichten. Sie zahlen keine Grundsteuer, und bei der Einkommensteuer werden wenn nicht eines, so beide Augen zugedrückt. Dafür sind die Einfuhren aus Neuseeland und Exporte aus den Chathams mit Zöllen belegt, mit relativ hohen Zöllen sogar. Irgend etwas müssen die Chathamer für die Verwaltung, Straßenbau, Verteidigung und so weiter beitragen. Wenn sie auch seit langem schon zu Neuseeland gehören, betrachten sich doch die Chathamer als etwas Besonderes, als eine souveräne Inselgemeinschaft. Wie John Penderville betont, sei er treuer Untertan der Queen Elizabeth, habe aber mit den Herren in Wellington nicht viel im Sinn.

Weil sie traditionsbewußt sind, halten sie es nach wie vor mit der Meile, mit den Inches, mit den Feet. Das metrische System, vor vielen Jahren schon gesetzlich eingeführt, hat sich allgemein nur für wissenschaftliche Zwecke, zuweilen auch bei der amtlichen Praxis durchgesetzt. Privat aber sind die meisten Kiwi bei den früheren, den uralten, aber doch recht umständlichen Maßen und Gewichten geblieben. Von Geld reden sie wenig, sind doch die meisten von ihnen nicht darauf angewiesen. Fast jeder, auch David Holm und John Penderville, besitzen nebenher noch ein paar 100 Schafe, die sich von selbst vermehren und sich auf der Weide ernähren. Sie bringen beim Verkauf der Wolle, auch beim Export lebender Tiere das notwendige Bargeld. Schon 4000 Quadratmeter genügen als Futtergrundlage für zwei bis vier Schafe. Auf den größeren Farmen stehen mehrere 1000 Wollträger, was ihren Besitzern ein mittelständisches bis gutes Leben ermöglicht.

Nach einer Fahrt von zwei bis drei Stunden, halten wir an einer schönen

Bucht auf der Seeseite. Da wären wir nun, werde ich von meinen Freunden informiert, inmitten eines früher von den Moriori bewohnten Geländes. Während David auf einem gemusterten Tischtuch am Boden Tassen und Teller richtet, soll ich mit John zu den »geschnitzten Bäumen« wandern. Geistergestalten sollen das sein, kultische Versammlungsplätze der früheren Herren des Landes. Ein ziemlich weiter Weg bis zum Rand des Waldes. In Abständen von etwa 20 bis 30 Metern stehen darauf unglaublich knorrige, verbogene und total verdrehte Bäume von hohem Alter. Sie machen auf mich einen großartigen Eindruck, und ich verschwende so manchen Film, um sie daheim den Freunden zu zeigen. Hin und wieder sehe ich merkwürdige Löcher im Boden und auch Holzstangen mit kleinen Fähnchen daran. Ein Golfplatz, der aber nur selten benützt wird!

Am Waldrand ein alter Baum mit weißem Ring in Kopfhöhe und einem kaum noch sichtbaren Pfeil. Ein Hinweis, der mit vielen anderen zu einem Geisterbaum führt. Bis wir dort anlangen, ist eine gute Weile vergangen. In dem sehr starken, gewiß uralten Stamm ist die Figur eines Menschen zu erkennen, mit riesigen Augen und hochstehenden Haaren. Es soll noch andere solcher Bäume geben, noch zehn, zwölf oder mehr, versichert mir John.

Zwischen 1910 und 1920 habe man dort, wo sich nun Weideland und der Golfplatz ausbreiten, alle Waldungen restlos abgeholzt. Mehrere 100 Geisterbäume sollen dabei gewesen sein. Man hat sich nicht einmal die Mühe genommen, die kultischen Hinterlassenschaft der Moriori zu fotografieren.

Bei der Weiterfahrt fragt mich Holm, ob ich wüßte, daß die Bewohner der Chathams als erste Menschen der Welt am Morgen die aufgehende Sonne erblickten. Die Antwort auf seine Scherzfrage ist ganz einfach: Die Chathams liegen unmittelbar hinter der Datumsgrenze.

Als wir lange durch vollständige Einsamkeit gerollt sind, holpert das linke Hinterrad. Wir stoppen und besehen uns den Schaden. Weiter nichts als einen Platten haben wir. Also her mit dem Reserverad! Aber es gibt kein Reserverad, gibt auch keinen Schraubenschlüssel und keinen Wagenheber.

Dasselbe hatte ich voriges Jahr in Feuerland erlebt, einen ganzen Tagesmarsch weit entfernt von der nächsten Siedlung. Nun ja, ich habe auch das ohne schlimme Folgen überstanden. David als der älteste bleibt beim Wagen, John marschiert los in der einen Richtung, und ich begebe mich auf Wanderschaft in die andere. Irgendwann muß einer von uns auf Menschen stoßen. Aber wir sind noch keine 100 Meter weit gegangen, als Motorengeräusch zu vernehmen ist. Ein Kastenwagen rollt von der Anhöhe hinunter, der Fahrer erkennt unsere Lage und ist bereit, uns zu helfen.

Das werde er gleich haben, er fahre sofort auf seine Farm, um alles Notwendige zu holen, in einer halben Stunde sei er zurück. In der Tat, schon ist er wieder da. Das Reserverad dürfte passen, desgleichen der Wagenheber. Aber was absolut nicht passen will, ist sein Schraubenschlüssel. Gleich begibt er sich in die nächste Ortschaft und holt den richtigen. In einer Stunde spätestens sei er zurück. Stimmt aufs Wort, schon nach 50 Minuten erscheint der Schutzengel aufs neue, mit einem prächtig aussehenden Schraubenschlüssel, der leider den Fehler hat, daß er auch nicht paßt.

Unser einmaliger Freund meint etwas gedehnt, nun müsse er einen passenden Schlüssel von seinem Onkel in Kaingaroa holen. Bis zu seiner Wiederkehr werde es allerdings dunkel sein, zwei Stunden brauche er schon dafür. Der bewundernswerte Helfer in der Not ist nicht zu übertreffen. Er schafft es schon in anderthalb Stunden, als soeben die Inselgruppe von der untergehenden Sonne bestrahlt wird. Alsbald ist der Schaden gerichtet, und ich suche einen 50 Dollar-Schein, um mich zu bedanken. Empört weicht George Hughes zurück, er denke nicht daran. Auf den Chatham sei Hilfe selbstverständlich.

Wir entschuldigen uns alle drei, ich notiere mir seine Adresse für ein Geschenk aus München. Fest schütteln wir uns die Hände und geloben ewige Freundschaft. Die hat er ja auch wirklich verdient. Weil es in Waitangi nur eine Tankstelle gibt, hinterlasse ich dort den Betrag für 50 Liter Benzin, das schulden wir dem Mann zumindest. Er wird erstaunt sein zu erfahren, daß er beim nächsten Mal nicht zu zahlen braucht. Ich habe ihm dann aus München eines meiner Bücher in englischer Sprache geschickt. Lange war es unterwegs, aber acht Wochen später erhielt ich einen fabelhaft schönen Dankesbrief von George Hughes.

Der Wagenvermieter namens Bertie erklärte, für diesen Tag brauche ich nichts zu bezahlen. Das gleiche gilt für den halben Tag vor meinem Abflug, inklusive meiner Fahrt zum Flugplatz. Das gehe auf seine Rechnung. Es sind schon anständige Leute, die Bewohner der Chatham-Inseln, die nichts von Touristen wissen wollen.

Bei dieser Gelegenheit noch eine Warnung: Auch auf der Inselgruppe gelten keine Kreditkarten! So kann ich am Ende weder den Mietwagen bezahlen, noch mein Hotel, noch den Rundflug, noch sonst irgend etwas anderes. Ich habe an versteckter Stelle noch zwei Scheine zu je DM 500,– für Notfälle. Unnötig zu sagen, daß es keine Bank, auch sonst niemanden gibt, der bereit ist, deutsches Geld zu wechseln. David Holm empfiehlt mir die Postfrau, die wäre so hilfsbereit und wisse vielleicht einen Ausweg. Zu dieser weißhaarigen Frau begebe ich mich, schildere ihr meine verzweifelte Lage und breite die deutschen Geldscheine vor ihr aus. Sie überlegt lange und bittet mich, in einer Viertelstunde wiederzukommen.

Sie empfängt mich strahlend, hat mit irgendeiner Zentrale in Wellington telefoniert und die Erlaubnis erhalten, mein deutsches Geld in neuseeländische Dollar zu wechseln, sogar den heutigen Kurs hat sie erfahren. Schon bald stopfe ich bündelweise NS-Dollars in meine Tasche. Dies wäre das erste Mal seit Bestehen des Post Office, versichert mir der Schutzengel, daß man fremdes Geld gewechselt habe. Auch sie hat später ein kleines Geschenk aus Deutschland bekommen, ein viel größeres hätte sie verdient.

Erst drei Tage bin ich auf der Insel, aber schon so gut bekannt, daß mich fast jeder grüßt: »How do you do, Häns?« Ich bin ein Freund von David und von Johnnie, habe ein Auto von Bertie gemietet, und George Hughes hat unseren Wagen wieder flottgemacht. Inzwischen weiß das jeder. Auch ist ortsbekannt, daß ich auf der Post vollkommen fremdes Geld gewechselt und mit Old Germany telefoniert habe.

Bei Tisch sitze ich, weil dort ein freier Platz ist, mit zwei älteren Beamten des Woolboard aus Wellington zusammen, die bei dem bevorstehenden Schafschurwettbewerb die Qualität der Wolle zu prüfen haben. Auch sie wissen bereits gut Bescheid über mich. Als ich ins Rathaus hinaufgehe, wo gelegentlich der gewählte Bürgermeister auftaucht, werde ich mit heißem Tee begrüßt. Bei der schlanken, blonden, auffallend hübschen Sekretärin handelt es sich um die gleiche Person, die mir bei der Ankunft nicht erlauben wollte, das Telefon zu benützen. Jetzt schenkt sie mir als kleine Aufmerksamkeit des County of the Chathams ein Dutzend bunte Ansichtskarten. Natürlich kostet das Museum keinen Eintritt, auch wenn es offiziell zu dieser Stunde geschlossen ist: »Für Sie aber nicht, bitte treten Sie ein.« So lieb, so nett und freundlich sind nun die Chatham-Insulaner zu mir.

In dem Museum allerdings ist nicht viel zu sehen, alles liegt oder steht bunt durcheinander. Primitives Handwerkszeug der ersten Siedler, dürftige Reste der sonst völlig verschwundenen Moriori-Kultur und dazu ein höchst seltsames Boot. Schiffbrüchige, die von Sturmgewittern auf eine menschenleere Insel verschlagen wurden, haben das aus biegsamen Ästen gebaute Gestell gebaut und dann mit irgend welchen Tierhäuten bespannt. Tatsächlich konnten sie damit die rettende Chatham-Inseln erreichen.

Nicht mehr als 20 bis 30 katholische Christen leben in Waitangi. Sowohl am Samstag gegen 15 Uhr wie am Sonntagmorgen findet für diese kleine Schar eine Messe statt. Sogar ein Kirchlein wurde für sie gebaut, zwar nur sehr bescheiden aus vorgefertigten Bauteilen in Holz, aber hübsch anzusehen und weithin sichtbar. Daneben das ebenso bescheidene, aber geschmackvolle Wohnhaus des Priesters. Pater Nolan heißt er, ein noch relativ junger Mann von hohem Wuchs und bekannt starken Körperkräften. Freund Johnny hat ihn oft genug bei Verladearbeiten im Hafen gesehen. Dort schleppt der geistliche Herr die schwersten Säcke und Kisten, als seien sie federleicht.

Weil gerade die Glocke bimmelt und ich unter anderem Confrater des Deutschherren-Ordens bin (früher Deutschritterorden genannt), begebe ich mich hinein, um an der Messe teilzunehmen. Alles in allem, den Priester eingeschlossen, sind wir nur elf Personen. Davon machen fünf ihrer Hautfarbe wegen den Eindruck, daß sie Maori oder zumindest halbe Maori sind. Gesungen wird – gerecht verteilt – in englischer wie in der Maori-Sprache. Nach der Eucharistie und dem Segen werden wir mit kräftigem Händedruck entlassen. Dann schreitet der geistliche Herr, gefolgt von den meisten Messebesuchern, hinauf in sein Wohnhaus.

Sind schon die neuseeländischen Zeitbegriffe ziemlich weit gedehnt, auf den Chathams kennt sich in dieser Hinsicht ein normaler Mensch überhaupt nicht aus. Gerade bin ich beim Frühstück und will danach noch etwas lesen, da erscheint der gute John Penderville mit dem Mietwagen eine halbe Stunde früher als ausgemacht. An Bord befinden sich bereits Freund David mit seiner Gattin und alle möglichen Fressalien nebst Getränken.

Nach Mapitu soll es gehen, in ein besonders streng geschütztes Reservat oberhalb der nördlichen Spitze unserer Insel. Eine Station des World Wild Life Found gibt es dort, zur Pflege von überaus seltenen Vögeln. Vom Oktober bis März begeben sich zwei oder drei Ornithologen dorthin, die sich freuen werden, uns zu begrüßen. Die gesamte, sehr weite und breite Halbinsel besteht nach wie vor aus dem ursprünglichen Hochwald. Täler, Sümpfe und Schluchten liegen dazwischen, völlig unberührt von Menschenhand. Allerdings, so betont Johnny, sei gerade der letzte Teil des Fahrwegs in schlechtem Zustand.

Als ich frage, wie es mit der Kriminalität auf den Chathams bestellt sei, schüttelt David den Kopf. Keiner kann das besser wissen als er, hat er doch länger als 20 Jahre lang auch das Amt des Polizisten ausgeübt. Mehr als einen hat es auf den Inseln nie gegeben, ein zweiter wäre arbeitslos gewesen. An einen Mord kann sich David nicht erinnern, nur war es vor langer Zeit während einer Schlägerei zum Totschlag gekommen. Sonst mußte die Obrigkeit nur selten einschreiten, nur bei Faustkämpfen aus nichtigem Anlaß. Da hat er sich dann mit einem Verweis begnügt. Diebstahl und Einbrüche sind etwas, das anständige Leute nicht machen, wie David betont. Andere würden auf den Chathams nicht existieren.

Ja doch, da sei etwas gewesen, während sich David noch im Amte befand. Da hatte die hohe Landesregierung eine Hundesteuer beschlossen, was man jedoch auf den Chathams gar nicht erst zur Kenntnis nahm. So kam eine scharfe Anweisung aus Wellington, der Magistrat solle endlich für die Eintreibung der Steuer sorgen. Demzufolge hatte der tüchtige David sämtliche Hundebesitzer zusammengerufen. Gutes Zureden jedoch half nichts, alle weigerten sich standhaft, auch nur einen Penny Hundesteuer zu bezahlen. Das konnte die Staatsgewalt, vertreten durch unseren Freund David, nicht hinnehmen. Also stellte der pflichtgetreue Beamte jedem Steuerfeind einen Strafbefehl aus, 20 NS-Pfund pro Vierbeiner. Dennoch dachte keiner der Insulaner auch nur im Schlaf daran zu zahlen, hatten sie doch auf dem Schriftstück den Vermerk entdeckt: »Andernfalls sind zehn Tage Haft zu verbüßen.« Weil es aber in Waitangi nur eine Zelle gab, war die Sache problematisch. Hinzu kam noch, daß Strafgefangene vom Staat ernährt werden. Das war in diesem Falle niemand anders als Mrs. Holm. So hätte, wie sich denken läßt, der Haussegen schief gehangen.

»Weshalb denn«, lachen Freund David und seine Frau gemeinsam, »von Hundesteuer auf unserer Insel nicht mehr die Rede war. Die Herren in Wellington haben davon nichts gemerkt, denn es sind ja im Grunde recht vernünftige Leute.«

Damit sind wir aus dem Weideland hinausgelangt. Nun beginnen die in der Hauptsache von Farnkräutern bewachsenen Felshänge, dehnen sich die Hochmoore aus und stehende Gewässer. Gut die Hälfte davon könnte man im Bedarfsfall kultivieren, aber der Bedarf besteht nicht. So wurde hier alles zum Nationalpark erklärt, es darf nichts verändert werden.

Unsere Fahrbahn ist schmaler geworden, hat sandige Mulden, sumpfige Stellen und Steigungen. Es kommt noch viel schlimmer. Da ist eine Schlucht, da vergeht mir die Gemütlichkeit. Spitzkehren, eine nach der anderen, und manchmal glaube ich, es kann so nicht weitergehen. Geht aber weiter so schroff nach unten, daß auch Mrs. Holm ihr Haupt verhüllt.

Schließlich sind wir drunten angelangt, sehen zu unserer Linken einen fantastischen Wasserfall über abgeschliffene Felsen stürzen. Alsdann bewegt sich unser Landrover im Schritt durch strudelndes Wasser. Ich meine, es müsse den Vergaser ersäufen und die kochenden Zylinder sprengen, aber wir sind schon drüben. Nun dasselbe wie vorhin, nur eben in Haarnadelkurven hinauf. Kaum haben wir droben ein paar 100 Meter auf weichem Boden hinter uns gebracht, dasselbe noch einmal. Sogar John atmet schwer, weil er alle Kraft braucht, um das Steuer immer wieder herumzukurbeln. Weil der erste Gang nicht genügend bremst, tritt er so stark wie nur möglich auf die Bremse. Wieder durch einen Strudelbach und wieder hinauf. Droben verschwinden die alten Fahrspuren in meterhohem Gestrüpp. Wir wissen nicht, wohin. Allenthalben umgestürzte Bäume, verfaulte Stämme, dichtes Dornengestrüpp.

Die beiden Freunde und ich schwärmen aus, um die Station des WWF zu finden. Wer sie entdeckt, ist Mrs. Holm. Sie hat irgend etwas durch Baumlücken erblickt, das ungefähr aussieht wie angerostetes Blech. Tatsächlich, es ist die Station. Aber die letzten 50 bis 60 Meter geht gar nichts mehr.

Eine Station ist das wie ein Dornröschenschloß. Wenn auch David der Meinung war, einige ihm bekannte Ornithologen und Studenten würden seit Oktober hier forschen, kein Mensch weit und breit. Der ganze Komplex ist etwa zwei Meter hoch eingezäunt, aber noch viel höher und dichter hat sich Grünzeug darüber gehängt. Nur mit Mühe gelingt es mir, eine mit Stacheldraht geschmückte Gartentür zu öffnen. Dahinter kein Weg und kein Steg, nur die Spur eines schmalen Pfades. Der führt zu mehreren Gebäuden aus Wellblech. Wir öffnen eine Tür und können durch die Räume gehen. Alle möglichen Apparaturen, aber auch Wohnräume, Schlafräume, Arbeitsräume, Küchen und noch mehr, alles in gutem Zustand. Draußen entdecke ich noch drei oder vier kleine Blechhütten für Gäste und dahinter, von Schlingpflanzen eingehüllt, die auf Stelzen stehenden Plumpsklosetts, schließlich auch noch ein riesengroßes, bis zum Rand gefülltes Wasserbecken.

Nachdem wir uns auf der verlassenen Terrasse ausgeruht, Fressalien und Getränke genossen haben, beginnt unsere Rückfahrt nach Waitangi. Als einige Weka über den Weg flattern, dann aber seelenruhig stehenbleiben, höre ich von John, daß die Vögel gut eßbar seien. Kinderleicht kann man sie erbeuten, weil die Weka noch nicht begriffen haben, wie lebensgefährlich für sie die Menschen sind. Schon die Moriori, ebenso die Maori haben ihnen nachgestellt. Einerseits hatten sie ihre Hunde abgerichtet, den Vögeln zu folgen, sie zu schnappen und zu apportieren. Andererseits gab es noch eine romantische Art, sie zu jagen. Weil man an der am Boden haufenweise liegenden Losung erkannte, wo sich die Schlafbäume der Weka befanden, schlichen sich die Jäger bei Nacht unter diesen Baum. Leicht erkannten sie den dunklen Vogelkörper droben auf einem Ast. Behutsam erhoben sie ihre langen dünnen Speere, oben mit glattgeschliffenem Grünstein besetzt. Sie warfen nicht mit dem Speer, sondern hoben ihn höher und höher bis direkt unter den Vogel. Dann erst stießen sie zu, fast jedes Mal mit Erfolg.

Der Kampf um die Goldenen Schere

Natürlich ist überall das Weideland eingezäunt. Hin und wieder sehen wir kleinere Schafe, die sich außerhalb des Zaunes befinden. Sie laufen daran entlang und wollen gerne hinein. Irgendwie sind sie als kleine Lämmer durch die großen Maschen nach draußen geschlüpft, haben jedoch in der kindlichen Dummheit ihres erst kurzen Lebens nicht mehr den Weg zurück gefunden. Brauchen aber deshalb nicht verhungern, weil sich die Mutterschafe dicht am Zaun halten, so daß die Kleinen durch die Maschen nuckeln können.

Als sie größer wurden und die Muttermilch nicht mehr brauchten, fanden sie außerhalb des Zaunes genügend Gras für ihre Ernährung. Aber der Herdentrieb, hineinzukommen zu all den übrigen Schafen, blieb bestehen. So sehen wir sie auch in erwachsenem Zustand unmittelbar neben den Zäunen, bei offenbar guter Gesundheit. Wenn gelegentlich der Farmer vorbeikommt, wird er den Zaun öffnen, und schon sind die Verirrten dort, wohin sie gehören.

Traurig bestellt ist es mit jenen Schafen, die umfallen und nicht mehr imstande sind sich zu erheben. Einige werden wohl immer bei der Schur vergessen, deren Wolle wächst dann weiter bis zu 60 Zentimeter lang. Wenn es dann häufig regnet und die Schafe immer fetter werden und es ihnen beim Abrutschen am steilen Hang nicht mehr gelingt auf die Füße zu kommen, gehen sie langsam und qualvoll zugrunde.

Als wir ein solches unglückliches Tier in einer Mulde sehen, das noch immer so viel Kraft hat zu strampeln, halten wir, steigen aus und helfen dem armen Schaf auf die vier Beine. Es steht eine Weile benommen da, versucht aber dann ein paar Schritte zu gehen. Die Sache fasziniert mich so, daß ich darauf dringe, weiter zu warten. Da sehen wir alsdann mit Befriedigung wie sich das von uns gerettete Tier immer besser bewegt, am Ende auch mit dem Grasen beginnt.

»Bei mehr als 22 000 Schafen auf unserer Insel«, sagt John Penderville, »kann sich der Farmer nicht um jedes seiner Schafe kümmern.«

In den alten Zeiten, als man noch nicht die geschlachteten Schafe einfrieren und nach Europa exportieren konnte, wurden die alten Schafe zu nutzlosen Essern, zumal sie nur noch wenig Wolle brachten. Man hat sie über die Klippen ins Meer getrieben, wo sie elend ertranken. War das nicht möglich, hat man ihnen die Kehle durchgeschnitten, das Fell abgezogen und die Körper den wilden Vögeln überlassen.

Gerade haben wir einen Hügel erklommen und fahren einen Hohlweg hinab, da tritt Johnny so hart auf die Bremse, daß sie quietscht: ein lebender Strom von mehreren 1000 Schafen füllt die Straße vollständig aus. Nur hier und dort ein Mensch in dem wolligen Gewimmel, sonst struppige Hunde an den Seiten. Bei uns habe ich ähnliches noch nicht erlebt, weil es derart große Schafherden nicht gibt und man auf den Straßenverkehr Rücksicht nimmt.

Johnny stellt den Motor ab, denn alles ist nur eine Frage der Geduld. Der Leithammel und seine Genossen bleiben erstmal stehen und meckern. Dann aber drückt von hinten die Masse nach, wohl oder übel müssen die ersten Schafe vorrücken. Sie versuchen es den Hang hinauf, der ist aber zu steil für sie. Abgesehen davon hetzen nun die Hunde heran, bellen und drohen, die Schafe in die Hinterschlegel zu beißen. Ein großes Gewühl entsteht, mit noch stärkerem Druck von hinten. Dann plötzlich – als ob man die Schleusen geöffnet hätte – strömen sie rechts und links am Landrover vorbei. Wir sehen ihre entsetzten Augen unmittelbar neben uns, hören das Meckern und Blöken, aber irgendwie geht es doch. Es muß ja sein. Die nachfolgenden Scharen sind nicht mehr so ängstlich. Was die Gefährten vor ihnen geschafft haben, soll auch ihnen gelingen. Es vergeht eine gute halbe Stunde, bis alle vorübergezogen sind.

»3000 ungefähr . . .«, schätzt David. Sie werden allesamt zur Schafschur nach Wharekuri getrieben, wo morgen schon die große Konkurrenz der Schafscherer beginnt, die sogenannte Goldschere. Dabei geht es um den sagenhaften Mann, der am schnellsten sechs Schafe von ihrer Wolle befreit. Natürlich ist es keine Frage, daß wir als Zuschauer an dem Wettkampf und dem großen Volksfest teilnehmen.

Die Schafe der Chathams, versichern Johnny und David, wären um einiges besser als ihre Artgenossen auf Neuseeland, von Australien gar nicht zu reden. Das liege am Klima, vielleicht mehr noch am Salzgehalt der Luft und dem besonders würzigen Weidegras. Deshalb lohne sich der Export lebender Tiere sogar nach Neuseeland. Hier auf der Insel habe man keine Möglichkeit, Schlachtschafe einzufrieren, das aber könne in Wellington oder Christchurch geschehen.

Zum Transport spannt man im Hafen Netze auf den Boden, treibt die Schafe darauf, hebt die Netze an, und schon schweben sie in den Laderaum des Schiffes. Alle Jahre wieder erscheinen zwei Tierärzte, Spezialisten für Schafe, auf den Chatham-Inseln, um für den Staatlichen Woolboard Gesundheit und Qualität der Wollträger zu prüfen. Fast immer gehen dabei die Chatham-Schafe mit den besten Noten durch die Kontrollen. Der durchschnittliche Wollertrag pro Tier beläuft sich auf vier bis fünf Kilo bei jeder Schur. Ein gesundes Schaf lebt acht bis zehn Jahre, doch geht spätestens nach dem siebenten Jahr der Ertrag zurück. Sodann ist das Schlachthaus Endstation. Schafe, die vorwiegend für den Küchenbedarf gezüchtet werden, finden schon im Alter von sechs bis zwölf Monaten ihr Ende. Es sind die sogenannten Hogetts. Natürlich werden auch sie vorher geschoren, nur dies eine Mal. Nur einen Hammel braucht man zum Decken von 120 Schafen. Alle übrigen werden kastriert und dienen lediglich der Produktion von Wolle und Gefrierfleisch.

Fast jede Familie in Chatham, auch wenn nicht die Schafzucht ihr eigentliches Gewerbe darstellt, hält sich nebenbei ein paar Schafe. Unter diesem »nebenbei« sind mindestens 100 bis 120 Tiere zu verstehen. Die verbleiben jahraus und jahrein friedlich auf ihrem Weideland. Schuppen oder Schafställe brauchen sie in dem milden Klima nicht, erst recht keine Zuflucht.

Wer eine Schafschur miterlebt, sieht mit eigenen Augen, daß die Schafe dabei nicht leiden. Dennoch ist begreiflich, daß sie es nicht gerne haben und sich heftig schütteln. Aber nur während der ersten Augenblicke, dann halten sie ergebenst still. Auch das Bad in einer nicht gerade schön aussehenden Brühe, mit Desinfektionsmitteln, macht ihnen offenbar nichts weiter aus.

Die Schafscherer sind Saisonarbeiter. Während dreier Monate schaffen sie vom frühen Morgen bis zum späten Abend, meist auch an den Feiertagen. Eine gute bezahlte Akkordarbeit ist es, die aber viel Kraft und Ausdauer verlangt. Immer handelt es sich um Spezialisten, die ihre festen Verträge haben, von einer Farm zu anderen reisen, die auch von Neuseeland auf die Chathams fliegen. Jeder bringt seine eigene Schere mit, die ungefähr zwei Kilo wiegt und auf die er eingeschworen ist. Sie tragen bei der Schur sogenannte Feltschuhe mit rutschfesten Sohlen. Wenn die Schafscherer nichts anderes tun als Schafe zu scheren, muß ihr relativ hoher Verdienst für den Jahresunterhalt der Familie genügen. Doch haben die meisten zwischendurch noch andere, nicht so anstrengende Beschäftigungen.

Früh am Morgen auf zur großen Schafschur nach Wharekuri, etwa eine Stunde von Waitangi entfernt. Die Straße ist relativ stark befahren. Wie es scheint, will gut die Hälfte aller Insulaner mit den Haushunden daran teilnehmen. Wharekuri selbst hat nichts zu bieten, aber in den sanft ansteigenden Hügeln nahebei stehen ein paar sehr weiträumige, dunkelgestrichene Schuppen, in denen schon die Schafe blöken. Auf allen Weiden parken Fahrzeuge. Da liegen die Leute auf Wolldecken neben den Wagen, haben eine Menge Nahrungsmittel um sich verteilt und natürlich auch Bierflaschen, Weinflaschen und andere süffige Getränke. Nun bin ich auf den Chathams schon so bekannt wie ein buntes Schaf. Die Leute rufen von rechts und links »Hello, Häns!«. Hätte ich alle Einladungen angenommen, wäre ich noch heute in Wharekuri, aber sterbenskrank von Zuviel des Guten. Johnny hat ein Hogett mitgebracht, ein junges, schon vor Tagen geschlachtetes Schaf. Das hängt er an einem Haken an den nächstbesten Baum, zieht mit geübter Hand die Haut ab und zerwirkt den Körper. Indessen haben David und ich Holz gesammelt und zu einem Hügel getürmt. Der wird nun angesteckt, muß aber bis auf die Glut zusammensinken, bevor man darüber den Bratrost mit den besten Teilen des Hogett aufstellen kann.

Keine Minute der großen Schafschur will ich verpassen, obwohl sich die noch bis zum späten Nachmittag hinziehen wird. Wir betreten die große Halle, wo die Konkurrenz stattfindet. Allzu nah darf man nicht herantreten, es könnte die Männer stören. Nur für ihre Familien hat man Stühle aufgestellt, nur wenige Meter vom Schauplatz des Geschehens entfernt. Mit Blitzlicht darf ich nur von Ferne fotografieren. Ich stehe unter den übrigen Leuten. Aber nichts da, schon werde ich entdeckt, und eine ältere Frau zieht mich in die Reihe der Familien. Ich bekomme dort einen Platz in der vordersten Reihe. Eine Maori-Frau daneben reicht mir fleischgefülltes Gebäck, hartgekochte Wildvogeleier und anderes mehr. Auch gefüllte Pappbecher werden mir gereicht. Ich glaube, es sei Tee darin, doch es handelt sich um hochprozentigen Rum.

Der Wettbewerb ist schon eine Stunde im Gang, aber noch lange nicht nähert er sich dem Höhepunkt. Eine Glocke verkündet den Anbruch der jeweils nächsten Runde. Sechs Männer sind es, noch ganz junge Burschen und über Siebzigjährige. Ihre Gesichter sind gespannt, die schweren Wollscheren, elektrisch angetrieben, lassen sie zur Probe schnurren, schlurfen mit ihren Feltschuhen über den Boden, um sicher zu sein, daß sie nicht rutschen. Sodann wird aus einem Verschlag jedem von ihnen ein meckerndes Schaf zugeworfen. Blitzschnell fangen sie es auf, klemmen sich den Kopf des Tieres zwischen die Beine, halten mit einer Hand den Hinterleib fest und scheren mit der anderen Hand drauflos.

Die Wolle fällt nicht in Flocken ab, sondern in langen, breiten Streifen. Das ganze dauert pro Schaf nicht viel länger als eine Minute. Wer das nicht gesehen hat, glaubt es nicht. Die beiden Herren von der staatlichen Wollbehörde schreiten auf und ab. Sie passen auf, daß alles nach Vorschrift geschieht. Der geringste Tropfen Blut bringt schon Strafpunkte, die Chancen zu gewinnen sinken damit beträchtlich. Außerdem beugt sich über jeden der rasant arbeitenden Scherer noch ein Fachmann, der jede Bewegung genauestens verfolgt. Er trägt in der Hand eine Stoppuhr, denn es zählen Sekundenbruchteile.

Am Ende jeder Runde wird der Name des schnellsten Mannes verkündet, und wir alle klatschen. Aber die jeweils gestoppte Bestzeit für die Schur *eines* Schafes ist nicht allein entscheidend. Danach treten die Rundengewinner, insgesamt mehr als 20 gestreßte Männer, zu einem weiteren Wettbewerb an. Jetzt kommt es darauf an, wie lange jeder von ihnen braucht, um dicht hintereinander sechs Schafe zu scheren. Weder Boris Becker noch Steffi Graf wirken bei schwierigen Turnieren so angestrengt wie auf Chatham die Schafscherer. Jede Ader an Hals und Gesicht tritt hervor, Schweißtropfen rinnen in die behaarte Brust. Wer zu den Gewinnern gehören will, darf nicht länger als sechs Minuten brauchen, um sechs Schafe von ihrer Wolle zu befreien. Tolle Begeisterung herrscht, als die besten Scherer ermittelt sind. Doch es sind immer noch sieben Mann. Was sie vollbracht haben, reicht noch nicht für die Goldene Schere.

Nun sind von draußen alle Menschen in die Halle geströmt, sie stehen Kopf an Kopf. Jetzt geht es darum, daß die Gewinner der vorhergehenden Runde, jene, die sechs Schafe in etwa sechs Minuten geschafft haben, sich um zehn Tiere hintereinander bemühen. Aber nicht alle gleichzeitig, sondern immer nur einer, wenn wieder der Gong ertönt.

Die Spannung steigt, die Luft wird schlechter, und in Schweiß gebadet sind die Konkurrenten. Von ihren Frauen, Kindern und Freunden angefeuert, geht es nun wirklich ums Ganze.

Da steht der Mann, seine gewichtige Schere in der rechten Hand und den linken Arm ausgestreckt, um das Schaf zu fangen. Er legt los, der Schweiß fließt, der Mann stöhnt laut. Alle Anwesenden schreien ihm irgend etwas zu – es kann beim Fußball nicht wilder zugehen als hier.

Ich kenne die Männer nicht, die sich bis zum äußersten anstrengen. Es sind Kiwi darunter, das heißt Scherer aus Neuseeland, und erst recht Chathamer. Pakeha, Maori und Mischlinge, das spielt keine Rolle. Zehn Schafe sind zu scheren, in rasend kurzer Zeit. Die Stoppuhr läuft, die Scheren surren, die Schafe halten still.

Henry Diamond ist der Gewinner, ein Halbmaori aus Waitangi. Zehn Schafe in 9 Minuten 53 Sekunden, das macht ihm sobald keiner nach. Der Höhepunkt des Triumphes? Die Chathamer liegen vor den Kiwi, wenn das kein Grund zum Feiern ist!

Wir eilen hinaus, unser Feuer ist niedergebrannt, Johnny kann den Rost darüberstellen. Bald bruzzeln die besten Teile unseres Hogett, es werden noch allerhand Kräuter darübergestreut und irgendeine Flüssigkeit. Das Ergebnis schmeckt wunderbar. Aber besser noch als der Geschmack, als die neuseeländischen Weine ist die wunderbare Atmosphäre. Hier sind alle verbrüdert. Wenn es jemals Unterschiede zwischen Pakeha, Maori und den Mischlingen gegeben hat, ist davon nichts mehr zu spüren. Die Leute kommen zu uns, werden eingeladen, setzen sich nieder, stehen wieder auf und gehen woanders hin. Es war alles in allem unglaublich schön.

Damit nicht genug, die Erlebnisse, darunter einzigartige Erlebnisse, gingen weiter. Dazu gehört ein Besuch bei den Söhnen der letzten Moriori, deren Mutter eine Maori war. Sie luden mich ein zum Tee, führten mich durchs verlassene Wohnhaus ihres Vaters und sodann zum privaten Friedhof der Familie. Manche der schon alten und sehr alten Grabsteine waren in der Moriori-Sprache beschriftet, die heutigentags nur noch die Söhne, aber schon nicht mehr die Enkel des letzten echten Moriori verstehen.

Gerade bin ich mit dieser Mini-Cessna auf der so selten besuchten Insel Pitt (ca. 6000 Hektar) gelandet. Sie befindet sich seit bald 150 Jahren allein im Besitz der Familie Hunt. Neben mir John Hunt, der Patriarch, und sein ältester Sohn.

Die Chatham Airways besteht nur aus einem Piloten und seiner Maschine, einer viersitzigen Piper. Mit ihm, einem überaus sympathischen Mann sehe ich alle Inseln, alle Riffe und Felsbuckel des Archipels von oben. Dutzende von Eilanden gibt es, die schon seit vielen Jahren kein Mensch betreten hat. Der ideale Zustand für totalen Naturschutz. So können sich dort Populationen des gefiederten Volkes halten und sogar vermehren, die sonst in Neuseeland, vielleicht sogar auf der ganzen Welt verschwunden sind.

Sogar hinüber zur Insel Pitt bin ich geflogen, deren 6000 Hektar von einheimischen Wald und tiefgrünem Weideland bedeckt sind. Nur eine Familie lebt dort, deren Stammvater schon um das Jahr 1840 die blutverschmierten Planken eines Walfängers mit dem verlockenden Gefilde der Pitt-Insel vertauscht hat. Durch diese so frühe Besitzergreifung einer herrenlosen Insel haben später auch die britischen Kolonialbehörden sein exklusives Eigentum anerkannt. Abgesehen von einem jungen Mädchen aus Neuseeland hat der Pionier noch Schafe eingeführt, desgleichen Rinder, Geflügel und eine große Menge von Saatgut. Insgesamt 50 Personen zählt heute die Familie, aber nicht alle leben ständig auf Pitt. Einsamer als dort läßt sich das Leben nicht denken. Nur zweimal im Jahr erscheint das Versorgungsschiff, zum Abtransport der Inselprodukte und zur Lieferung der von auswärts bestellten Güter. Kein Ladengeschäft ist vorhanden, keine Schule, kein Spital, kein Telefon und auch kein Briefkasten. Jedoch können die Pitter mithilfe des Sprechfunks bei Bedarf die flotte Maschine der Chatham Airways herbeirufen. Der Pilot bringt, was verlangt wird, und befördert auch ein bis drei Personen. Kein Wunder, daß er sich der Insel eng verbunden fühlt, denn er hat sich seine Frau von Pitt geholt.

Pelzrobben, dicke Hummern und lange Aale

Wieder besteige ich den fliegenden Möbelwagen, von Kennern des internationalen Flugbetriebes Argosy 515 genannt. Es geht nicht zurück nach Christchurch, sondern binnen knapp drei Stunden in die Landeshauptstadt Wellington. Meine Bleibe während der letzten Tage in Aotearoa ist wieder das Travel Lodge Hotel, am Rand der Stadt. Von dort aus kann ich alle wichtigen Adressen zu Fuß erreichen. In einer Stadt, wo man lange nach einem Taxi suchen muß, ist das von Bedeutung.

Am folgenden Morgen laufe ich zur Zentrale des Neuseeländischen Touristendienstes und erhalte gute Nachrichten. Der unermüdliche Jim Frazer hat für meine drei letzten Tage einen Plan vorbereitet, der alles in sich hat. Heute steht mir ein Mann namens Patrick mit seinem geländegängigen Jeep zur Verfügung. Er ist ein fast reinblütiger Maori, verheiratet mit einer hellblonden Pakeha-Frau, die andere Pakeha in der Maori-Sprache unterrichtet. Die beiden wollen mir, gar nicht weit von Wellington entfernt, einige Besonderheiten zeigen. Auf jede Art von Wetter soll ich mich vorbereiten, festes Schuhwerk anziehen und mich auf eine anstrengende Schüttelfahrt vorbereiten. Einzelheiten aber will mir Jim Frazer nicht verraten.

Patrick erscheint in Begleitung seiner Frau, seiner beiden hellbraunen Söhne und noch eines Freundes dieser Söhne, einem weißblonden Pakeha mit veilchenblauen Augen. Eine Menge von Taschen, Boxen, Thermosflaschen und anderes mehr liegt im Heck des Wagens. Wir stellen uns vor, natürlich nur mit Vornamen, und schon geht es los.

Patrick kann fahren wie ein Teufel, der hinter schuldlosen Engeln her ist. Auf Haarnadelkurven steigt der rappelige Wagen an den Hängen hinter Wellington hinauf, höher und immer noch höher, bis endlich die letzten Wohngebiete hinter uns liegen.

Kaum zu glauben wie unbewohnt, wie einsam und in natürlichem Zustand belassen die Rücken und Täler oberhalb der Hauptstadt geblieben sind.

Ein Zaun aus Maschendraht erscheint, erstreckt sich beiderseits, ohne daß man ein Ende absehen kann. Die Buben müssen ein Gatter öffnen, damit unser Jeep passieren kann. Ein verwaschenes Schild: privat property. »Das war eine der ersten Schaffarmen in ganz Neuseeland«, sagt

Patrick. »Sie gehört heute noch der gleichen Familie wie damals und erstreckt sich über viele 1000 Hektar.« Die weitaus größte Farm in der Nähe von Wellington, an die 10 000 Schafe gehören dazu. Früher wurden sie von Hirten mit Hunden bewacht, heute erfüllt der oft unterteilte Zaun die gleiche Aufgabe. Dennoch ist hin und wieder ein Reiter zu erblicken. Sechs-, sieben- oder achtmal öffnen wir ein Gatter, die Landschaft bleibt aber ungefähr die gleiche. Hohe, droben relativ flache Höhenkämme senken sich hinab in breite Täler, auf deren Grund sich ein Bach durch die Gegend schlängelt. Kaum ein Baum zu sehen, nur Inseln von Ginsterbüschen zur Auflockerung der Landschaft. Schafe natürlich, Schafe und noch mehr Schafe, hellgraue Punkte, wohin man blickt.

Auf Kurven und Schleifen rollen wir hinab in eines der Täler, wo sich mehrere weißgetünchte Häuser befinden. Ein Mann mittleren Alters, in ausgewaschenen Jeans und ein geflicktes Hemd gekleidet, Stulpenstiefel an den Füßen, begrüßt uns. Er ist der Verwalter, begrüßt Patrick mit Handschlag, nennt mich gleich »Häns«. Natürlich können wir alle Wege und Stege in dem Gelände nach Belieben befahren, auch den verdammt steilen Abstieg ans Meer.

Hinter der nächsten Kurve begegnen wir einer jungen, stämmigen, recht hübschen Frau im Sattel. Natürlich halten wir, denn wo so wenige Menschen sind, gehören Begrüßung wie Unterhaltung zu den Landessitten. Auch Patricks Frau und die drei Kinder steigen aus. Die Reiterin fragt, ob wir mit allem gut versorgt seien, und erinnert Patrick daran, wo sich die Schlüssel zur Honeymoon-Villa, zur Flitterwochen-Villa befinden. Dann geht es weiter, und ich höre von Patrick, daß eben dieser jungen Frau das gesamte Gelände gehört. Sie hat die Riesenfarm von den Eltern geerbt und einen Mann geheiratet, dem die angrenzende Farm gehört. So hat denn alles seine Ordnung.

Von dem Fahrweg ist kaum noch etwas zu sehen, nur ausgewaschene Radspuren an einem gefährlich steilen Hang. Ein paarmal noch müssen wir Gatter öffnen, dann geht Patrick auf den ersten Gang herunter und bewegt den Wagen über lockeres Geröll. Wir sind am Ende eines grünen Tales, das sich nach vorne zum Meer hin öffnet. Zu unserer Rechten ein hellsprudelnder Wildbach, und in einer Lichtung am Rand des Urwaldes ein bezaubernd hübsches, hellweiß getünchtes Haus, gedeckt mit knallrotem Wellblech. Stapel mit Feuerholz, davor, ein verwilderter Garten rundherum. Das ist die Flitterwochen-Villa, einzig und allein reserviert für jungverheiratete Paare. Bald danach haben wir die unberührte Küste erreicht.

»Tonguepoint!« ruft Patrick vergnügt, Zungenspitze auf deutsch, sie ist das Ziel der heutigen Fahrt. Über eine Fläche von faustgroßen Kieselsteinen holpern wir ans Ende der Halbinsel. Dort erheben sich scharfkantige Klippen bis zur Größe eines ländlichen Kirchturms. Dazwischen enge Felsbuchten, angeschwemmtes Treibholz, Hügel von bräunlichen Meeralgen, auch Flecken mit winzig kleinen hellblauen Blumen im steinigen Boden.

Eine Vertiefung im Boden ist von Lagerfeuern schwarz gefärbt. Es ist ein beliebter Platz der Familie Patrick. Alles, was wir im Wagen mitgeschleppt haben, wird von zahlreichen Händen ausgepackt und rings um das Feuerloch verteilt. An Treibholz herrscht kein Mangel, allenthalben liegen zwei bis vier lange Baumstämme herum, bräunlich und mit dunklen Flecken bedeckt.

Die Buben sollen auf keinen Fall die Pelzrobben stören, warnt der fürsorgliche Vater. Hier ist seit vielen Jahrtausenden ihr Ruheplatz. Was ich hier und dort für Baumstämme hielt, sind Pelzrobben. Jetzt heben Sie ihre runden Köpfe mit den winzig kleinen Ohren. Aus kugelrunden Augen schauen sie uns an. Ihre hellgrauen Barthaare wirken, als würden sie von gutgenährten Männern in fortgeschrittenem Alter getragen. Die Fluchtdistanz beträgt sieben bis acht Meter.

Indessen hat sich Patrick mit einem dicken, gewiß unglaublich warmen Wollpullover bekleidet. Er stülpt sich die Tauchermaske auf den Kopf, hängt sich die Flasche um und schreitet auf ellenlangen Schwimmflossen ins Wasser. Patrick will Crayfish holen, sagt die Gattin. Während wir Kaffee trinken, Gebäck verzehren, dick belegte Lachsbrote essen, sehe ich hin und wieder Patricks Kopf auftauchen. Muntere Robben spielen mit ihm.

»There, Daddy is coming!« schreien die Buben. Der Anblick ihres Vaters ist mit Worten nicht zu beschreiben. Eine Seejungfrau, die aus der Tiefe des Ozeans an Land steigt, hätte mich nicht so verblüfft wie er. Patrick stapft mit seinen Flossen übers Gestein am Ufer, durch die feuchten Haufen des Tang, trägt noch seine Maske mit Schnorchel und die Flaschen auf dem Rücken. Aber was an ihm hängt, habe ich in meinem ganzen Leben nicht gesehen. An dem dicken, von Wasser triefenden Wollpullover hängen knallrote Langusten. Sie leben noch und haben sich mit ihren

Die Zahl der Robben an den Küsten von Neuseeland hat stark zugenommen. Meist stehen sie unter Naturschutz.

Scheren in die Wolle gehängt. Das also war der Zweck des ungemein dicken Pullovers, für den Hummerfang war er gedacht.

Als sich Patrick von Maske und Schnorchel befreit hat, hilft ihm die Familie, die Hummern abzulösen. Das muß man können, es ist gar nicht so einfach. Einer nach dem anderen verschwinden sie in Plastiktüten, wo früher oder später ihr Leben erlischt.

Es sind zwölf Stück, aber drei davon wirft der umweltbewußte Patrick wieder ins Meer zurück. Die sind ihm zu klein, außerdem gibt es Vorschriften über die zulässige Größe. Daran halten sich die meisten Kiwi, es sind fast alle hochanständige Leute.

Wenn ich hier des öfteren von Hummern spreche, dient das nur zum allgemeinen Verständnis. Richtig darf es nur »Langusten« heißen, die sich ja von den Hummern in unseren Gewässern durch die viel kleineren und schmaleren Scheren unterscheiden. Was aber den Geschmack betrifft, können Langusten sogar die Hummern übertreffen. Hauptsache, man hat genug davon. So hoffe ich nun sehr, daß es endlich auch mir gelingt, einen der berühmten neuseeländischen Crayfische zu verzehren. Aber nichts dergleichen hat die Familie im Sinn. Was mit den Hummern geschehen soll, ich weiß es nicht.

Am nächsten Morgen ist der tüchtige Patrick wieder recht früh zur Stelle, aber nur knapp die Hälfte des Tages steht zur Verfügung, wie er sagt. Das genügt durchaus, mich dem besten Aalfänger der Gegend vorzustellen. Nach rund zwei Stunden auf einer schmalen, recht holprigen Landstraße rollen wir in eine kleinere Siedlung, und im letzten Haus wohnte Mr. Eel. Sein richtiger Name wird nicht genannt, weil Mr. Eel (Herr Aal) vollkommen ausreicht. Wirklich sind Aale der Inhalt seines Lebens. Er ist ein schon älterer, hochgewachsener Mann mit schütterem weißen Haar, der jeden Muskel seines drahtigen Körpers perfekt beherrscht. Er steigt zu uns, dirigiert den Rangerover erst durch Weideland, danach durch ziemlich wilden Wald, alsdann aufs neue durch Wiesengelände. Ein vier Meter breiter, ruhig fließender Bach bewegt sich durchs Gelände. Mr. Eel wünscht, daß wir halten und den Wagen verlassen. Mit weitausholenden Schritten geht er voran, in Richtung einer schlichten Holzbrücke, die den Wasserlauf überspannt.

Gleich würde ich staunen, meint der Maori, und wirklich fallen mir beinahe die Augen aus dem Kopf. Ohne ein Wort zu verlieren, entledigt sich Herr Aal seiner Schuhe und Strümpfe, zieht die Hosen bis übers Knie und steigt neben der Brücke ins kalte Wasser. Wir sollen näher treten, ruft er. Wir treten näher, und ich sehe rund ein Dutzend netzartige Säcke von der Brücke ins Wasser hängen. In diesen Säcken ist sehr viel drin, und das bewegt sich. Der Aalfänger holt einen der Säcke vom Haken, sicher ein sehr schweres Ding, denn mächtig muß sich der Mann anstrengen. Diesen Sack, besser gesagt, das quirlige Netz hebt und zieht er hinauf zur Wiese, um dort mit geübtem Griff den Inhalt herauszulassen.

Wenn das Aale sind, habe ich solche Riesenviecher noch nie gesehen, selbst im Traum nicht für möglich gehalten. Sie sehen eher aus wie vollgefressene Pythonschlangen. Aber es sind Aale, riesengroße, aber dennoch ganz normale neuseeländische Aale. Ich schätze ihre Länge auf ein bis anderthalb Meter, mit fünf bis zehn Kilo an Gewicht. Einige stammen hier aus dem Fluß, aber der größte Teil aus anderen Gewässern in der waldreichen, vorwiegend feuchten Umgebung. Sie werden mit Ködern gefangen, gelegentlich auch mit anderen Mitteln, über die Mr. Eel offenbar nichts Näheres verraten will. Für diese Art des Beutemachens

Oben: *Später Nachmittag im Hochgebirge der Südinsel.*
Unten: *Märchenwiese beim Arthur's-Paß auf der Südinsel.*
Nächste Seiten: *Der Mount Cook leuchtet im Schein der Abendsonne weit herüber.*

Flug über den endlos langen Tasman-Gletscher. Unter dem hellbraunen Geröll befindet sich das langsam fließende Gletschereis.

Bis zu fünf Kilogramm erreichen die Aale in den neuseeländischen Flüssen. Nach ihrem Fang kann sie der Aalfänger wochenlang in Netzen aufheben, die im Schatten unter einer Brücke hängen. Das Wasser führt ihnen Nahrung zu, sie verlieren nicht an Gewicht.

»Mr. Eel« breitet den Inhalt eines seiner Netze auf der Wiese aus.

braucht er eine Lizenz der Regierung, die nicht allzu oft vergeben wird. Hier im weiteren Umkreis gibt es außer ihm nur noch einen Aalfänger. Beide haben sich abgesprochen, um sich nicht gegenseitig zu stören. Wenn ich recht gehört habe, und das möchte ich annehmen, beträgt die durchschnittliche Jahresbeute unseres Herrn Aal 10 000 Kilo.

»Mehr will, mehr brauche ich nicht«, bemerkt der Fänger, »es würde nur die Preise drücken, und der Absatz könnte leiden. Also bin ich mit 10 000 Kilo zufrieden.«

Rotwildfarmen und seltene Vögel

Auch Jim Frazer hat einen Wagen mit Vierradantrieb. »Rotwildfarmen fehlen Ihnen noch«, sagt er, »davon bekommen Sie heute mehr als genug.« Ich bedanke mich im voraus, denn wirklich ist das einer meiner großen Wünsche. »Möglicherweise huscht vielleicht eine Takeha vor Ihren Augen vorbei, allerdings braucht man dafür sehr viel Glück.«

Wir sind in der Nähe von Masterton, als ich auf einer weiten, welligen, deckungslosen Fläche von etwa einem Quadratkilometer Ausdehnung äsendes Rotwild entdecke. Es sind junge und ältere Hirsche, Kahlwild und Kälber. Hier und dort ein sandiger Fleck mit Stangen darin und kleinen Fähnchen. Ich sehe noch drei oder vier Leute mit Golfschlägern bei der Ausübung des in Neuseeland volksnahen Sportes.

»Ein Golfplatz mit Rotwild! Wie paßt das zusammen?« lautet meine Frage.

»Paßt hier gut zusammen, es ist nicht die einzige Kombination solcher Art in unserem Land.«

Erstaunlich nur auf den ersten Blick, aber durchaus zu machen, wenn man sich die Sache genauer überlegt. Die freilebenden Tiere und die golfspielenden Menschen haben sich an die Symbiose gewöhnt.

Jim Frazer weiß, daß sich ungefähr 300 Stück Rotwild hier über den 18-Löcher Platz verteilen. Wenn ihnen die Sportler zu nahe kommen, weichen sie aus. Aber Furcht und Schrecken scheinen sie nicht zu empfinden, es muß auch ein schlechter Spieler sein, dessen Golfball eines der Tiere empfindlich trifft.

Eine der zahlreichen Rotwildfarmen in Neuseeland. Viele 1000 der seinerzeit aus Europa eingeführten Tiere werden von den Farmern gehegt. Sie liefern Wildbret und einen bestimmten, angeblich die Manneskraft stärkenden Wirkstoff aus dem Bastgeweih.

Schon im Jahr 1923 haben weitschauende Farmer, kundige Zoologen und echte Tierfreunde mit der Rotwildzucht begonnen. Wie das bei Bahnbrechern oft der Fall ist, hat man sie ausgelacht, in der Presse verspottet und für sinnlose Verschwender gehalten. Jedoch ist es nunmal eine neuseeländische Eigenart zu experimentieren, Initiative zu entwikkeln und ganz Neues zu beginnen. Aber Schritt für Schritt hat man Fortschritte gemacht, aus Fehlern gelernt wie seinerseit die ersten Pioniere, und nun ist Deerfarming ein bedeutender Wirtschaftszweig. Die letzte Statistik weist für ganz Neuseeland 26 000 Hektar Nutzfläche für rund 270 000 Stück Rotwild aus. Außer dem eigentlichen Rotwild gehören dazu: Wapiti, Damhirsch, Sikawild, Virginiahirsche und Mischlinge aus ihren Verbindungen. Damwild allerdings wird erst seit 1978 auf eingezäunten Weideflächen gehalten, und nach anfänglichen Schwierigkeiten schätzt man nun die Zahl der Wapiti auf rund 4000. Besonders bewährt haben sich Kreuzungen aus Wapiti und Rotwild, deren Zahl mit 13 000 angenommen wird.

Vor dem neuen Post office von Masterton erwartet uns ein schlanker, älterer Mann namens Atkinson. Sein Großvater oder Urgroßvater war der erste Ministerpräsident von Neuseeland. Atkinson besitzt eine Farm mit mehreren 1000 Schafen, hat aber einen bedeutenden Teil seines Geländes für Rotwild abgezäunt. Schon bald, nachdem wir das dichter besiedelte Gebiet verlassen haben, sehen wir beiderseits der Straße eine Rotwildfarm nach der anderen.

Wenn man das rechte Weideland habe, versichert mir Atkinson, in klimatisch günstiger Region, dazu natürlich einen gesunden Bestand von Schalenwild, dann könne man nach gar nicht langer Zeit mehr Gewinn auf dem Hektar erwirtschaften als mit Schafen. Manche Leute behaupten allen Ernstes, daß sich gegenüber der Schafhaltung ihr Einkommen dank des Rotwildes nicht nur verdoppelt, sondern sogar – soll man's glauben? – verdreifacht habe.

Es ist tatsächlich so, daß man an dem Schalenwild doppelt und dreifach verdienen kann. Zuerst das Wildbret, sodann die Stangen, die man bei den Hirschen alle Jahre »ernten« kann. Die Bastgeweihe sind während ihrer Entwicklung mit dem sogenannten Velvet (Samt) bedeckt, und in diesem Zustand noch relativ weich. Etwa 60 Tage, nachdem er Hirsch mit dem Schieben des neuen Geweihes begonnen hat, wird es dicht über dem Schädel abgetrennt, mit der Säge. Um dem Tier jeden Schmerz zu ersparen, erhält es zur lokalen Betäubung eine rasch wirkende Injektion. Die abgesägten Stangen werden in halbzentimeterdicke Scheibchen gesägt und kommen in dieser Form auf den Markt. Kein Markt ohne Abnehmer, und die befinden sich zum größten Teil auf der Insel Taiwan, außerdem in Japan, Hongkong, Singapur, ja selbst in der Volksrepublik China. Es handelt sich dabei um Medikamente, die echte Wirkstoffe enthalten, darüber hinaus nach allgemeinen Volksglauben noch die männliche Potenz erheblich fördern. Im übrigen gewinnt man ja noch die Felle, besonders die von Hirschkälbern sind für Luxusartikel sehr begehrt.

Auf welche Weise man die »schlachtreifen Tiere« ihres Wildbrets wegens zu Tode bringt, konnte ich nicht mit letzter Gewißheit erfahren. Manche Farmer sollen den Abschuß bevorzugen, andere wieder einen Schlagbolzen ins Hirn wie bei Rindern auf unseren Schlachthöfen. Es soll auch Farmer geben, die den Opfern die Kehle durchschneiden.

Wir fahren über einen knirschenden Kiesweg hinauf zum Wohnhaus der Familie Atkinson. Ein weitläufiger Bau, hellgetüncht, mit Blumenterrassen, Sonnenschirmen und Swimmingpool. Für neuseeländische Verhältnisse schon fast ein Herrenhaus. Begrüßung der Hausfrau, Komplimente für den wunderbar blühenden, wohlgepflegten Hausgarten, und gleich folgen die üblichen Drinks.

Sodann führt der Hausherr in die Gehege. Was besonders überrascht, ist die geringe Scheu der Tiere. Berühren läßt sich keines von ihnen. Den Farmer kennen sie, denn er kann sich bis auf drei oder vier Meter nähern. Vor Jimmy Frazer und mir haben sie Angst. Mehr als 15 bis 20 Meter komme ich mit meiner Kamera nicht heran. Alle Tiere stehen gut im Futter. Aber woher stammen diese Tiere? Es sind sogenannte Wildfänge. Spezialisten haben sie in freie Wildbahn, in menschenleeren Waldregionen, am Hang noch unerschlossener Gebirge in Fallen gelockt, haben sie mit Hilfe von Kleinkalibergeschossen vorübergehend betäubt oder, was gewiß am spektakulärsten ist, vom Helikopter ausgemacht. Sodann werden Netze auf die Opfer abgeschossen und die Tiere mitsamt Netz an Bord gezogen. So umständlich es klingt, diese Methode hat sich während der letzten Jahre am besten bewährt.

Während wir an einem formvollendet gedeckten Tisch vorzüglich essen, berichtet Atkinson von erstaunlichen Eigenarten des Rotwilds. Es gewöhnt sich relativ rasch an die neue Umgebung, schon bald übernimmt der stärkste Hirsch die Herrschaft im Gehege und betrachtet die Anlage als seinen persönlichen Besitz. Bringt man auf die gleiche Weide frischgefangene Tiere, die sich bisher der absoluten Freiheit erfreut haben, werden sie binnen wenigen Tagen ebenso zahm wie das schon lange hier lebende Rotwild. Die schon eingewöhnten Tiere, so scheint es, übertragen ihre Zufriedenheit auf die neu eingetroffenen Artgenossen. Nie hätte ich als erfahrener Jäger im Tiroler Gebirgsrevier diese Anpassung des bei uns überaus scheuen Rotwilds für möglich gehalten.

Freund Jim bringt die Sprache auf das Problem, ob zwischen dem Wildbret der Farmtiere und des freilebenden Rotwilds ein Unterschied zu bemerken sei. Die Ansichten darüber, so höre ich, gehen weit auseinander. Neuerdings seien aus der Bundesrepublik Stimmen laut geworden, die sich über den Mangel an Wildgeschmack beim neuseeländischen Wildbret beklagen. Besonders Jäger sollen es sein, die ihr Wildbret im eigenen Revier erlegen. Andererseits habe man Versuche gemacht und Feinschmeckern beide Arten von Hirschkalbsteaks aufgetischt. Sie hätten sich in vielen Fällen gründlich geirrt. Jene Hirschkalbskeule, die an Atkinsons

Tisch verzehrt wird, hat für meine Begriffe den denkbar besten Geschmack.

Mit Atkinson fahren wir zu anderen Rotwildfarmen. Da gibt es eine so ausgedehnte Farm, daß man die Einzäunung ringsherum nicht sehen kann. Was jedoch meines Erachtens fehlt, ist der Einstand für das Wild. Wer sich mit Hirschen auskennt, der weiß, daß sie vor jeder Störung Zuflucht suchen im Wald, im Gestrüpp oder sonst einer Deckung. Sie treten erst bei Dämmerlich heraus, äsen meist während der Dunkelheit und verschwinden am Morgen wieder in der Deckung. Hier scheinen sie das nicht zu vermissen.

Was mir aber als wünschenswert erscheint, sehe ich beim Besuch der nächsten Farm. Dort hat der Halter ein echtes Stück Wildnis eingezäunt, ein Tal mit rauschendem Bach und mehr oder weniger dicht bewaldeten Hängen auf beiden Seiten. Erst im Glas sind seine Tiere zu erkennen. Sie müssen sich wohl fühlen, denn hier leben sie nach wie vor in freier Wildbahn. Wenn der Farmer »ernten« will, kann er nichts besseres tun als die ausgewählten Stücke waidmännisch zu erlegen. Dieser Farmer ist einer von denen, die ihre Bestände durch Wildfänge ergänzen. Er benützt dazu weder Hubschrauber noch Betäubungsgewehr, sondern begibt sich ein oder zwei Tagesmärsche weit in die Wildnis. Dabei trägt er einen mit Mais oder Hafer gefüllten Sack auf dem Rücken, aus dem bei jedem Schritt ein paar Körner zu Boden rieseln. Kaum hat ein Stück des Schalenwilds die Körnerspur entdeckt und mit der Äsung begonnen, gesellen sich andere Tiere dazu. Auch wenn viele Stunden darüber vergehen, vielleicht auch Tage, sie erreichen schließlich eine offene Lücke im Wildzaun und treten in das Gehege. Gleich wird die Lücke geschlossen, und schon bald gehören die neuen Tiere zu den alten.

Als letzten Spezialisten des Fachs besuchen wir einen anderen Nutznießer des Rotwilds. Er lebt in einem großen, von ihm selber aus groben Stämmen zusammengefügten Blockhaus, das (gegen Eintritt) als sehenswerte Trophäenhalle gelten kann. Der Hausherr ist Präparator und zwar ein Taxidermist von hoher Begabung. Alles, was hier läuft, kriecht, fliegt und schwimmt, hat er ausgestopft. Daneben und darüber hängen hochkapitale Geweihe. Die Endenzahl reicht bis 24! Nicht so imponierend sind allerdings die Geweihgewichte. Im übrigen dient der Taxidermist und leidenschaftliche Jäger als Führer in die Wildreviere seiner Umgebung. Nicht umsonst natürlich, sein Unternehmen kostet eine Menge Geld.

Aber wer sich ihm für zehn bis 14 Tage anvertraut, wird sehr wahrscheinlich staunenswerte Trophäen nach Hause bringen. Noch mehr kann dieser vielseitige Mann, nämlich Rotwild für Zuchtzwecke einfangen. Man muß ja seinen Bestand durch frisches Blut ergänzen, um möglichst starke Hirsche als Vererber in die eigene Herde zu bringen. Enorm sind die Preise, die auf Rotwildauktionen für besonders starke Zuchthirsche erreicht werden. Dabei sind 10000 NS-Dollar noch kein Rekord, unser Mann hat für ein Prachtexemmplar 24000 Dollar kassiert. Zur Zeit unseres Besuches entspricht das ebenso vielen Mark in unserer Währung.

Alsdann fahren wir zu den seltenen Vögeln. Wer sich in das staatlich geführte Vogelreservat am Bruce River begibt, um die ganz besonderen Seltenheiten zu sehen, wird begreifen, daß die Anlage nicht für Besucher geschaffen wurde, sondern für Vögel, in erster Linie für jene, die vom Aussterben bedroht sind, besser gesagt, bedroht werden. Sie sollen sich wohlfühlen in der Gefangenschaft und sich fleißig vermehren. Gemeint ist vor allem die Takahe-Ralle. Je weniger diese und andere scheue Tiere von den Menschen bemerken, desto besser ihre Stimmung.

Eine wunderbare, sehr weitläufige Anlage ist entstanden, ohne Rücksicht auf Kosten. Alles inklusive Verwaltung, Rezeption, Kassen und Toiletten wurde eingepaßt in die natürlich belassene Umgebung. Wir werden von einem Ranger begrüßt, denn Jim Frazer hat uns angemeldet. Der Mann trägt eine Khaki-Uniform mit allen möglichen Abzeichen.

Seine Pflicht erledigt er meines Erachtens viel zu gründlich. Mir kommt es vor allem auf die berühmte Takahe an. Denn ähnlich dem Vogel Phönix ist der blauschwarze Vogel aus der Asche auferstanden. Aber zuerst einmal die wilden Enten, die einheimischen Gänse und die schwarzen Schwäne mit weißen Jungen. Hier soll es nur Tiere geben und Vegetation, die schon vor der Ankunft der Pakeha im Lande Aotearoa vorhanden waren. Dafür hat man kleine Seen aufgestaut und künstliche Teiche angelegt. Alle Gewässer sind von einheimischer Vegetation umgeben. Kein Besucher darf sich eine Handbreit von den vorgeschriebenen Wegen entfernen.

Wir folgen unserem Ranger über leicht schwankende Brücken, lauschen seinen Erklärungen und staunen über die Vielfalt der Vogelwelt. Da gibt es die mir schon bekannten Glockenvögel und Silberaugen, so genannt nach dem weißen Ring um ihre Augen. Wir sehen den bereits selten gewordenen Parakeet, die Königsfischer sowie den großen Kaka. Ein Papagei ist das, der mit Vorliebe hoch in den Bäumen nistet oder an steilen Klippen. Ein Pukeko huscht durchs Rispengras, im allgemeinen ist er ein Sumpfbewohner. Auch mein besonderer Liebling, der redselige und neugierige Kea ist vertreten. Weil er die Menschen nicht fürchtet, läßt er sich gerne blicken und ansprechen.

Für den Kiwi, den Nationalvogel der Neuseeländer, hat man ein Dämmergewölbe gebaut, wo der flugunfähige Vogel dank besonderen Lichtes meint, die Nacht sei angebrochen, der Beginn seines Tages. Da trippelt ein Kiwi herum, als ob weit und breit kein Mensch in der Nähe sei. Auch er, der ziemlich große und schwere Kiwi, war in Gefahr völlig zu verschwinden. Gerade noch rechtzeitig haben Vogelfreunde eingegriffen. So scheint nun der Kiwi gerettet.

Aber für die Takahe Notornis mantelli, eine Rallenart, kam jede Hilfe zu spät. Zu Anfang des vorigen Jahrhunderts haben ihn die Pakeha gesehen, als er eine bevorzugte Jagdbeute der Maori gewesen ist. Sodann wurde er von dem österreichischen Naturforscher Hochstätter eingehend beschrieben, von ihm bekam er seinen wissenschaftlichen Namen. Danach aber ist Notornis mantelli seltener und immer seltener geworden. Während der letzten Jahre vor 1900 wurden in ganz Neuseeland nur noch vier der überaus selten gewordenen Vögel bemerkt. Danach keiner mehr, so sehr auch Vogelfreunde nach ihm suchten. Er war verschwunden, ausgestorben und für immer verloren.

Heute glaubt man, die Gründe zu kennen. Einmal war es die eifrige Jagd der Maori, denen er ganz besonders gut geschmeckt hat. Sie stellten ihm mit Hunden nach, warfen ihre Speere nach ihm und holten ihn bei Nacht mit Widerhaken aus seinem Nest. Hinzu kam die Einführung und allzu starke Vermehrung des Rotwildes, besonders wenn es sich mit den aus Kanada stammenden Wapiti gemischt hatte. Sie fraßen das Tussock-Gras, das einerseits der Takahe als Schlupfwinkel und Versteck für ihre Nester diente, andererseits lebten diese Rallen in der Hauptsache von den zarten Tussock-Wurzeln.

Im Ersten Weltkrieg kamen gewisse Gerüchte auf. Da gab es Rotwildjäger am Rande des Fjordlands und wagemutige Bergsteiger, die wollten allen Ernstes eine Takahe gesehen haben. Unmöglich, man glaubte ihnen nicht. Im Jahre 1949 versicherte ein Farmer, daß er in den Stuart-Bergen am Westufer des Te Anau-Sees bei verschiedenen Gelegenheiten mehrere Takahe gesichtet habe. Nur der Arzt Dr. Geoffrey Orbel glaubte dem

Mann und begab sich in jene Region. Mit einer Geduld ohnegleichen, wie sie der echte Umweltforscher aufbringen muß, hat Dr. Orbel bei Wind und Wetter, bei Regen, Schnee und von Sandfliegen geplagt, lange ausgehalten. Dann war es soweit, selber sah er die Takahe, sah sie bei verschiedenen Gelegenheiten und mehrere zugleich. Ihm und dem Drängen des Farmers gelang es, die Behörden zu bewegen. All das Gelände mit seiner Umgebung weit und breit wurde unter Naturschutz gestellt, sogar das Betreten für jedermann streng verboten. Mit viel Vorsicht und endloser Geduld gelang nach einiger Zeit der Fang von insgesamt fünf Takahe-Rallen, die brachte man in das eigens für sie eingerichtete Gehege am Bruce River.

Der Ranger führt uns erst an eine, dann noch an eine zweite Stelle, wo man den Maschendraht durch Glas ersetzt hat. Hier können wir unser Glück versuchen, aber Geduld gehört dazu, sehr viel Geduld betont der Ranger. Nur mit besonderem Glück kann es möglich sein, daß wir den kostbarsten Vogel von Aotearoa erblicken. So viel habe ich von den Takahe gelesen, von ihrem Verschwinden und ihrer Wiederauffindung, daß ich Zeit haben muß. Natürlich auch Glück. Ich sage Jim, er soll ruhig irgendwo einen Kaffee oder ein Bier trinken oder im Wagen auf mich warten. Eine gute Stunde, vielleicht auch anderthalb werde ich ausharren. Nein, Jim will bei mir bleiben, auch er hat die Takahe noch nie in seinem Leben gesehen. Ohne daß wir es bemerken, ist auch der Ranger hinter uns geblieben. Er rührt sich nicht, ich vernehme nicht einmal seinen Atem.

Lange Zeit ist nicht vergangen, noch viel Geduld habe ich aufgespart. Ich halte die Kamera schußbereit und suche das umzäunte Gelände ab. Das Fernglas kann hier nicht helfen, sondern eher schaden. Wird doch fast alles vor meinen Augen von Vegetation verhüllt und verborgen. Wenn sich etwas rührt, dann wird es irgendwo ein Blatt sein oder ein Schilfhalm, der sich zur Seite neigt. Als der Ranger meine linke Schulter berührt, bin ich zunächst erschrocken. Ich sehe nichts und meine, er will zum Aufbruch drängen. Dann höre ich so leise, daß es kaum zu verstehen ist: »Look at the water!«.

Ungefähr sieben Schritt von mir flüstert er, soll ich scharf auf den mit Wasserblättern bedeckten Teich blicken. Das tue ich, tue es mit großer Anstrengung und so intensiv wie möglich. Wirklich, es scheint so, da bewegt sich ein Blatt. Winzige Wellen heben und senken an einer bestimmten Stelle die Oberfläche des Teiches.

Die Kamera habe ich vor Augen, blicke darüber hinweg und sehe plötzlich ein blaues Huhn mit roten Flecken am Kopf, sehe einen Schnabel, der nach vorne stößt und wieder zurück, sehe auch ein gravitätisch erhobenes Hühnerbein mit Zehen daran. Entfernung nicht weiter als sechs bis sieben Meter.

Auf Bildern habe ich Notornis mantelli schon so oft gesehen und eingehend betrachtet, daß ich nicht zweifeln kann, wen ich vor mir habe. Eine Takahe-Ralle, die im zehn bis zwölf Meter breiten Teich einen Fuß vor den anderen setzt. Es geht ihr offenbar um Wasserinsekten oder schwimmende Larven. Sekundenlang steht der Vogel völlig frei, und ich mache die Aufnahme. Das stört in keiner Weise. Noch eine Aufnahme und noch eine dritte. Ich zittere vor Aufregung am ganzen Leib. Nicht länger als vier bis fünf Sekunden habe ich dafür Gelegenheit. Dann verschwindet das Fabeltier wieder im Schilf.

Ich atme auf, lasse die Kamera sinken und wende mich dem Ranger zu, dem ich herzlich danke. »Schade, daß Sie so wenig Geduld haben«, sagt er, »da sind noch zwei hinterher gekommen.« Schade, jammerschade, doch andererseits habe ich eine Takahe-Ralle gesehen, der wie der sagenhafte Vogel Phönix aus der Asche wieder aufgetaucht ist in unsere Welt.

Die Moko-Masken der Maori

Es fällt schwer, sich vorzustellen, daß die Maori, vielleicht noch die Großväter der heutigen allgemein so symphatischen und freundlichen Menschen Kannibalen gewesen sind. Es ist kaum zu glauben, aber dennoch eine Tatsache, die schon vom Captain Cook, desgleichen von den ersten Missionaren und Siedlern in vielen Berichten überliefert wird. Offiziere von Cook haben mit eigenen Augen gesehen, wie man Gefangene, unter anderem ein junges Mädchen, erstochen hat, um danach ihre Körper zu zerteilen, zu rösten und beim Festmahl zu servieren. Kriegsgefangene, wenn man sie am Leben ließ, wurden zu Sklaven degradiert und, bei passender Gelegenheit, dienten auch sie als Hauptgericht bei festlichen Mahlzeiten. Gefangene und Sklaven hatten kein Mana mehr, sie hatten ihre Seelenkräfte verloren und galten nicht mehr als Menschen.

Andererseits haben sich die Maori auch selber nicht geschont. Mit stoischer Ruhe konnten Männer ebenso wie Frauen, besonders die Ariki, das heißt die Angehörigen der Häuptlingkaste, schlimmste Schmerzen ertragen. Das mußten sie, um jenes Moko zu erlangen, die äußeren Zeichen ihrer Stellung, Würde und Abstammung. Es waren Tätowierungen, äußerst komplizierte, meist in Dunkelblau gehaltene Muster. Bei vielen Völkern geschieht ähnliches, auch bei Menschen der weißen Rasse sind Tätowierungen üblich, früher viel häufiger als in unseren Tagen. Aber nur bei den Maori wurden zu diesem Zweck den Männern, teilweise auch den Frauen mit kleinen Messern aus Knochensplittern, auch mit scharfgeschnittenen Schalen von Muscheln, Wunden ins Fleisch geschnitten, etwa einen Zentimeter tief. Damit nicht genug hat man sie bis auf den Grund mit Farbstoffen eingerieben. Wochen, sogar Monate vergingen bis sie geheilt waren, bis sich endlich der Schorf entfernen ließ. Die dunkelblau getönten Wunden blieben lebenslänglich erhalten, sogar noch über den Tod hinaus. Bedenkt man, daß besonders bei den Häuptlingen alle Teile des Gesichtes, auch Nase und Lippen, ebenso die Arme, die Brust, das Gesäß, auch Schenkel wie Unterschenkel dieser Prozedur unterzogen wurden, ist das Ausmaß der Schmerzen kaum vorstellbar.

Es gab besondere Künstler ihres Faches, Meister des Moko, die berühmt und begehrt waren, die man ihrer hohen Kunst wegen sogar in den Stand der Ariki aufnahm. Einem der Bücher, die Kunst des Moko betreffend, das sich über mehrere 100 Seiten mit diesem Thema beschäftigt, habe ich entnommen, daß noch heute Leute existieren, die dem Moko die Abstammung der väterlichen wie der mütterlichen Linie, ebenso den Rang in der Hierarchie, bestimmte Leistungen des Krieges und Friedens und auch anderes entnehmen können. Sie lesen in dem Moko wie andere Leute in einem handgeschriebenen Lebenslauf.

Infolge der schon gegen Ende des vorigen Jahrhunderts einsetzenden Umwandlung der Maori in (relativ) moderne Menschen ist die Sitte des Moko weitgehend verschwunden. Doch seit dem Wiederaufleben der alten Kultur und Tradition, dem sogenannten Maoritanga, legen neuerdings gerade junge Frauen wieder wert auf ihre Stammeszeichen, was heute auf relative schmerzlose Weise möglich ist. Die Kenntnis des eigenen Moko ist auch sonst nicht wenigen Maori im Gedächtnis geblieben. Die Häuptlingswürde und der Stolz auf alte, vornehme Abstammung blieb weitgehend erhalten, wie auch der Fremde bei aufmerksamer Beachtung der Umgangs-

Die Gesichtstätowierung verrät nicht nur den Adel, sondern gibt auch genau Auskunft über Herkunft, Rang und Stellung innerhalb der Familie und des Stammes. Oben links eine Frau. Zeichnungen von Joel Polack aus dem Jahr 1838.

formen bemerken dürfte. Noch bis zur letzten Jahrhundertwende haben Maori, vor allem jene, die zu den elf Klassen der Häuptlinge gehörten, ihr Moko auch dann getragen, wenn man sie ins Parlament gewählt und ihnen Regierungsposten übertragen hatte. Sieht man ihre Fotos, das prächtige Moko eines Mannes in europäischer Kleidung, ja sogar in Gesellschaftsanzügen der Zeit, wird man überrascht sein, mit welch selbstverständlicher Würde diese Männer ihre äußere Erscheinung aus zwei völlig verschiedenen Welten getragen haben.

Es gibt heute in englischer Sprache wie in Maori verfaßte Schriften mit sehr vielen Zeichnungen und Fotografien, aus denen Interessenten ersehen, was die Linien, Spiralen, Schleifen, Punkte und so weiter bedeuten. Wer sich ernsthaft damit beschäftigt, kann im Gesicht eines tätowierten Ariki erkennen, aus welchem Iwi (Stamm), aus welchem Hapu (Unterstamm), sogar aus welcher Familiensippe der Träger des Moko kommt. Es gab und gibt noch heute annähernd elf Rangstufen des neuseeländischen Adels, der eben erwähnten Ariki.

In ähnlicher Weise wie der moderne Jäger alte Sitten weiterpflegt und die von ihm erbeuteten Hirschgeweihe und andere Trophäen bei sich daheim an die Wände hängt, war es in den kriegerischen Zeiten der Maori allgemein üblich, die Köpfe besiegter Feinde vom Rumpf zu trennen, sie über rauchendem Feuer und mithilfe bestimmter Säfte so zu präparieren, daß sie auf Jahrhunderte haltbar blieben. Weil es sich bei solcher Kriegsbeute sehr oft um eindrucksvolle Gesichtsmasken der Ariki handelte, also von hochangesehenen Gegnern, versteht es sich von selbst, daß sich derartige Trophäen vorwiegend im Besitz von Häuptlingen befanden, von siegreichen Häuptlingen natürlich. Wenn aber der Besitzer dafür eine Feuerwaffe erhielt, eine Muskete mit Pulver und Blei, trennte er sich von dem Moko zugunsten jener Pakeha, die Wert darauf legten. So entstand schon im Verlauf der ersten Hälfte des vorigen Jahrhunderts eine Reihe von privaten Sammlungen neuseeländischer Gesichtsmasken. Zunächst in England, dann vor allem in den USA. Wie aus einem Versteigerungskatalog des Jahres 1900 hervorgeht, wurden schon damals für besonders schöne Stücke bis zu 6000 der guten, alten US-Dollar bezahlt. Wie es scheint, galten die knochenhart gewordenen Masken als gute Kapitalanlage.

Dementsprechend stieg der Bedarf, die neuseeländischen Krieger konnten gar nicht genug der begehrten Moko-Masken liefern. Brutale Kapitäne, ebenso Walfänger und Robbenschläger stifteten die ihnen befreundeten Maori zu Kriegszügen an und beteiligten sich auch selber daran mit Pulver, Blei und Säbeln. Gleich, ob feindliche Häuptlinge tot auf dem Schlachtfeld blieben oder gefangen wurden, ihr Kopf wurde abgetrennt und meistbietend an Pakeha verkauft. Damit nicht genug der Schandtaten: Sklaven wurden tätowiert, auch wenn sie kein Anrecht hatten, auf die allein den Ariki vorbehaltenen Muster und Symbole. Erst wurden die Unglücklichen gezwungen, die lange, schmerzvolle Prozedur zu ertragen, danach hat man sie vom Leben zum Tod befördert. Ein paar Monate später waren ihre Köpfe so weit präpariert, daß man sie an die Landfremden verkaufen oder vertauschen konnte.

Wenn sich überhaupt eine Steigerung der Barbarei noch denken läßt, so waren das bestimmte Bestellungen, die von Sammlern auf der anderen Seite des Globus aufgegeben wurden. Man schickte die Vorlage eines bestimmten Musters nach Neuseeland. Nur dieses und kein anderes sollte auf einem Gesicht verewigt werden. Waren doch begüterte Sammler soweit gekommen, daß sie bereits selber etwas von der Bedeutung bestimmter Tätowierungen verstanden. Gewissenhaft wurden ihre Wünsche dem unschuldigen Opfer in die Haut geschnitten und eingefärbt. Bevor ein Jahr verstrichen war, erhielt der gewissenlose Besteller das Moko ins Haus geliefert.

Im Verlauf der Zeit sind fast alle privaten Sammlungen in Museen gelangt. So besitzt beispielweise das Museum of National History in New York eine relativ große Zahl von Menschenmasken. Allerdings habe ich sie dort nicht ausgestellt gesehen, vielleicht hat man doch genügend Takt entwickelt, die lebensecht wirkenden Gesichter verborgen zu halten. Die größten und die wichtigsten Moko, ungefähr 100 Masken, sind dorthin heimgekehrt, wo sie entstanden sind, nämlich ins Land der Langen Weißen Wolke. Das Nationalmuseum in Wellington ist der mehr oder minder glückliche Besitzer der schönsten Stücke. Zum Teil ist noch der Name des stillen Dulders bekannt, sofern er einer der Adelsfamilien angehört hat. Andere wieder sind unbekannter Herkunft, vor allem jene, die von Sklaven stammen.

Als Marianne und ich Anfang der sechziger Jahre in Wellington waren und zufällig von den Gesichtsmasken hörten, wollten wir sie gerne sehen. Aber das war gar nicht so einfach. Aus begreiflicher Rücksicht auf die Maori im allgemeinen, erst recht auf die Enkel, Urenkel und sonstigen

Nachkommen bestimmter Häuptlinge hält man im Wellington-Museum die Moko-Masken unter Verschluß. Nur wer wissenschaftliche Interessen nachweisen kann, oder dem Museum als vernünftiger Mensch empfohlen wird, erlaubt man den Anblick dieser ganz besonderen Exponate. Damals hat sich unser Botschafter Dr. Nöhring über das Außenamt und noch das Kultusministerium um die Erlaubnis für uns bemüht. Er selber, so wurde gebeten, sollte uns begleiten, trug er doch die Verantwortung für unser Wohlverhalten. Nachdem uns der Chef des Museums empfangen hatte, blieben wir einer jungen, sehr liebenswürdigen und auch kenntnisreichen Assistentin überlassen. Sie stieg mit uns in den Keller hinab, ganz an dessen Ende öffnete sie eine verschlossene Tür, und wir durften hinein. Einige Dutzend der Menschenmasken hingen an den Wänden. Seinerzeit wußte ich nicht viel von deren Bedeutung, das habe ich erst später einer Reihe von umfangreichen Büchern entnommen.

Nun, bei einem neuen Aufenthalt in Wellington, nach so vielen Jahren wollte ich, schon wegen meiner neuerworbenen Kenntnisse, die Masken noch einmal betrachten, viel gründlicher als zuvor. Aber schwieriger, sehr viel schwieriger war inzwischen das Unternehmen geworden. Das New Zealand Tourist and Publication Departement, dessen Chef und mein Freund Jim Frazer mußten viel Mühe dafür aufwenden. Auch Herren des Maori Departements hatten mitzureden, meines Erachtens ganz zu Recht. Buchstäblich am letzten Tag erhielt ich die kaum noch erwartete Nachricht, man werde mir die Türen öffnen.

Weil die Welt voller Überraschungen ist, gerade wenn man am wenigsten damit rechnet, wurde ich von derselben Assistentin empfangen, die seinerzeit Marianne und mich geführt hatte. Sie war zur stellvertretenden Chefin des Hauses aufgestiegen, aber genauso liebenswürdig wie seinerzeit, als sie Marianne und mich eingelassen hatte. Ich möchte bitte auf Fotos verzichten, und andererseits sollte niemand von meinem Besuch erfahren, so lange ich noch in Wellington war. Alsdann folgte ich Mrs. Fudgeon ans Ende des unterirdischen Flures, wo sie mit Spezialschlüsseln zwei Panzertüren öffnete. Wenn sie mich trotz bestehenden Verbotes eintreten ließ, so nur, damit ich ihr beim Heraustragen von zehn bis zwölf Pappkartons helfen konnte. Wir schleppten sie auf ihren Schreibtisch und, noch immer etwas zögernd, öffnete die Dame einen Behälter nach dem anderen. Darin lagen aufs beste vor Druck und Stoß geschützt die für heutige Begriffe unglaublichen Kunstwerke. So vollendet geschaffen und hervorragend präpariert, daß man noch immer glauben konnte, ein lebendes, ein in tiefen Schlaf versunkenes Gesicht zu sehen.

Hinter der straff gespannten Haut befand sich vom Schädel nur die vordere Partie, sozusagen das Gerüst des Gesichtes. Alles übrige hatte man schon vor 100 Jahren oder mehr abgetrennt. Absolut trocken waren die Moko und ohne die Spur eines Geruchs. Lange genug hatte ich mir die Muster in bestimmten Bildbänden angeschaut, dazu die Erklärungen studiert. So konnte ich mir beim Anblick der Originale ihre Bedeutung erklären. Darüber freute sich Mrs. Fudgeon und wies mich noch auf andere Besonderheiten hin.

Es ist schon ein seltsames Gefühl, in solch ein Antlitz zu schauen, dessen Tätowierung vor langer Zeit dem Träger starke Schmerzen verursacht hat. Offen gesagt war mir nicht ganz wohl in Gesellschaft der im Verborgenen gehaltenen Schätze. So bat ich Mrs. Fudgeon, es beim Öffnen von nur sechs oder sieben Kartons zu belassen. Wie mir schien, war sie damit mehr als zufrieden.

Als wir die Kartons fortgeschafft hatten, sprachen wir noch über deren Bedeutung. Nach Ansicht von Mrs. Fudgeon war das Moko für die Maori etwas ähnliches wie bei uns das Ritterwappen, persönliches Abzeichen und Legitimierung zugleich. Weil seinerzeit, im Jahr 1840, bei Unterzeichnung des Vertrags von Waitangi, ein großer Teil der Ariki weder lesen noch schreiben konnte, haben diese Häuptlinge ihr Moko unter das Dokument gemalt. Für Eingeweihte war auf den ersten Blick zu erkennen, wer den Vertrag unterzeichnet hatte.

Dieser letzte Tag hat es in sich gehabt. Sobald wie möglich kehre ich zurück ins Hotel und lege mich schlafen. Morgen abend um 8.30 Uhr werde ich den Schlafwagen nach Auckland besteigen, um von dort durch die Luft nach Hause zu gelangen.

Nachtexpreß

Ein riesengroßes, beherrschendes Gebäude in der Mitte Wellingtons ist der Bahnhof. Aber heute wirkt er so trist und traurig wie ein schon lange aufgelassener Friedhof. Sind doch die Zeiten des Bahnverkehrs, zumal für Personen, für die Neuseeländer vorbei. Dabei ist gerade das Reisen auf Schienen so angenehm. Bei Nacht, in einem bequemen Schlafwagen, spart der Reisende kostbare Zeit. Bettruhe während der Nacht braucht man auf jeden Fall, im rollenden Bett verläßt man die Innenstadt und befindet sich bei Ankunft im Zentrum einer anderen City. Somit entfällt der lange Weg vom und zum Flugplatz mitsamt aller Warterei.

Weil aber die meisten Menschen das nicht bedenken, gibt es heute in Neuseeland nur noch einen Nachtexpreß, den zwischen Auckland und Wellington. Etwa zwölf Stunden ist der Zug unterwegs, weil er keinen Grund hat, im Höllentempo durchs Land zu rasen. Je nach Bedarf gehören zu diesem Expreß zwei bis drei Schlafwagen. Welcher Klasse, der Ersten oder Zweiten, spielt keine Rolle. Alle haben zwei Betten im Abteil, das eine oben, das andere unten. Weil aber im Land der Langen Weißen Wolke vieles anders ist als bei uns, ist es nur alleinreisenden Damen gestattet, im Schlafwagen für sich zu bleiben. Herren aber, und dagegen ist nichts zu machen, müssen eine zweite Person bei sich dulden, eine männliche natürlich.

In dem weitläufigen Bahnhof eingetroffen, muß ich lange nach einem Menschen suchen, der irgendeines Amtes waltet. Dieser traut kaum seinen Ohren, als er meine Wünsche vernimmt: Fahrkarte und Bettplatz für den Expreß nach Auckland. Beides schon jetzt zu bestellen oder gar zu bezahlen, ist hier nicht üblich. Erst abends, frühestens 30 Minuten vor Abgang des Zuges, wird man bedient.

Weil aber die Kiwi von Natur aus hilfsbereite Menschen sind, führt er mich auf einem umständlichen Weg zum Bahnhofsvorsteher. Zwar schüttelt der den Kopf, kramt aber dann in allen möglichen Schubladen und schreibt mir, dabei nachsichtig lächelnd, die Fahrkarte aus, dazu das Schlafcoupé.

»Wäre es trotz allem möglich«, so meine Frage, »daß ich single bleiben könnte, ein Abteil für mich allein?« Keine Bedenken, die meisten Coupés bleiben ohnehin leer. Ich bezahle, stecke die Papiere ein und bedanke mich sehr.

Weil draußen ein freies Taxi steht, wie schon erwähnt eine Seltenheit in Wellington, steige ich ein und sage dem Fahrer, er möge mich hinaufbringen zum Vistapoint auf dem Mount Victoria. Von dort, knapp 150 Meter über dem Meer, genießt der Besucher einen sagenhaften Weitblick. Nach drei Seiten hin die neuseeländische Hauptstadt mit ihren grünen Vorstädten und den dahinter ansteigenden Bergen. Zur Seeseite hin die weite hellblaue Bucht mit ein paar Dutzend grünen Inseln darin, draußen in der Ferne das endlose Meer. Eine gute Gelegenheit, denke ich, von Wellington Abschied zu nehmen.

Als sich mein Taxi hinauf zum hochgelegenen Parkplatz windet, sehe ich im Abstand von etwa 50 Metern, rechts und links der Straße, Uniformen, die man sonst in Wellington und Neuseeland nur selten sieht. Es sind Polizeibeamte, manche sogar mit umgehängter Maschinenpistole. Droben auf dem Parkplatz noch mehr Beamte, auch ein paar Zivilisten, unschwer als Geheimdienstler zu erkennen. Der Fahrer meint, gleich müsse hier der Kaiser von China oder sonst ein hoher Herr erscheinen. Aber es stört uns niemand, glatt können wir passieren. Mein Fahrer stellt den Wagen ab. Nach einem Ausweis oder sonst etwas werde ich nicht gefragt. Scheinbar genügt die sogenannte Gesichtskontrolle, ich sehe wohl entsprechend harmlos aus.

Bis zur Plattform droben, wo sich eine Bronzekanone des 18. Jahrhunderts befindet, führen ein paar Dutzend flache Stufen hinauf. Gerade bin ich oben, habe auch schon mein Glas vor Augen, sehe ich drei oder vier schwarze Limousinen den Berg hinaufrollen. Sie halten neben meinem Taxi, und zwei hochgewachsene Herren, offenbar bedeutende Persönlichkeiten, verlassen den zweiten Wagen. Sie werden auf der rechten wie linken Seite von jungen Herren in dunklen Anzügen abgeschirmt. Die halten ihre rechte Hand entweder in der linken Innentasche ihres Jacketts oder der rechten Hosentasche. Ich bin sicher, daß sie scharfgeladene Pistolen umklammern. So richte ich mein Glas, was gewiß nicht den höflichen Sitten entspricht, auf die beiden bedeutenden Herren.

Erst vermag ich es nicht zu glauben, weiß aber dann bestimmt, wer die beiden sein müssen, die Presse hat ja von dem Staatsbesuch berichtet. Es sind der Präsident von Israel, Chaim Herzog, und der Ministerpräsident von Neuseeland, David Lange. Seine Großeltern stammen aus Bremen, was aber unser Fernsehen nicht daran hindert, seinen Namen »Länschi« oder so ähnlich auszusprechen. Ein Zufall, wie es nur wenige gibt. Aus

Sicherheitsgründen hat von dem Besuch auf dem Vistapoint nichts in der Presse gestanden.

Ich bleibe unbelästigt. Niemand bittet mich, den Fleck zu verlassen, zu dem die beiden Präsidenten hinaufstreben. Weil ich selber seinerzeit bei der Organisation von Staatsbesuchen mitgewirkt habe, begebe ich mich zur Seite. Dennoch, das Gelände bringt es mit sich, Chaim Herzog und David Lange gehen auf Armeslänge bei mir vorbei. Ihre Begleiter, die Hände an der versteckten Pistole, halten es nicht für nötig, mich abzuschirmen.

Als der Präsident von Israel unmittelbar vor mir erscheint, entbiete ich ihm den Gruß »Schalom«, Frieden, den üblichen Gruß im Lande Israel. Überrascht hebt der Staatschef seinen Kopf, lächelt mir zu und erwidert gleichzeitig »Schalom«, fügt noch in englischer Sprache hinzu: »Danke Ihnen, mein Freund, es ist Frieden, den wir brauchen.« Der neuseeländische Ministerpräsident begnügt sich mit »Good Morning« und Kopfnicken.

Damit hat es sich. So gehe ich denn hinunter zu meinem Wagen, wobei mir plötzlich einfällt, daß beide Herren, der Präsident von Israel und auch der Ministerpräsident von Neuseeland, deutsche Namen tragen. Aber dafür können sie nichts.

Wie es von Kindesbeinen an meine Gewohnheit ist, schon von den Eltern übernommen, bin ich eine gute halbe Stunde vor Abgang des Zuges am Bahnhof. Es stimmt alles, der Wagen steht da, und mein Abteil ist reserviert, für mich allein. Der Schaffner ist für beide Schlafwagen zuständig und macht einen recht betrübten Eindruck. Kein Wunder, denn nur zwei Herren und drei Damen haben sich für die Bahn nach Auckland entschieden. Wenn das so weitergeht, wenn es immer weniger Bahnfahrer gibt, wird der brave Mann schon bald seine Stellung verlieren.

Es kommt mir vor, als seien im neuseeländischen Sleeper die Abteile kleiner und enger als bei uns, ebenso der Korridor. Aber mir genügt es, schon weil ich liebend gern im Schlafwagen reise. Für diese Fahrt habe ich mir ein paar Zeitungen und neuseeländische Magazine gekauft, vor allem jedoch eine dickbauchige Flasche vom besten neuseeländischen Rotwein. Bevor sich noch der Zug in Bewegung setzt, habe ich den Pyjama am Leib und kann in dem bequemen Sessel die Beine ausstrecken.

Welch schönes, gutes Gefühl, als sich langsam und zögernd, dann rascher und immer flotter die Räder des Nachtexpreß in Bewegung setzen.

Eisenbahnfreunde kommen nicht zu kurz auf Neuseeland. Hier die Dampflokomotive auf der Strecke zum Wakatipu-See.

Fast ist es wie in alten Zeiten, als es auch für meine Eltern ganz selbstverständlich war, mit der Bahn zu reisen, mit dem Schlafwagen von Berlin nach Rom, von München nach Paris, von Hamburg nach Wien. Tempi passati, reden wir nicht mehr darüber.

Unter mir rollen die Räder nicht allzu schnell, denn wir haben ja zwölf Stunden Zeit bis zur Ankunft. Also erreichen wir Auckland mit nur geringer Verspätung. Angenehm ist die Fahrt, aber leider wird es schon im nächsten, spätestens übernächsten Jahr nicht mehr möglich sein, im gleichen Nachtexpreß zu reisen. Seine Tage, so höre ich, sind endgültig gezählt.

Ein Stück nach dem anderen befördere ich mein Gepäck zum Ausgang. Als ich lange genug gewartet habe, erscheint ein Taxi, und trotz dichtem Verkehr bin ich bald im Airport. Viel zu früh, aber bestimmt besser als nur eine Minute zu spät. Selber wiege ich zunächst mein Gepäck auf einer bereitstehenden Waage und stelle mit Beklemmung fest, daß ich 29 Kilo mitführe. Nur 20 sind gestattet, wie jeder weiß, und jedes Kilo Übergewicht wird mit einem Prozent des Flugpreises Erster Klasse berechnet. Das kann ja gut werden!

Sobald der Schalter der Singapur Air öffnet, schleppe ich mein Gepäck dorthin und warte auf das sündhaft teure Ergebnis. Nicht nur 29, sondern 31 Kilo meldet die Waage. Aber gerade die Singapur-Mädchen, in diesem Fall eine bildhübsche Malayin, können für freundlich lächelnden Passagieren über ihren Schatten springen. Die reizende Person schaut auf die Waage, dann auf mich, hat reizende Grübchen im Gesicht, stempelt mein Ticket und läßt mein überschweres Gepäck passieren.

Mein Flug wird aufgerufen. Nur mit der Tasche belastet, fällt mir der Weg hinauf über die Rolltreppe sehr leicht. Natürlich ist der riesige Vogel restlos ausgebucht, allenthalben in der Gangway stapeln sich die Körbe und Taschen der Mitreisenden.

Wir haben schon Ende November, so wird hier in Neuseeland der Frühling zum Sommer werden. Die schönste Saison des Jahres hat begonnen. An meinem Ziel, in München und in Deutschland, steht der Winter vor der Tür. Ein langer und schneereicher Winter soll es werden, haben die Wetterfrösche prophezeit. In wenigen Wochen haben wir Weihnachten. Nur 25 Stunden noch, dann bin ich wieder bei Marianne, und mit freudigem Gebell wird mich die treue Tessa begrüßen.

Anhang

Wichtige historische Daten zur Geschichte Neuseelands

ab 700	Erste Einwanderer aus Polynesien
um 1350	Die legendären sieben Kanus landen
1642	Abel Tasman entdeckt Neuseeland
1769	James Cook betritt zum ersten Mal Neuseeland
1792	Die ersten Weißen lassen sich in Neuseeland nieder
1814	Die erste Mission wird in Neuseeland errichtet
1840	Durch den Vertrag von Waitangi wird Neuseeland britische Kolonie
ab 1850	Schafzucht auf Neuseeland
1852	Neuseeland erhält eine Verfassung
1861	erste größere Goldfunde, 1863–1868 »Goldrausch«
1867	Den Maori werden vier von 92 Parlamentssitzen garantiert
1882	Die erste Ladung tiefgefrorenen Schaffleischs geht nach Großbritannien
1893	Als erste auf der Welt erhalten die neuseeländischen Frauen volles Stimmrecht
1901	Dem Neuseeländer Richard Pearce gelingt, angeblich wenige Monate vor den Gebrüdern Wright, der erste Motorflug
1947	Neuseeland wird von Großbritannien unabhängig, bleibt aber Mitglied des Commonwealth (seit 1907)
1953	Der Neuseeländer Sir Edmund Hillary besteigt als erster den Mount Everest, den höchsten Berg der Erde
1959	Neuseeland unterzeichnet den Vertrag zur friedlichen Nutzung der Antarktis
1973	Durch den Beitritt Großbritanniens zur EG gerät Neuseeland in eine Wirtschaftskrise
1984	Neuseeland erklärt sich zur atomwaffenfreien Zone

Fakten über Neuseeland (New Zealand)

Name: benannt von holländischen Geografen nach der alten Grafschaft Seeland (heute Provinz Zeeland in den Niederlanden). Alte Maori-Bezeichnung: Aotearoa = Lange Weiße Wolke

Ausdehnung: 1600 km lang (Hamburg-Donaumündung), 450 km breit (Köln-München), zur nächsten Küste ist es von keinem Punkt weiter als 110 km (Hamburg-Bremen)

Gebirge: Südalpen 800 km lang mit über zwanzig 3000ern, höchster Berg Mt. Cook 3765 m (BRD: Nordalpen 220 km, Zugspitze 2962 m)

Vulkanismus: rund 70 Vulkane, viele davon noch aktiv (BRD derzeit nur erloschene Vulkane)

Klima: Bay of Islands/Nordinsel 25° im Sommer, 15° im Winter, 1648 mm Regen, 2020 Stunden Sonne; Invercargill/Südinsel 18° im Sommer, 9° im Winter, 1042 mm Regen, 1630 Stunden Sonne (BRD: durchweg ausgeprägtere Jahreszeiten)

Reisezeiten: Hauptsaison Dezember/Januar, bestes Wetter Februar/März, schönste Landschaften Ende Oktober/Mitte Dezember, Winter Juni-September (im Norden kaum ausgeprägt)

Zeitverschiebung: gegenüber Mitteleuropa 10–12 Stunden, je nach Sommerzeit

Bevölkerung: 3,3 Mill. auf 270 000 km^2, gut 12 pro km^2 (BRD: 61,5 Mill. auf 250 000 km^2, 247 pro km^2); ¾ leben auf der Nordinsel (155 000 km^2), ¼ auf der Südinsel (150 000 km^2)

Städte: Hauptstadt Wellington, mit Vororten 320 000 Einwohner (Bonn 295 000), größte Stadt Auckland, mit Vororten 825 000 Einwohner (Berlin-West 1 860 000), 5 Großstädte mit über 100 000 Einwohnern (BRD 66)

Rassen: 86% europäischer Abstammung, 9% Maori, Rest Polynesier u. a. (BRD gut 7% Ausländer)

Religionen: Mehrheit Mitglieder protestantischer Kirchen, 15% katholisch, viele Sekten (BRD 49% protestantisch, 44,6% katholisch, 3,9% konfessionslos, 2,6% Muslime)

Bevölkerungswachstum: Geburtenrate 15,8 pro 1000, Sterberate 8,1 pro 1000 (BRD Geburtenrate 9,6, Sterberate 11,5)

Lebenserwartung: Frauen 77 Jahre, Männer 70 (BRD 76/70)

Amtssprache: Englisch (Kiwi nennt sich der neuseeländische Dialekt), daneben mehrere Maori-Dialekte

Flagge: blau, oben links der britische Union Jack, rechts das Sternbild Kreuz des Südens

Staatsform: parlamentarisch-demokratische Monarchie (BRD parlamentarisch-demokratischer Bundesstaat)

Staatsoberhaupt: Königin Elizabeth II., vertreten durch einen Generalgouverneur (BRD Bundespräsident)

Regierungschef: seit 1984 David Lange/Labour Party, nach innen eher konservativ-marktwirtschaftlich orientiert, außenpolitisch im Konflikt mit den USA wegen der Erklärung Neuseelands zur atomwaffenfreien Zone (BRD Bundeskanzler)

Parlament: 95 Abgeordnete (BRD + Berlin-West 522)

Staatsgebiet: außer den beiden Hauptinseln die Stewart-Insel, die Chatham-Inseln mit der Pitt-Insel; im Südpolarmeer The Snares, Auckland-Inseln, Campbell-Insel, Antipodes-Inseln und Bounty-Inseln, alle unbewohnt; außerdem in der Südsee in verschiedenen Formen der Assoziation die Cook-Inseln, Niue-Insel und Tokelau-Inseln; Neuseeland erhebt Anspruch auf die Ross-Dependenc in der Antarktis 415 000 km^2

Bruttosozialprodukt: über 23 Mrd. $ (BRD 185 Mrd. DM)

Währung: 1 Neuseeland-Dollar NZ $ = 100 Cents

Export: zu 80% landwirtschaftliche Produkte (30 Mill. Schafe erzeugen 38%, dazu 16% Molkereiprodukte u. a.) (BRD ca. 7%)

Arbeitslosigkeit: um 5% (BRD um 9%)

Inflation: um 18%, sinkend (BRD um 1%, steigend)

Konsumdaten: pro 100 Haushalte 80 Autos, 92 Fernseher (BRD 80 Autos, 97 Fernseher)

Einwanderung: Aufgrund der schlechten wirtschaftlichen Situation wandern zur Zeit mehr junge Neuseeländer aus als Ausländer einwandern dürfen

Fremdenverkehrsamt Neuseeland: Kaiserhofstr. 7, 6000 Frankfurt 1, Tel. 0 69/28 81 89

Air New Zealand: fliegt derzeit einmal wöchentlich über Los Angeles, Hawaii, Fidschi von Frankfurt nach Auckland.

Botschaft von Neuseeland: Bonn-Centre H. I. 902, Bundeskanzlerplatz, 5300 Bonn, Tel. 02 28/21 40 21-23

Literaturhinweise

Anderson, Atholl, »When All the Moa Ovens Grew Cold«, Dunedin 1985

Arell, Robert, »Waitomo Caves. A Century of Tourism«, Waitomo Caves 1984

Beattie, Herries, »The Morioris of the South Island«, Dunedin 1941

Burrows, C. J., »Arthur's Pass. National Park«, Christchurch 1978

Dykes, Mervyn, »New Zealand's North Island in Colour«, Wellington 1982

–, »New Zealand's South Island in Colour«, Auckland 1982

Ell, Gordon, »Shadows on the Land«, Auckland 1985

Fischer, Joachim, »Neuseeland«, Köln 1986

Graham, Pita, »The Story of the Maori«, Auckland 1986

Hall-Jones, John, »Doubtfull Harbour«, Invercargill 1984

Lavers, Roger/Jim Mills, »Takahe«, Dunedin 1984

Letsch, Franz, »Neuseeland«, Badenweiler 1984

Manson, Cecil und Celia, »Pioneer Parade«, Wellington 1966

McCulloch, Beverley, »No Moa«, Christchurch 1982

–, »Prehistoric New Zealand and its People«, Christchurch 1984

McLauchland, Gordon, »Neuseeland«, München 1986

Merian-Redaktion (Hg.), »Neuseeland«, Hamburg 1986

Millen, Julia, »Colonial Tears and Sweat. The Working Class in 19th Century New Zealand«, Auckland 1984

Pike, E. Royston, »The World's Strangest Customs«, London 1966

Rainbird, George, »Thorburn's Mammals«, London 1984

The Raw Wool Services Divison, »New Zealand Sheep and their Wool«, Wellington 1986

Reader's Digest Services, »Wild New Zealand«, Sydney 1985

Richards, Rhys, »Whaling and Sealing at the Chatham Islands«, Canberra 1982

Roberts, Gordon/Geoffrey Tunnicliff, »Wild Animals of New Zealand«, Christchurch 1985

Simmons, D. R., »Te Maori, te hoking mai. The Return Home«, Auckland 1986

–, »Ta Moko. The Art of Maori Tattoo«, Auckland 1986

Simpson, Tony, »Te Riri Pakeha. The White Man's Anger«. Wellington 1979
Sinclair, Don, »The Maori in Colour«, Christchurch 1985
Skinner, H. D., »The Maori Hei-Tiki«, Dunedin 1966
Taylor, Alan, »Polynesian Tattooing«, Hawaii 1981
– *und Judi Thompson,* »Polynesian Canoes and Navigation«, Hawaii 1980
Temple, Philip, »Stewart Island«, Christchurch 1982
Ward, V. R., »New Zealand Pocket Digest of Statistics«, Wellington 1986
Wodzicki, K. A., »Introduced Mammals of New Zealand«, Wellington 1950

Danksagung und Fotonachweis

Mein besonderer Dank gilt dem Ehepaar Dr. med. Gert und Dr. med. Hanne Kühnen, Kevelaer, die mir 30 ihrer schönsten Fotos überlassen haben. Desgleichen bin ich meinem Freund und Begleiter in Neuseeland, Herr Dipl. Ing. Lothar Schmidt, Alzenau, verpflichtet. Er hat unseren Mietwagen gesteuert und mir die Verwendung von 14 erstklassigen Aufnahmen gestattet.

In keinem anderen Land der Welt wurde mir von staatlichen Stellen so viel freundliche Hilfe zuteil wie in Neuseeland. Vor allem dem Abteilungsleiter Jim Frazer im Tourist and Publicity Department und seiner Mitarbeiterin Janet Burgess bin ich auf die Nerven gefallen, ohne daß sie nur einmal ihre gute Laune verloren. Der neuseeländische Botschafter in Bonn, S. E. Edward Farnon, unser Botschafter in Wellington Dr. Horst Becker und Mr. Allan G. Williams, Honorarkonsul der Bundesrepublik in Christchurch, haben mir wertvolle Hilfestellung gewährt.

Schwarz/Weiß: S. 23 Bildarchiv Preußischer Kulturbesitz/Völkerkundemuseum, Berlin-West.

Farbe: Ardea, London (die Farbtafel mit den neuseeländischen Tieren/ G. K. Brown – Takeha-Ralle, Jean Paul Ferrero – Kea).

Harald R. Fabian, Hamburg – Hafen von Wellington.

Alle anderen Aufnahmen stellte der Autor aus seinem Archiv zur Verfügung.

Der Verlag dankt allen für ihre Mitwirkung.

Register

Kursive Ziffern weisen auf Schwarzweiß-Abbildungen hin, ein F auf die Farbtafeln.

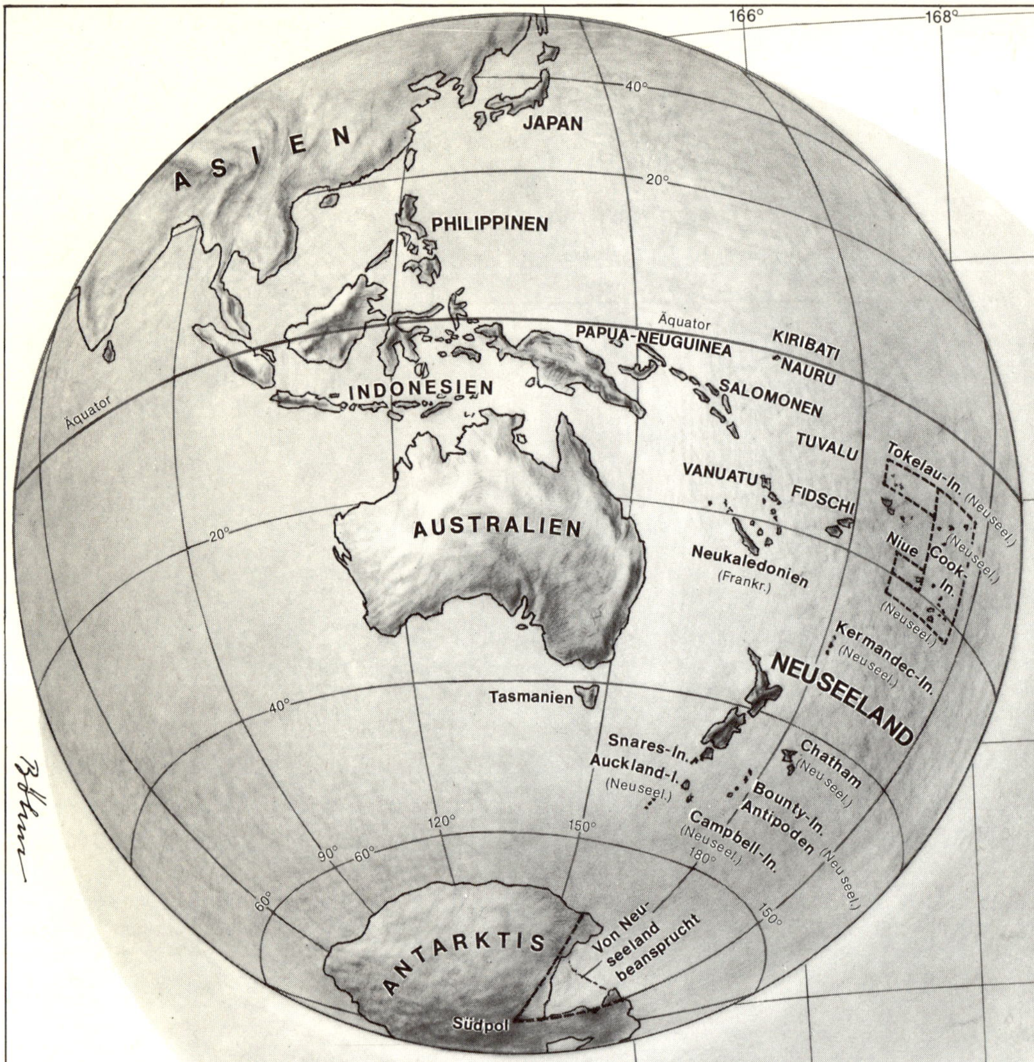

Neuseeland
Aotearoa

0 100 200 300 km

═══ Reisewege